누가 일본을 통치하는가

일본의 관료구조 해부

나남
nanam

나남신서 1818

누가 일본을 통치하는가
일본의 관료구조 해부

2015년 8월 15일 발행
2015년 8월 15일 1쇄

지은이   兪天任
옮긴이   朴允植
발행자   趙相浩
발행처   (주) 나남
주소   413-120 경기도 파주시 회동길 193
전화   (031) 955-4601 (代)
FAX   (031) 955-4555
등록   제 1-71호 (1979. 5. 12)
홈페이지   http://www.nanam.net
전자우편   post@nanam.net

ISBN   978-89-300-8818-3
ISBN   978-89-300-8655-4 (세트)

나남신서 1818

누가 일본을 통치하는가

일본의 관료구조 해부

위텐런 지음 · 박윤식 옮김

역자 서문

　지난 백 몇십 년 사이에 일본은 세계를 향해 두 번 크게 굴기崛起하였다. 한 번은 변방의 낙후된 섬나라에서 출발하여 5대 강국의 반열에 올랐고, 또 한 번은 태평양전쟁 패전의 폐허 위에서 출발하여 세계 2위의 경제대국으로 성장하였다. 두 번 다 30여 년이라는 비교적 짧은 기간 동안에 이룩하였는데 물론 여러 가지 인수因數가 있겠지만, 그 밑바탕에는 우수한 일본 관료가 있었다는 사실을 부정할 수 없을 것이다.

　일본은 고등문관고시라는 공정한 시험을 통해 관료의 세습을 막고 각종 견제장치를 통해 정치권력의 간섭을 배제하여 충성심과 자긍심으로 가득 찬 관료집단을 양성하여 단시간 내에 세계 강국으로 우뚝 솟았다.

　원저자는 그의 또 다른 저서 《대본영의 참모들》을 통해 일본 군대, 특히 일본 육군 참모들의 분석을 통해 그들이 누구이며, 또 그들이 어떻게 일본이 일으킨 각종 전쟁에서 주도적인 역할을 하였는지를 역동적으로 파헤쳤다.

　군대, 즉 무관의 참모에 해당하는 것이 정부, 즉 문관으로서는 관료

5

이다. 거꾸로 말하자면 군대, 즉 무관의 관료가 바로 참모인 것이다. 이를 보면 일본이라는 나라는 문무를 통틀어서 사실 하나의 관료의 나라라고 볼 수 있다.

태평양전쟁에서 패한 후 일본의 군부가 연합국에 의해 해산됨에 따라 기세등등하던 군인 참모들은 무대에서 사라졌지만, 문관 참모인 관료들은 맥아더 휘하의 점령군을 등에 업고 오히려 그 영향력이 전쟁 전보다 더 막강해진다. 그리고 전쟁 전과 전쟁 후를 막론하고 그들을 지배한 지도사상은 일종의 국가사회주의였으며 관료들은 이를 통해 국가경제를 정부가 통제함으로써 — 심지어는 소비까지도 — 기업 간의 상호경쟁을 배제하고 독점을 통한 효율지상주의를 지향하여 '부국강병'(전후에는 '강병'은 형식상 없어지고 대신 '부국안민'이라 할 수 있다)의 길로 나아가려 하였다. 이것이 이른바 '일본주식회사'의 개념이다.

그런데 최근 아베 신조 일본 수상이 미국을 방문하여 오바마 미국 대통령과 새로운 미·일 안보조약에 해당하는 협의를 통해 맥아더에 의해 제정된 이른바 평화헌법을 수정하지 않고도 자위대가 동아시아를 벗어나 다른 지역의 분쟁에도 파견될 수 있도록 함으로써 일본을 마침내 '보통국가'로 바뀌도록 하였다.

심지어 아베는 바로 그 미국 방문에서 연설을 통해 제국 고등문관으로서 군부와 협력하였던 이른바 혁신관료의 우두머리였으며 그의 외할아버지이기도 한 기시 노부스케 전 일본 총리가 자신의 총리직을 희생하면서까지 추진하였던 1960년의 미·일 안보조약을 거론했다.

아베는 당시 많은 사람들이 안보조약 체결을 반대하였지만 지금 와서 보면 그때의 결정이 일본을 위해 올바른 결정이었다고 주장하면서 자신의 행보를 합리화하였다.

이를 보면 지금 우리를 둘러싼 국제정세가 마치 1905년 일본과 미국이 몰래 맺은 가쓰라-태프트 밀약 당시와 아주 흡사하다 할 것이다. 국가이익(*National Interest*)을 우선하는 현실주의 국제정치학의 관점에서 볼 때 재정 적자에 시달리는 미국이 자신들의 국방예산을 보완해주는 일본을 한국보다 더 중요하게 생각하는 것은 마치 미국·스페인 전쟁 이후 필리핀에서 확보한 미국의 이익을 지키기 위해 미국이 한국(당시 조선)을 일본의 세력권으로 인정해준 그때의 상황과 너무나도 흡사한 면이 있다.

우리는 일본의 지난 굴기 과정과 패퇴 과정을 분석하여 우리에게 다시는 치욕스러운 지난날의 역사가 되풀이되지 않도록 해야 한다. 우리는 이 책을 통해서 일본의 관료집단이 어떻게 일본을 발전시켰는지, 그 역사와 실천들을 알아보고 ─ 우리는 그 과정에서 우리에게 너무나 익숙한 정책들과 법률조처들을 보게 될 것이다 ─ 그리고 최근의 잃어버린 20년은 도대체 누구의 책임인지를 같이 알아보고자 한다. 이것은 타산지석으로 우리가 참조하고 배울 점이 있으면 마땅히 참조하고 또 배워야 할 것이다.

사실 일본 제국 군부의 참모들이 결국에는 일본을 패망의 길로 몰아갔듯이 일본의 관료들 역시 급변하는 시대의 변화에 뒤떨어져서 일본을 최근의 장기불황에 빠지게 하였는지, 아니면 원저자의 생각대로 무능한 일본의 정치가들이 관료로부터 실질적인 행정권을 빼앗은 결과인지는 논란의 소지가 있을 것이다.

어찌되었건 오늘날과 같이 창의적이고 유연한 사고를 요구하는 국제화와 정보기술의 시대에는 과거처럼 도쿄대학 출신의 시험성적만 우수한 모범생들로만 구성된 관료집단이 시대에 동떨어진 면이 있는 것도 사실이다.

이는 우리에게도 시사하는 점이 적지 않다.

물론 역자는 원저자의 관점에 완전히 동의하지는 않지만, 일본에 20여 년 거주하고 있는 중국인으로 일본 연구의 전문가인 원저자의 시각을 소개하는 것은 상당히 의의가 있다고 본다. 그리고 일본인들이 쓴 일본의 관료에 대한 책은 많지만 제3국인이 본 일본의 관료와 관료제도는 나름대로 또 다른 의미가 있다.

그리고 이 책은 전문적 학술서적은 아니어서 각주 등은 없으나 책 말미에 소개한 풍부한 참고자료들이 내용의 정확성 내지는 진실성을 담보한다고 하겠다. 모쪼록 이 책이 일본을 이해하는 데 조금이라도 보탬이 되어 우리의 정신무장에, 한국경제의 장기 복합불황 대비책 마련에 도움이 되었으면 한다.

마지막으로, 그동안 이 책의 출간을 위해 애써주신 나남의 여러분들과 특히 처음부터 직접 교정에 이르기까지 지대한 관심을 보여주신 조상호 회장님께 심심한 감사의 마음을 전하고 싶다.

수지 우거에서, 박윤식

　중국의 세계 문명에 대한 공헌은 이른바 중국의 4대 발명이라고 하는 화약, 제지, 나침반, 인쇄술 등의 발명이나 중국이 자랑하는 중국차에 그치지 않는다. 이 밖에도 세계 문명에 대한 중국의 큰 공헌 중의 하나는 현대 문명사회가 필수적으로 의존하는 관료의 선발방법인 과거제도科擧制度를 만들어낸 것이다. 오늘날 merit system(능력본위제)이라고 불리는 이 제도는 이미 거의 모든 나라에서 행정관리를 선발하는 방법으로 자리 잡았다.

　하지만 근대에 들어서서 정작 중국인 스스로는 이 과거제도를 모든 악의 근원이라고 여겨 왔다. 왜냐하면, 이 제도에 의해 선발된 엘리트 관료들이 19세기 하반기에 시작된 열강들의 중국에 대한 능멸과 침략 그리고 국토의 분점 등을 막아내지 못했기 때문이다. 물론 극단적인 풍자이긴 하지만 사람들이 과거제도 자체에 대해 화풀이하는 것이 어느 정도 이해가 되기도 한다.

　실제로 19세기 후반기 이후 중국에서 발생하였던 사건들을 모두 과거제도의 탓으로 돌리는 것은 물론 타당하지 않다. 우선, 중국의 봉건

왕조에서는 행정권력이 독립적이 아니라 모두가 황권皇權에 속했기 때문이다. 그리고 과거시험은 관료 선발의 방법일 뿐 관료집단의 부패를 방지하는 조치를 마련하지는 못했다. 역대 왕조의 몰락 원인 가운데 늘 '관리의 부패' 문제가 지적되는 것을 보면 이것이야말로 바로 중국 고대 관료제도의 비극이라고 할 수 있다.

근년에 이르러서는 '관료'의 문제가 일본에서 중요한 문제로 대두되고 있다. 오늘의 일본에서 '관료'라는 말은 이미 부정적 의미를 갖고 있다. 많은 사람들이 앞다투어 '관료'와 선을 긋거나, 심지어 어떤 사람들은 오늘날 일본사회의 모든 문제들은 모두 관료 또는 관료제도에 그 책임이 있다고 주장하기도 한다.

그러나 실제로는 일본의 여러 가지 제도나 문화 중에서 외국인들이 가장 부러워하는 것이 바로 일본이 고급공무원들을 선발하고 유지하는 방법이다. 일본의 고급공무원들은 비단 능력이 뛰어날 뿐 아니라 부패의 정도도 상당히 낮은 편이다. 일본은 특유의 매우 우수한 방법을 통해 고급공무원들의 자존심을 자극하여 부패를 방지하고 있다. 그리고 일본의 이러한 고급공무원들이 전전戰前과 전후戰後 일본이 괄목할 만한 발전을 하는 데 크게 공헌한 것 또한 주지의 사실이다.

일본의 정계는 혈연주의가 횡행하는 곳이다. 특히 집권을 오래 한 자민당自民黨은 흔히 '2세', '3세' 심지어 '4세'가 의원직을 세습한다. 그러나 일본의 관계官界와 사법계司法界는 혈연이나 정실情實에 의한 임용을 방지하는, 여러 좋은 방법들을 채택하고 있다. 고급공무원은 혈연과 정실에 의해서가 아니라 어디까지나 자신의 노력에 의해 '국가공무원 1종 고시'에 합격해야만 하는 것이다.

필자는 잃어버린 20년에 대한 책임이 일본 관료들에게 있다는 현재 일본의 주류 관점에 동의하지 않는다. 오히려 다나카 가쿠에이田中角榮 이후 일본의 정치인들이 일본 법제도의 불완전한 점을 악용하여 관료들의 정상적인 업무를 간섭하고 방해했기에 일본의 정치, 경제 등 각 분야에서 문제가 일어났다고 생각한다.

필자가 감히 전문가도 아니면서 공무원제도라는 커다란 주제를 다룬 것은 세상 넓은 것을 모르기 때문이 아니라, 타산지석 하나를 던져 관심을 불러일으킴으로써 전문가 제현들과 함께 이 문제를 토론하는 하나의 장을 열자는 것임을 이해해주길 바랄 뿐이다.

위톈런

나남신서 1818

누가 일본을 통치하는가
일본의 관료구조

차 례

1 관료의 탄생

6 봄날은 간다

1

관료의 탄생

관료의 나라 일본

1920년대 말에는 세계 대공황으로 마르크스주의의 영향이 전 세계적으로 급속히 확대되었는데, 일본 역시 예외가 아니었다. 사실, 일본민족의 교조주의적 특성 때문에 일본 지식층은 다른 어느 나라의 지식층보다도 더욱 '좌경화'하는 경향이 있다. 적지 않은 수의 일본 지식인들이 2차 대전이 끝나기 직전 '일·소 중립조약'을 파기한 탓에 일본에서 인기를 잃은 스탈린주의를 제외하고는 거의 모든 종류의 좌익사상 — 모택동주의와 트로츠키주의까지 포함해서 — 을 신봉하였다.

따라서 일본 지식인들은 흔히 마르크스주의의 계급론과 계급투쟁론을 사용하여 역사를 해석하고 분석하였고, 심지어 우익인사의 글에도 마르크스주의 학설이 등장하는 것 역시 별로 이상한 일이 아니었다.

일본의 저명한 역사학자 기사카 준이치로木坂順一郎는 일본 근대사를 논술할 때 기이한 분류방법을 사용하였다. 그는 쇼와昭和 초기 권력집단을 ① 자본가(재벌), ② 지주, ③ 정당, ④ 궁정宮廷 집단, ⑤ 군부,

⑥ 관료 등으로 분류하였다. 이렇게 계급, 신분, 직능집단을 섞어 놓았을 뿐 아니라 '관료'를 하나의 독립된 집단으로 분류한 것은 보기 드문 것이었다. 게다가 마르크스주의의 계급론과 계급투쟁설에 전혀 부합하지도 않았기에 여러 학자들이 이론적으로 이러한 분류에 대해 의문을 제기하였다. 그러나 실제로는, 이러한 분류방법은 실용적일 뿐 아니라 이를 통해 일본 현대사의 많은 문제들을 비교적 편리하게 해석할 수 있어 오늘날 적잖은 일본 학자들이 이러한 분류방법을 사용한다.

메이지 유신明治維新은 일본을 일개 낙후된 봉건국가에서 근대국가로 변화시켰고, 태평양전쟁 패전 후의 미군점령은 다시 일본을 현대국가로 변모시켰다. 그렇지만, 전전戰前, 전중戰中이나 전후戰後의 현재를 막론하고, 일본이란 나라는 도대체 어떠한 나라인가에 대해서는 사람들 간에 토론이 끊이지 않는다.

전전의 일본은 말할 것도 없고, 오늘날의 일본도 진정한 민주주의 국가라 할 수 없다. 비록 일본이 완벽한 민주제도를 구비하고 있고, 또 이러한 민주제도 역시 질서정연하게 운영되지만, 그러나 국민의 민주의식과 민주소양의 관점에서 볼 때, 일본인들 스스로도 진정한 민주국가와는 다소 거리가 있음을 인정한다.

그렇다 하여 일본이 독재국가인가? 당연히 그렇지 않다. 심지어 지난 시절 정치적으로 극단적인 파시즘의 시대에도 일본은 독재국가가 아니었다. 사실 일본에서는 한 번도 독재자가 등장한 적이 없었다. 모든 권력을 한 손에 장악했던 내각 수상 도조 히데키東條英機도 사이판 섬의 함락 때문에 그냥 물러나고 말았다.

그렇다면 일본은 도대체 어떠한 나라인가? 사실 일본은 관료의 나라라고 할 수 있다. 메이지 유신 이후, 일본은 계속해서 관료들이 권력을 장악하였다. 과거 '군부'가 일본을 통치하던 시기에도 실제적으로 군부를 구성하는 군관들은 근본적으로 역시 무관 관료들이었다. 참모라는 신분으로 활동하였던 무관 관료들은 일본파시즘의 패망과 함께 사라졌지만, 과거 '제국 고등문관'이라고 불렸던 또 다른 종류의 문관 관료들은 아직도 건재하다. 그리고 메이지 유신 이후 불과 40년 동안에 일본이 일개 황량하고 낙후된 섬나라에서 세계의 강국으로 발돋움했다는 사실을 볼 때, 누구도 이 관료집단의 능력을 과소평가할 수 없을 것이다.

'관료'라고 불리는 이 집단은 특별한 선발과정을 거쳐 선발된 사람들인데 일왕을 대표하여 일본이라는 국가기구를 운영하는 사람들이다. 혹자는 "정치적 방침이 결정되고 나면 간부들이 결정적 역할을 한다"고 말한다. 이는 재론할 필요도 없는 당연한 말이다. 어떤 사회 형태에서도, 어느 사회집단이 계속 존재하고 또한 지속적으로 발전하기 위해서는 간부집단의 구성이 가장 중요한 요소다. 국가로 말하자면, 이는 바로 유능한 관료집단을 구축하고 유지할 수 있느냐 하는 문제에 귀결된다.

'관료'라는 말은 현대 중국어에서는 일반적으로 부정적 의미를 지닌다. 이는 권위 있는 사전인 〈츠하이〉辭海에도 의외로 '관료'라는 단어가 없고 단지 '관료주의', '관료정치'와 '관료자본'만이 수록된 것을 보아도 짐작할 수 있다. 아마 당시 영어의 'bureaucracy'를 '관료주의'로 번역한 탓일 것이다. '관료주의'는 — 공교롭게도 관료의 습성 중의 하나이지만 — 대중의 뜻을 이해하지 못하고, 현실과 동떨어진 결정을 내리며, 모르면서도 아는 척할 뿐 아니라 터무니없는 지시를 내리는 행동 등을 의미하는데, 이러한 관료주의의 특징들이 그만 관료의 특징으로 변환되고 말았다.

따라서 현대 중국어에서는 'a government official; a bureaucrat'를 논할 때 할 수 없이 '행정관원'이라는 단어를 다시 만들어내게 되었다. 실제로 상무인쇄관商務印刷館이 편찬한 〈현대한어사전〉現代漢語辭典을 찾아보면, '관료'는 단지 '관리', '관원'을 말하며 이는 완전히 가치중립적인 어휘일 따름이다.

그리고 일본의 〈고지엔〉廣辭苑에서는 '관료'에 대해 다음과 같이 3가지로 해석한다.

① 관리의 동료, ② 관리, ③ 행정의 집행자, 특히 정책결정 과정에 영향력이 있는 일단의 고급공무원.

마찬가지로 중·일 양국의 '관료주의'에 대한 해석을 대비해보는 것도 무척 흥미롭다. 〈츠하이〉의 '관료주의'에 대한 해석은 다음과 같다.

국가공무원이 실제와 동떨어지며, 대중과 동떨어져서 단지 지시만 내리는 나쁜 작풍作風. 그 결과, 실제 정황을 이해하지 못할 뿐 아니라, 대중의 고통에 무관심하며, 독단전행獨斷專行과 민주압제民主壓制, 전횡발호專橫跋扈, 그리고 나아가서 힘으로 군림하는 상황 등에 이르게 된다. 또한 부처가 늘어나고, 기구가 비대해지며, 절차가 번거로워지면서 서로 책임을 미루고, 일에 비해 사람이 더 많고 쓸데없는 자리가 늘어나며, 결과적으로 업무의 효율이 떨어지는 현상을 포함한다.

그리고 〈고지엔〉은 다음과 같이 해석한다.

관료정치에 따르는 일종의 경향, 태도와 풍조. 그 특징은 전제專制, 비밀, 번잡, 단일형식 등이다. 정부에만 이러한 경향이 있는 것이 아니라 정당, 회사, 노동조합 등 대규모 조직에는 모두 이러한 현상이 있다.

종합적으로 보면 〈고지엔〉의 해석이 비교적 중립적이며, '관료주의'의 근원에 대해 명확히 해석하고 있어 더욱 합리적이다.

중국에서는 어느 시기에는 '관료'와 '관료주의'를 완전히 혼동해서 사용했고 이러한 경향은 '문화혁명' 때 절정에 이르렀다. 1966년부터 1969년까지의 가장 혼란스러웠던 시기에 대부분의 행정관원들이 타도되었다. 그러나 마지막에는 그래도 이렇게 타도의 대상이었던 이른바 '주자파'走資派, 즉 바로 그 행정관원들이 다시 등장하여 만신창이의 나라를 치리治理하였다.

사회의 규율은 어느 일개인의 의지에 의해 유지되지 않는다. 현대 국가는 대단히 복잡한 종합체이며, 이러한 종합체를 유지하고 운영하는 주체가 관료들이다. 따라서 관료를 떠나서 국가를 관리한다는 것은 생각할 수도 없다. 일본인들이 관료를 하나의 독립된 정치역량으로 분류한 까닭은 관료가 일본의 정치와 사회생활에서 그 어느 나라보다도 더 많은 영향력을 발휘하기 때문이다. 그래서 싱가포르의 리콴유李光耀 전 수상은 일본의 성공에 대하여 얘기하면서 그 공功이 바로 "일본이 가진 아주 우수한 고급공무원 집단에 있다"고 지적하였다.

그러면 이러한 일본의 고급공무원, 즉 관료들은 대체 어떠한 사람들인가? 그들은 어떻게 선발되는가? 그리고 그들의 특성은 또 어떻게 형성되었는가?

무사에서 관료로

일본인들의 특성은 무엇을 하든지 그것을 전문화하거나 정수화精髓化하는 것이다. 어떤 분야에서든 일본에 오면 '자격'의 문제가 생긴다. 예를 들면, 인터넷이 막 보급되었을 때, ISDN을 사용해서 인터넷에 접속한 때가 있었다. 그때 일본에서는 심지어 고객에게 ISDN 변조기를 전문적으로 설치해주는 자격증이 있었다. 이렇게 변조기를 설치해주는 간단한 일에도 국가의 전문 자격증이 필요한 지경이니 '공무원이 되는 것' 혹은 '행정관리에 종사하는 것'처럼 광범위하면서 상당히 많은 전문지식을 필요로 하는 경우에 그에 합당한 자격의 문제는 당연히 더욱 더 중요하다.

그러면 자격은 도대체 무엇이며 그것은 어떻게 얻어지는가?

현대사회에서는, 자격이란 법률이나 사회상식이 공인하는 일이나 활동에 종사하는 데 필요한 기능이나 능력을 말한다. 이러한 자격은 일반적으로 공개적 경쟁시험(*merit system*)을 통해서 얻어진다. 실제적으로 과거 사회에서도 역시 자격의 문제가 있었는데, 이 문제를 해결하기 위해서 가장 간단하면서도 가장 광범위하게 사용된 방법은 바로 세습이었다. 전 세계는 모두 이 방법을 사용했을 뿐 아니라 어떤 나라에서는 아직도 계속해서 사용 중이다. 특히, 수공예의 영역에서는 '가업 승계'가 당연한 귀결이며, "목수 아들이 도끼를 쓸 줄 안다"는 속담은 이러한 세습제 자격제도의 당위성을 아주 잘 설명해준다.

일본의 세습제도는 다른 어느 나라보다도 광범위하다. 대장간이나 어업 등의 직업뿐 아니라 다도茶道, 꽃꽂이, 서예, 엔카부키演歌舞伎 등 확실하게 예술적인 천성이 필요한 직업은 모두 세습이다. 당연히 옛날의 일본은 행정관원도 역시 세습이었다.

중국은 수천 년의 봉건역사에도 불구하고 행정관원의 경우 '세습'은 없었다. 중국인들은 행정관원은 자격을 구비해야만 한다고 생각해 세계 최초로 공개 경쟁시험인 과거시험 제도를 도입했다. 비록 중국 역사상, 관원 세습현상이 실제로는 많이 존재하였고 현재도 존재하지만, 그것은 어디까지나 합법적으로 존재한 것이 아니라 일종의 부패현상이었을 뿐이다.

그래서 중국인들에게는 일본에서 행정관원도 세습할 수 있다는 얘기가 이상하게 들리지만, 고대 일본의 행정관원은 확실하게 대를 이어 세습하였고, 이렇게 세습한 행정관원이 바로 이른바 '무사'武士들이다.

일본어 중의 '무사'라는 말은 당연히 '무관', '무장', '군인' 혹은 서양문화 중의 '기사'騎士와 같은 느낌을 준다. 그러나 실제로는 고대 일본의 '무사'는 이러한 역할보다 훨씬 더 복잡한 역할을 하였다.

무사는 일본에서는 일종의 세습적인 사회적 지위였다. 비록 무사들은 칼을 차고 거리를 활보하였지만 그들은 진정한 의미의 직업군인은 아니었다. 물론 무사들은 때로는 영주들을 위해 전쟁에 나가긴 했지만 무사들의 직업은 전쟁용만은 아니었다. 실제로 대부분의 무사는 영주를 도와 장원과 재산을 관리하는 관리였다.

일본어 중 무사를 나타내는 또 다른 한자는 '시'侍(サムライ, samurai)인데, 이 글자야말로 무사와 영주 사이의 진정한 관계 — 즉, 섬기면서 복무하다(侍服) — 를 잘 나타낸다고 하겠다. 그래서 일본의 무사는 신체도 건장하였지만 단순한 싸움꾼이 아니라 대체로 수판을 놓을 줄 알고 한시 몇 수 정도는 외우는 머리를 가진 사람들이었다. 따라서 무사의 자녀들은 이러한 가정교육 환경 덕분에 메이지 유신 초기에 국가 인재로 선발되는 경우가 많았다. 물론 시험 볼 때 무슨 특혜를 준 것은 아니었지만, 당시 육군사관학교를 포함한 대부분 학교의 입학시험은 '사서오경'에서 문제를 출제하였기에 무사 가정 출신들에게는 사실 식은 죽 먹기였다.

메이지 유신 이전의 일본은 인구도 많지 않은 작은 나라였다. 사람들은 닭 울고 개 짖는 소리를 같이 들으며 지낼 뿐 아니라, 태어난 곳에서 죽을 때까지 외지에는 거의 나가지 못했고, 해 뜨면 일어나 일하고 해지면 잠자는 그러한 농민들이었다. 그러니 이른바 '행정관리'라는 사람은 기껏해야 조세를 걷고, 이웃 간의 분규와 부부 싸움을 처리하며, 또 간혹 좀도둑과 강도를 잡아서 처벌하는 일을 했다. 정상적인 사람이라면 누구라도 능히 할 수 있는 업무였다.

이러니 중국의 거물 정치인 리훙장李鴻章이 일찍이 말하기를, "관에서 일하는 것이 가장 쉬운 일이다. 관에서 일하는 것도 잘 못한다면 그바보 같은 자는 집에 돌아가는 수밖에 없다"고 했다. 진리는 어디라도 모두 통하는 법이니 '관리가 되는 것'이 곧 '행정관리'를 말한다면 그 당시에는 관에서 일하는 것이 오늘날보다 훨씬 단순하고 쉬웠던 것 같다.

'당관'當官이라 하건 아니면 '행정관리'라 하건 주체는 사람인데 당관이 될 사람이 없으면 행정관리는 당연히 불가능하다. 그 오랜 세월 동안 일왕은 그저 이름뿐이었으므로 일왕의 존재는 무의미했다.

막부幕府정권 역시 자기가 직접 관할하는 지역은 에도江戶, 즉 오늘날의 도쿄뿐이었고 기타 지방의 행정은 각 번藩들이 각자 관리하였기에 막부정권과는 별 관계가 없었다. 그러니 당연히 지방관리는 일왕과는 더더구나 관련이 없었다.

그러나 메이지 유신에 따라 이제 일왕이 이른바 친정親政을 하게 되었으니 과거와 달리 실제로 일을 해야 하고 따라서 그 일을 할 사람들이 당장 필요하게 되었다.

초기 메이지 정부가 필요한 사람을 찾는 방법은 아주 간단했다. 즉 각 번에 대해 필요한 사람들을 직접 요청하는 것이었다. 이렇게 하여 메이지 정부의 맨 처음 관료집단은 '공사'貢士와 '정사'征士로 구성되었다. 공사란 바로 각 번이 자발적으로 선발한 사람들이며, 정사는 메이지 정부가 지명하여 각 번에 요청한 사람들이었다.

일왕이 사람을 요청하면 예하의 각 번은 당연히 사람을 내놓아야 하지만, 그래도 각 번은 자기 나름대로 수판을 굴리기 마련이었다. 더구나 당시는 아무도 메이지 정부가 이후 '폐번치현'廢藩置縣의 방침을 시행할 줄을 모르고 그저 단순히 일왕이 막부를 대신하게 되었을 뿐 다른 변화는 없다고 생각하였다. 따라서 앞으로는 이전처럼 지내게 될 것이니, 일왕이 사람을 내놓으라면 당연히 내놓아야겠지만 좋은 인재를 줄 수는 없었다. 그리고 좋은 인재를 다 주고 나면 자신들이 이후 자기 번을 관리하기가 곤란해지므로 결과적으로 각 번이 메이지 정부에 제공한 사람들은 모두가 이른바 '호걸'豪傑들에 해당하는 사람들이었다.

이 '호걸'이라는 단어를 깊이 탐구해보면, 그렇게 좋은 의미를 가지지는 않았음을 알 수 있다. 이 말은 원래 〈수호전〉水滸傳에 나온 말로 바로 양산박梁山泊의 호걸들이다. 현대어로 표현하자면 곧 '공연히 말썽을 피우는 불한당'이다. 그들은 하루 종일 술과 고기를 먹으면서, 꿈에서도 술과 고기 먹기를 꿈꾸는 패들이며, 걸핏하면 싸움질이거나 싸움질 잘하는 듯이 거들먹거리면서 생트집을 잡는 등, 제대로 된 일은 아무것도 하지 못하는 사람들이다. 더구나 평화시대에는 살아갈 기술이나 재능이 모자란 부류이다.

각 번은 원래 이들 '호걸들'을 주변에 두고서 그들의 생계를 책임져야 하는 등 여러 가지로 골치를 앓아왔는데 이제 일왕이 사람을 찾는다니 옳다구나 하고 모두 싸잡아 일왕에게 보내버렸다.

그 결과, 메이지 정부가 받아들인 이들 공사와 정사들 중, 근대화 공업을 어떻게 해야 하는지 전혀 이해 못하는 것은 말할 것도 없고, 심지어 수판을 놓을 줄 아는 사람도 몇 명이 되지 않았다.

다행히 메이지 정부는 시작 이래 아직 근대화를 추진할 시간이 없고 주로 아침저녁으로 각종 지시나 고시를 남발할 때였으므로 이른바 행정관리 업무의 절반 이상이 각종 지시나 고시를 베껴 쓰는 것이었다고 한다. 당시는 복사기가 없어 에도의 각종 학교에서 한자교육을 제대로 받은 구 막부의 신하들을 불러 인간 복사기로 사용하였기에 이 '호걸들'은 전혀 쓸모가 없었다.

관료는 세습할 수 없다

그러나 어쨌건 구 막부의 신하들은 과거 반대진영의 사람들이었으므로 그들로 하여금 신정권의 중추적인 고급직무를 맡길 수가 없었다. 당연히 다수를 영입할 수도 없었다. 그리고 이렇게 능력이 있다고 보이는 구 막부의 신하들은 사실 단지 '유능한 사무원'일 뿐이며 그들의 능력이란 각종 지시나 고시를 베끼는 것에 지나지 않았다.

메이지 정부의 구호는 탈아입구脫亞入歐, 즉 전면적인 유럽화였는데 이는 그 '호걸들'이나 구 막부 신하들로서는 도저히 감당해낼 수가 없었다. 하물며 각종 건설의 시작과 계속적인 완성을 위한 근대사회의 '관'官은 과거처럼 싸움이나 말리고, 네 죄를 네가 알렸다 하는 식의 호령이나 지르거나 아니면 곤장이나 치는 인물은 물론, 단지 집이나 짓고 철도를 건설하거나 공장만 지을 줄 아는 사람이 담당할 수 있는 자리가 아니었다.

이제 자신들의 새로운 시대에 걸맞는 '관료'가 필요했다. 이러한 관료들은 더 이상 단지 수판이나 놓을 줄 알고, 사서삼경이나 달달 외우며,

한시를 쓰거나 각종 고시나 베끼는 것이 아니라, 현대사회와 과학기술의 구조를 이해하고, 세계에서 일본이 처한 위치를 이해하며, 나아가서 일본이 앞으로 나아가야 할 방향을 파악하고 그 방향으로 일본을 이끌고 나갈 수 있는 인물이어야 했다.

구미열강의 대포 앞에 문호를 개방한 일본은 이제 세계정세에 눈을 뜨게 되었고, 부국강병의 길을 가지 않으면 틀림없이 열강의 식민지로 전락하게 될 것임을 확실히 알게 되었다. 부국강병의 길을 가려면 우선 인재가 있어야 하지만 당시의 일본에는 그러한 인재가 거의 없었다. "먼 데서 온 화상和尚이 용하다"는 것일 뿐이 아니라 화상 자체가 먼 데에만 있는 꼴이었다. 즉, 합당한 인재는 구미제국에만 있으니 우선 구미 각국으로부터 인재를 초빙하기로 했다.

당시 이렇게 구미에서 모셔온 외국 전문가들은 대부분 메이지 정부를 도와 집을 짓고, 철도를 건설하며, 공장과 학교 및 군대를 건설하는 건축사, 기술자, 농업전문가, 교사와 군관들이었다. 외부 전문가는 능력은 있었지만은 비용이 너무 비쌌다. 또 일본인들이 가진 "동족이 아니면 반드시 배신한다"는 선입견 때문에 일본인 인재라야만 믿을 수 있다고 생각하게 되었다.

그리하여 메이지 정부의 각 성은 각자 모두 기술자, 건축사, 농업전문가, 법률가, 육군 군관과 해군 군관을 배양하는 전문학교를 설치했다. 예를 들면, 공부성은 공부대학교, 사법성은 법학교, 육군성은 육군사관학교, 그리고 해군성은 곧 해군병학교를 설치 운영하였다. 그렇지만 유독 행정관리 인재를 배양하는 학교는 없었는데, 이는 우선 농업사회에 존재하였던 이른바 "관에서 일하는 것이 가장 쉽다"는 생각이 아직도 남은 데다 또 '행정관리'는 일개 부처 혼자서 총괄할 수 있는 것이 아니어서 전체 정부가 나서야 했다.

이때 등장한 것이 유학생들이다. 메이지 정부는 성립하자마자 구미 각국으로 대량의 유학생을 파견하기 시작하였다. 예를 들면, 메이지 5년(1872년), 일본은 영국과 미국에 각각 125명과 122명을 유학생으로 보냈다. 이들은 원래 막부정권이 파견하였던 유학생들과 함께 메이지 정부의 제1대 신식 행정관리 인재군을 이룬다.

이 인재군의 구성은 그러나 잠재적으로 큰 문제를 안고 있었다.

첫째는 바로 일왕 메이지 본인이었다. 14세에 즉위한 메이지 일왕은 일본 역사상 아마도 가장 적극적이었던 왕이었으리라. 현대 정치학적 관점에서 보면 메이지 일왕 시대의 일본은 입헌군주국이지만, 메이지 일왕은 젊었을 때에는 당시 유명무실한 일왕의 지위를 진정한 군주제의 군주로 바꾸기를 원하였다.

메이지 일왕은 귀족들의 제2세대, 즉 번주藩主와 다이묘大名의 자제들에 대해 큰 기대를 가졌다. 예를 들면, 메이지 5년(1872년), 일본이 구미 각국에 파견한 356명의 유학생 중 귀족의 자제가 46명으로 13%를 차지하였다. 그러나 결과적으로 그들 유학생 귀족 자제들은 하나도 제대로 성공한 인재가 없었던 반면, 그들을 따라갔던 수행원 중에는 그 기회를 이용하여 열심히 공부해 적잖은 인재가 귀국 후 대성하였다.

메이지 일왕은 신정부구성원들의 자제에 대해서도 같은 정책을 실시하였으나 역시 좋은 성과를 얻지 못하였다.

1940년 어떤 사람이 공작 18명의 2대와 3대에 대해 통계를 내봤다. 가장 많은 수가 궁내청에서 일했는데 2대가 11명, 3대가 8명이었다. 군인은 4명이었지만, 중장 이상은 하나도 없었고, 나름대로 출세한 사람은 3명에 불과했다. 그 3명은 주 캐나다 공사 도쿠가와 이에마사德川家正, 수상 고노에 후미마로近衛文麿, 체신대신 야마가타 이사부로山縣伊三郎였는데 그나마 야마가타 이사부로는 야마가타 아리토모山縣有朋의 양자였다.

관찰대상을 후작까지 확대해도 결과는 마찬가지였다. 후작들의 2대와 3대 중에서 뛰어난 사람은 오사카 지사 오쿠보 도시타케大久保利武(오쿠보 도시미치大久保利通의 아들), 주 영국 대사 이노우에 가쓰노스케井上勝之助(이노우에 가오루井上馨의 아들), 개발차관 고무라 긴이치小村欣一(고무라 쥬타로小村壽太郎의 아들)와 내대신 기도 고이치木戶幸一(기도 다카요시木戶孝允의 손자) 등에 불과하다.

만약에 메이지 일왕의 기대가 이루어졌다면 일본 사회는 모두 왕족, 구 번주, 구 다이묘와 유신 원로들의 2대 혹은 3대 아니면 그들과 혈연 관계에 있는 사람들이 통치하는 세습사회가 되었을 것이 틀림없다. 그러나 실제로는 그렇지 않았으니 이는 물론 왕족, 번주, 다이묘와 유신 원로들의 2대와 3대의 자질문제 때문이기도 하지만, 결정적으로는 그들 유신 원로들이 혈연에 의한 그들 가문의 통치를 절대적으로 원하지 않고 오히려 혈연사회의 형성을 저지하는 각종 규칙과 법령을 제정하였기 때문이었다.

그러면 그들 원로들은 도대체 어떤 생각을 하였는가?

그들은 메이지 일왕이 행정관리 관원들에게 간섭하려는 기도에 대해 완강하게 반대하는 태도를 견지하였다. 메이지 유신 이후, 이들 원로들은 비록 일본이 어떤 형태의 군주제를 건립해야 하는지, 즉 일왕이 영국식의 입헌군주제를 할지, 아니면 프러시아식의 절대군주제를 할지에 대해서 결정을 내리기를 주저하였지만, 그러나 일왕이 과다한 권력을 가져서는 안 된다는 점에서는 확고한 신념을 가지고 있었다.

이것은 군주에게 불충해서가 아니라 오히려 군주에게 충성하기 때문에 군주가 과다한 권력을 가지지 않도록 하려는 것이었다. 다시 말하면, 군주가 실책을 범했을 때 수습할 수 없는 국면이 도래하지 않도록 하기 위해서였다.

만약 메이지 일왕의 주위에 왕족, 구 번주, 구 다이묘의 후대들로 구성된 권력집단이 생기면 일왕이 틀림없이 실권을 장악한 절대군주가 될 것이며 결과적으로 매우 위험한 상황이 전개될 것이기 때문에 이를 방지하려 이러한 권력집단이 형성되지 않도록 하였다.

그러면 그들 자신의 후대들은 안심할 수 있는가? 자신들의 후대는 말할 것도 없고 이들 원로들은 심지어 동향관계, 즉 지연地緣도 문제라고 보았다. 비록 다른 나라의 정권교체에서와 같은 피부림은 아니더라도 메이지 유신은 어느 면에서 역시 하나의 무력혁명이었고, 그 혁명의 주요 역량은 조슈번長州藩과 사쓰마번薩摩藩이었다. 그래서 유신이 성공한 후 조슈번과 사쓰마번이 권력을 장악하였고 정부와 군대의 요직은 모두 조슈와 사쓰마 출신들이 차지했지만, 이것은 어디까지나 혁명, 더구나 무력혁명 다음에 오는 불가피한 현상이었다.

그러나 메이지의 원로들은 이 현상마저도 결코 오래 지속되어서는 안 된다고 생각하였다.

학교를 세워 인재를 양성하다

　전쟁 전의 '제국 고등문관' 시절이든 전후의 '국가 고급공무원' 시절이든 패전 직후 2년간의 무법천지 시절을 제외하고는 일본의 고등문관이나 고급공무원들은 파업권이 없었다. 전후 파업권이 없는 것은 미국으로부터 배운 것이지만, 전전에 파업권이 없었던 것은 사실 너무나 당연한 것이었다. 대체 누구를 상대로 파업을 한단 말인가? 그들은 이른바 '일왕의 관리'가 아닌가! 그러나 실제로는 전전 — 특히 20세기의 1920~1930년대의 쇼와 초기 — 에도 그들은 자주 소란을 피우곤 했었다. 사람 성격은 비슷하여 자신들의 절대 이익이 침해되면 반기를 들게 마련이고 고등문관 역시 예외가 아니었다.

　1939년 아베 노부유키阿部信行 내각은 '무역성'을 신설하기로 하고 내각회의에서 이를 결정했지만 외무성이 말을 듣지 않았다. 당시 외무성의 생계수단 중 하나가 바로 '외국과의 무역'이어서 무역성이 새로 생기면 그들의 밥그릇이 없어지므로 막무가내로 이 결정을 배척하였다. 외무 관료들은 공동의 위기 앞에 일사불란하게 일치단결하여 차관 이하

133명의 고급관원이 함께 사표를 제출하였다. 실제로 전 외무성이 나서서 내각을 마비시킨 셈이었다.

이제 어떻게 할 것인가? 법관 출신인 내무대신 고노조小園直는, 외무 관료들이 아무리 일치단결했더라도 내각회의에서 결정된 일이 몇 명 관료가 사표를 낸다고 없었던 일이 되어서는 그 자체가 큰일이며, 이러한 선례를 남길 수 없다고 생각하였다. 군인 출신인 아베 수상은 더욱더 화가 났다.

"내가 전장에서 죽인 사람 수가 아직 부족한가? 요 조무래기 문관 몇몇이 감히 반기를 들어? 철저히 진압하는 것 말고는 다른 방법이 없다."

그는 이렇게 공개적으로 선언하였다. 이 소식을 전해 들은 원로 사이온지 긴모치西園寺公望는 고소를 금치 못하였다. 그리고 그는 "이들 관리들의 배출방법에 문제가 있다"고 불평했다고 한다. 사이온지는 후작에다 수상까지 역임한 인물이었다. 그러나 딴 사람들은 이렇게 불평할 수 있어도 사이온지 본인은 그럴 수 없었다. 왜냐하면, 이 관리들은 바로 사이온지가 혈연과 지연에 영향을 받지 않는 관료제도를 확립하기 위해 만든 틀에 따라 기른 인재들이기 때문이었다.

1882년 이토 히로부미伊藤博文는 입헌군주제를 고찰하기 위하여 사이온지를 포함한 시찰단을 이끌고 유럽을 방문하였다. 메이지 초기, 일본의 정치제도가 영국의 입헌군주제를 도입해야 할지 아니면 프러시아의 군주제를 도입해야 할지 의론이 분분하던 때였다. 1881년 영국을 배워야 한다고 주장하였던 오쿠마 시게노부大隈重信가 실각하고 정부권력이 이토의 수중에 들어오게 되었다. 당시 아직 완전히 프러시아식의 군주제에 경도되지는 않았던 이토는 우선 자신이 직접 유럽에 가서 살펴

• 이토 히로부미

보기로 하였다.

영국과 프랑스에 대해서는 모두들 한마디씩 하였으므로 그는 오히려 당시 별로 거론되지 않았던 독일(프러시아)을 선택하고 친히 방문하기로 하였다. 이때 이토는 좀 기이한 인물인 로렌츠 폰 슈타인(Lorenz von Stein) 교수를 만난다. 슈타인 교수는 사회주의와 공산주의에 대해 많은 연구를 했다. 소문에 의하면 칼 마르크스도 1842년 그가 쓴 《현재 프랑스의 사회주의와 공산주의》라는 책을 읽고서 공산주의에 접근하기 시작했다고 한다. 슈타인 교수 본인은 프러시아의 법을 비판하는 반체제주의자였지만, 이토가 그에게 일본이 취해야 할 입헌방식에 대해 의견을 구했을 때 슈타인 교수는 당시 이미 일본에 대해 상당히 많이 이해하고 있었다.

그는 주저함이 없이 프러시아 법을 추천하였고 이토 역시 이에 공감했다. 이렇게 하여 이토는 군주가 막강한 권력을 갖는 프러시아식 입헌군주제를 가지고 귀국한다.

그리고 이토가 독일에서 갖고 온 것은 프러시아의 입헌군주제뿐이 아니었다. 독일 시찰 후에 이토는 사이온지에게 "앞으로 사쓰마와 조슈 출신들로만 관리를 뽑아서는 안 되고, 반드시 전국 범위에서 인재를 선발해야 한다"고 말했다. 프랑스에서 유학하였던 사이온지는 이토에게 다음과 같이 자기의 의견을 말하였다.

"독일의 철혈재상 비스마르크도 독일 내에서 프러시아가 독보적으로 커지는 것을 경계하였습니다. 그래서 그는 국립대학 법과 졸업생들을 고시를 통해서 관리로 선발하였고, 이렇게 함으로써 전국 각지의 인재들이 공평하게 선발될 수 있었습니다. 일본도 반드시 이런 방법을 시도해보아야 할 것입니다."

사이온지는 파리 소르본대학에 다녔는데 조르주 클레망소라는 학생이 룸메이트였다. 후일 '호랑이'라는 별명의 클레망소는 1차 대전 때 프랑스의 수상이 된다. 파리 강화회담에 참석한 일본의 전권대표가 바로 사이온지였고, 따라서 일본의 모든 요구사항은 프랑스의 전적인 지지를 얻게 되었다. 이는 바로 '5·4 운동'의 원인이 된다.

이야기를 본론으로 돌리자. '프랑스통'인 사이온지는 이토에게 프랑스의 아픈 경험을 역설하였다. 사이온지의 관점에 의하면, 나폴레옹은 워털루 전투에서 패한 것이 아니라 영국 이튼스쿨의 운동장에서 패한 것이며, 프랑스인들이 군사적으로 패한 것이라기보다는 영국인들이 엘리트교육에서 성공한 것이었다.

1815년에 나폴레옹 보나파르트가 워털루에서 이튼스쿨의 영국인에게 패했다면, 55년 후인 1870년, 나폴레옹의 조카 루이 보나파르트는 보불전쟁에서 훔볼트 베를린대학의 프러시아인에게 패한 것이었다.

사이온지에 의하면, 프랑스인들은 보불전쟁에서 패한 후에야 이 문제를 깨닫기 시작했다고 한다. 프랑스는 1872년 영국과 프러시아를 모방하여 자유정치학교(École Libre des Sciences Politiques)를 설립하여, 정치학, 경제학, 재정학, 행정법 및 국제법 등의 과정을 개설하고 전문적으로 행정관리 인재를 배양하기 시작하였다. 당시 유럽의 많은 학교들이 모두 약칭 시앙스 포(Sciences Po)라고 불리던 이 학교보다 우수하였지만 행정관원을 전문적으로 배양하는 곳은 이 학교뿐이었다.

일본이 관료제도를 현대화하려면 반드시 프랑스와 같이 전문적인 학교를 세워 엘리트 행정관리 인재를 배양해야 할 것이다.

이토는 이러한 구상이 괜찮다고 보고 귀국 후 사이온지에게 프랑스 관료제도에 대한 조사를 지시하였다. 마침 당시 메이지 정부가 초빙한 프랑스인 고문 귀스타브 보와소나드(Gustave Emile Boissonade de Fontarabie) 역시 이토에게 "법과학교든 의학원이든 어느 것도 정치가와 행정관리를 배양할 수 없다. 파리의 시앙스 포 같은 전문적인 행정관리 학교를 설립하는 것이 유일한 방법이다"라고 역설하였다.

이토 역시 "관리는 마땅히 '대학졸업생' 중에서 임명"해야 한다는 생각을 굳혔다. 그러나 이러한 '대학'은 당시 일본에는 없었기에 이토는 완전히 새로운 대학, 곧 '제국대학'을 세울 구상을 하게 된다.

'관리양성소'인 제국대학

이토의 '제국대학' 개념은 프랑스의 파리 '자유정치학교'에서 나왔지만 그러나 제국대학의 실시를 위한 세부사항은 그래도 프러시아를 배우기로 하였다. 프랑스는 학교를 이제 막 시작하였지만 프러시아의 훔볼트대학은 이미 졸업생을 많이 배출하였기 때문이었다.

일본은 메이지 유신 이후 기본적으로 영국과 프러시아를 본보기로 삼았다. 해군의 군제는 영국으로부터 도입하였고, 입헌군주제도 역시 영국에서 들여온 것이며, '대일본제국 헌법'은 프러시아 헌법을 참고하였다. 보불전쟁에서 프랑스가 패한 후에는, 원래 프랑스로부터 도입하였던 육군의 군제를 프러시아의 제도로 변경하였다.

'대일본제국 헌법'이 실시된 1890년, 일본은 심지어 '동방의 프러시아'라고 자찬하였으니, 그해 일본의 프러시아 유학생 수는 165명에 달한 반면, 같은 해 영국과 미국 유학생 수는 단지 15명과 4명에 불과하였다. 사정이 이러하니 프랑스로부터 무슨 제도를 도입한다는 것은 사실 불가능에 가까웠다.

1886년 제 1차 이토 내각 시, 이토는 문부성 산하의 도쿄대학과 공부성 산하의 공부工部 대학을 합병하여 법과, 이과, 문과, 공과, 의과 등 5개 분과대학으로 구성된 '제국대학'을 설립하였다. 4년 후인 1890년에는 도쿄 농림학교를 병합하여 제국대학에 농과대학을 증설하고, 마침내 일본의 최고급 국가 관료를 전문적으로 배양하기 시작하였다.

이 제국대학의 설립은 메이지정부 시절 교육방면 발전에서 하나의 중요한 이정표이다.

메이지 5년(1872년), 성립한 지 얼마 안 된 메이지 정부는 프랑스의 학구學區제도를 참고하여 야심찬 교육개혁계획을 제정하였다. 이 계획에 따라 일본 전국을 8개 대학구로 나누고 각 대학구는 다시 32개 중학구로, 그리고 각 중학구는 또 다시 210개 소학구로 나누었다. 각 소학구에 1개씩의 소학교(초등학교)를 두어 전국에 53,780개 소학교를, 각 중학구에 1개씩 중학교를 두어 전체 중학교는 256개교, 각 대학구에 1개 대학교를 두어 전국에 8개 대학교를 두도록 하였다.

그러나 이 계획은 가난하였던 당시 일본의 재정부담 능력을 초과하였기에 한꺼번에 실현할 수는 없었다. 그래서 메이지 정부는 우선 의무화된 최하급학교인 소학교부터 착수하였다. 그리고 5년의 조정기간을 거쳐 마침내 1877년, 도쿄 가이세이開成학교와 의학교를 합병하여 법과, 이과, 문과, 의과 등 4개 학부로 구성된 도쿄대학을 설립한다.

그때의 도쿄대학은 아주 불안정하여 교수나 학생의 인원이 충분하지 못하였다. 문부성의 의도는 도쿄대학을 일본 최고학부로 만드는 것이었지만 도쿄대학의 인기는 사법성, 공부성, 내무성 등이 자기들 간부를 배양하기 위한 전문학교나 게이오慶應 의숙 등 사립 서양식 학교에도 한참 못 미쳤다.

인기가 없는 주요한 이유는 졸업생들의 진로 문제 때문이었다. 1879년 도쿄대학 법학부 졸업생 9명 중 6명이 1893년 이후 '변호사'로 이름이 바뀌는 '대언인'代言人이 되었고, 1882년 졸업한 8명은 모두 오쿠마 시게노부가 운영하는 도쿄전문대학, 곧 오늘날 와세다早稻田대학에 교수로 가고 말았다. 이는 도쿄대 졸업생 중에 관리가 되고 싶어 하는 사람이 없어서가 아니라, 그들이 관리가 되면 최하위직급인 제 14등 관리부터 시작해야 해서 흥미를 갖지 않았기 때문이었다.

그러자 이토는 인기가 없는 이 도쿄대학을 국가최고학부인 '제국대학'으로 바꾸어 그가 이상으로 삼는 '관료 양성소'를 만들고자 하였다.

졸작인 《대본영의 참모들》과 《드넓은 대양이 도박장: 일본 해군사》를 읽은 독자는 알겠지만, 1886년 일본 제국대학이 설립되고, 1883년 육군 엘리트 군관을 양성하기 위한 육군대학이 설립되었으며, 1888년 해군 엘리트 군관을 양성하기 위한 해군대학이 설립되는 등, 이 3개 학교의 설립 시기가 매우 근접해 있음을 알 수 있다. 실제로 이 3개 학교는 모두 야마가타 아리토모 한 사람에 의해 조직되고 설립되었다.

육군대학은 야마가타가 직접 계획하고 설립하였고 후일의 해군대학도 그가 해군에 건의하여 설립하게 되었다. 이런 연유 때문에 일본 해군에서는 해군대학 졸업이 육군대학처럼 승진이나 보직에 절대적인 조건이 아니었다. 일본제국 육군과 해군은 물과 불의 관계인 탓에 육군의 건의를 그다지 중시하지 않았기 때문이다. 비록 제국대학 설립을 제창한 것은 이토였지만, 제국대학의 목적과 방침 등을 구체적으로 제정한 것은 당시 내무대신이었던 야마가타였다.

상기 3개 대학은 한 사람이 설립을 주관하였기에 놀랄 만큼 비슷한 점이 많았다. 3개 학교 모두 엘리트를 양성하는 방식으로 일원화하여 해당 분야의 주관主管을 양성하도록 하였다. 물론 해군대학은 100%의 일원화된 엘리트 양성 학교라고 볼 수는 없었지만, 이는 단지 제국해군 최고위층에 때때로 비 해군대학 출신이 자리를 차지하는 경우가 있다는 점일 뿐이다. 즉, 적어도 해군에는 비 해군대학 출신은 최고위층에 진출할 수 없다는 강제규정이 없었다. 그러나 제국육군과 행정관리 인재는 육군대학과 과거 제국대학 출신으로 완전히 일원화되었다.

'관료'는 결국 '행정관리 관원'이며, 실제로는 '무관'과 '문관'은 다만 '행정관리 관원'의 두 가지 분류에 지나지 않을 뿐이다. 무관을 양성하는 방법이나 문관을 양성하는 방법은 모두 마찬가지이며, 무관이나 문관이나 국가를 위해 일하는 것은 똑같다는 것이 야마가타의 생각이었으므로, 동일한 방법을 사용하여 고급무관과 고급문관을 배양한다는 것은 실제로는 그리 이해하기 어렵지 않다.

청일전쟁 이후 1937년 중일 전면전이 발발하기 전까지 매년 일본으로 유학하는 중국인이 상당히 많았지만, 제대로 제국대학이나 후일의 도쿄제국대학에 입학한 학생은 별로 없었던 것을 보면 제국대학 입학이 얼마나 어려웠는지 알 수 있다.

대학 졸업 학위인 'Bachelor'의 번역은 '학사'이다. 이 말은 본래 당나라 시대 하나의 관직이었는데, 일본은 이전에 '동궁학사'東宮學士라는 관직을 설치하여 왕세자의 교육을 전담하도록 하였다. 메이지 유신 후 이 관직이 없어지자 '학사'를 'Bachelor'에 해당하는 단어로 사용하였다. 1872년부터 대학을 졸업하면 '학사'라는 '학위'가 주어졌는데, 당시 전 일본을 통틀어 대학은 도쿄대학과 공부대학 둘뿐이었으므로, 문부성은 그 다음 해부터 전문학교 졸업생에게도 '학사' 학위를 수여할 수 있도록 하였다. 그러나 제국대학 설립 이후에는 그렇지 않았다. 이제 '학사'는 더 이상 학위가 아니라 하나의 존칭이 되어 오로지 제국대학 졸업생만 'OO 학사'라고 부르게 되었다.

'학사'가 다시 학위가 된 것은 1901년 이후의 일인데, 제국대학 이외의 대학도 대학으로 인정된 것은 1920년 '대학령'이 정식으로 공포된 이후의 일이었다. 1901년 이전에는 '학사'라 하면 사실 '나으리'에 해당할 정도의 존칭이었다.

이러한 '학사들'은 장차 '나으리'가 될 사람들이었으니 졸업만 하면 그에 대한 대접을 받는 것이 당연한 일이라고 할 수 있다.

많고 많은 관리 나으리

당시에는 일본이 탈아입구脫亞入歐를 위한 문명을 일으키고 공업을 발전시키기 위해서 어떠한 국가기구와 관료조직이 필요한지 명확한 구상을 가진 사람이 아무도 없었다. 그래서 메이지 유신 후 일본의 관제는 밀전병처럼 수도 없이 뒤집어지곤 하였다. 당시의 일본 자료를 읽다 보면 갖가지 희귀하고 이상한 관명官名 때문에 머리가 혼란스러워진다. 그러나 제국대학이 설립될 무렵에는 일본 제국의 문관 관제 틀이 잡혔다.

후일 맥아더는 일본 관제가 너무 복잡하여 도무지 이해할 수가 없다고 불평하였다. 실제로 일본 제국의 관제는 그리 복잡한 편은 아니다. 단지 동서양 문화의 차이 때문에 서양인들이 동방의 사물을 이해하기 어렵다고 느낄 뿐이다.

당시 일본 관청의 일을 하는 사람들은 '관리', '고원'雇員, '용인'佣人으로 나누어져 있었다.

관청이 아무리 높다 하더라도 차나 물을 나르는 등의 육체노동이 없을 수 없으며 이런 일을 하는 사람을 전전의 일본에서는 '용인'이라고 불렀다. '고원'은 오늘날의 '기술관료'로서 전문적인 행정관원이 아니라 기술로 밥을 먹고 사는 사람들인데 전전에는 '관'이 아니었다.

그리고 '고원'과 '용인'이 아닌 사람들이 '관리'인데 바로 전문적인 행정관원이었다. 관리는 다시 '판임관'判任官과 '고등관'으로 나뉘었다. 판임관은 최하위급의 관리로서 육해군의 경우 하사관이 바로 판임관이었다. 판임관은 직급은 낮지만 그래도 관리였다. 고원과 용인의 선발권한은 각급 관리 손에 있었지만 판임관의 임명권은 그래도 일왕의 권한에 속했다. 이것이 '관'과 '민'의 최대 구별이었다.

판임관 위에는 이른바 '고등관'이라 불렀는데, 고등관은 다시 3종류로 분류되었다. 최하위는 '주임관'奏任官으로 6등급으로 나뉘었는데, 정부 각 성 과장 이하의 관리들로서 군대의 소위에서 대좌까지 6등급의 군관들이 이에 해당한다.

주임관 위에는 '칙임관'敕任官과 '친임관'親任官이 있다. 사람들은 칙임관을 보면 반드시 '각하'라고 호칭하여 경의를 표해야 한다. 무관 중의 칙임관은 중장과 소장이, 문관 중에는 각 성과 청의 차장과 국장 및 각 현의 지사가 칙임관에 해당된다. 당시 일본의 지사는 오늘날처럼 선출직이 아니라 일왕이 임명하였다.

중장과 소장이 칙임관이면 최고 계급인 대장은? 대장은 '친임관'이며, 이에 해당하는 관직은 일왕의 '친임식'을 통해 임명되었다. 육해군 대장 이외에 문관의 총리대신, 대 만주 사무국 총재, 추밀원 의장, 부의장, 고문관, 내대신, 궁내대신, 국무대신, 특명전권대사, 대심원장 (최고법원장), 검사총장, 회계검찰원장, 행정재판소 장관, 조선 총독, 타이완 총독, 신궁 제주神宮祭主, 기획원 총재, 도쿄도 장관 및 각 지방

총감 등이 친임관이었다.

주임관, 칙임관 및 친임관을 합쳐서 고등관이라 하였다.

에도江戶 시대와 그 이전 시대에 실제로 '행정관리 관원'의 역할을 한 것은 무사들이었는데, 수입이 좋지 않아 늘 생활이 빈궁하였다. 그런데도 이들 무사들은 주공을 잘 모시는 것 이외에 돈 따위는 근본적으로 머릿속에 두지 않았었다.

예를 들면 무사의 봉록은 쌀이었는데, 쌀로써 밥은 먹을 수 있지만 그 밖의 생활필수품을 구하기 위해서는 남은 쌀을 상인에게 팔아야 했다. 상인이야 당연히 이익을 추구하므로 상대방이 무사라고 해서 손해 보면서 거래하지는 않았다. 무사가 상인을 겁박하였다는 말도 들은 적이 없다. 상인이 무사보다 대체로 부유하기는 하였지만 무사들은 나름대로 자존심이 있어, 상인을 겁박하거나 다른 백성의 재물을 갈취하는 것에는 관심이 없었다. 재물은 무사가 추구하는 목표가 아니었다.

그러나 메이지 유신 이후에는 상황이 달라졌다. 우선 유신 후 대신들의 수입이 대상인들을 초과하였다. 예를 들면, 메이지 초기 태정대신 (후일 총리대신)의 월 급여는 백은 800량, 참의와 경(후일 대신)의 월급은 백은 500량, 대보(차관)가 백은 400량이었다. 당시 백은 1량이 1엔이었는데 청일전쟁 시기에 백은 2량이 3엔으로 평가절하되었다.

그런데 미쓰비시 재벌의 창립자 이와사키 야타로岩崎彌太郞가 자기의 월 급여를 800엔으로 하여 태정대신과 같게 하였는데 직원들에게는 그에 상응한 높은 급여를 줄 수가 없었다. 미쓰비시의 요코하마 지구 총책임자의 월 급여가 단지 백은 150량에 그쳐 가나가와神奈川 지사의 200량 보다 50량이 적었는데 이와사키는 늘 이를 크나큰 치욕으로 생각하였다.

그러면 이러한 돈은 어느 정도 가치가 있는 것이었을까? 유신 이후, 가고시마鹿兒島에서 도쿄로 올라온 사이고 다카모리西鄕隆盛는 도쿄 니혼바시日本橋에 집을 임차하였는데 임차료가 단 2량이었다. 게다가 그가 빌린 집은 그 자신의 대가족과 수하 무리들이 함께 거처하는 대저택이었다.

중신들이 그러하였다면 하급 관료들은 얼마나 받았을까? 고등문관시험을 통과한 제국 고등문관의 초임은 문관시험의 성적에 따라 정해졌는데 연봉이 450엔에서 600엔 사이였으므로 매달 최소 대략 49엔 정도였다. 그리고 당시 관청에서 일한 용인들의 최저 임금은 매월 17엔이었다.

일본의 과거제도

　관리의 수입이 이렇게 좋다 보니 지원자가 구름처럼 몰려들었다. 이제 관료제도의 근본은 '누구를 뽑느냐'의 문제였다. 당시 '고원'과 '용인'은 국법과 관계없이 각 관청이 사법私法에 의해 고용한 것이었다. 하지만 관리는 누구든 원칙적으로 일왕이 임명하는 사람이었다. 인사권이야말로 모든 권력의 중심이니, 일왕이 인사 임면권을 가졌다면 절대적 권한을 가진 것인가? 그러나 그렇지 않았다. 일왕은 '문관 임용령'에 의해 이러한 문관을 임명하였고, 이 '문관 임용령'이야말로 일본제국 관료제도의 진정한 핵심이었다.

　앞에서 언급한 것처럼 이토가 독일에서 돌아올 때, 독일의 입헌군주제와 또 다른 것도 함께 가져왔다. 그것이 바로 독일이 1873년 제정했던 '제국관리법'이었다. 이토는 1885년 제 1차 조각 이후, 독일의 이 법률에 따라 1887년 '문관고시의 시보와 견습 규칙'을 제정하였다. 이것이 그 유명한 '고등문관고시', 줄여서 '고문'의 유래이며, 당시에는 주로 '고등고시'라고 불리었다.

이 법규에서 말하는 '시보'는 고등관 후보생이고, '견습'은 판임관 후보생을 말한다. 이 법규에 의하면 '시보'는 '고등고시'를 통과한 사람이나 제국대학 법과전공과 문과전공 졸업생만이 될 수가 있었다. '견습'의 자격은 '보통고시'를 통과한 사람 또는 관립과 공립 중학교를 졸업한 학생에게 주어졌다. '시보'와 '견습'은 3년의 시용기간을 거쳐 정식으로 임관하여 마침내 '일왕의 관리'가 될 수 있었다.

문관을 고등문관과 초등문관으로 나누는 것은 프러시아로부터 배운 것이었지만 일본과 프러시아는 몇 가지 점에서 서로 달랐다. 프러시아에서는 국립 법과대학 졸업생만이 고등문관이 될 수 있는 자격이 있었고, 천주교도와 유태인은 사실상 배제되었다. 하지만 일본은 이러한 종교적 내지는 신분적인 차별이 없었을 뿐 아니라, 반드시 국립대학 졸업생이어야 한다는 제한도 없었다. 이 '규칙'은 고등관에 대한 학력제한을 규정한 것이 아니었으며 이 '규칙'에 의하면 이론적으로는 누구든 '고등문관고시'를 통과하기만 하면 고등문관이 될 수 있었다.

일본의 문관은 후보생이 되는 그날부터 급여가 주어졌는데 이는 매우 중요한 점이었다. 프러시아는 대학 졸업 이후 정식 관료가 되기까지 십수 년이 소요되는데 이 기간에는 급여가 없었다. 그러니 프러시아에서는 부유한 가정 출신이 아니고서는 고급 관료가 된다는 것은 불가능했다. 당시 프러시아의 국립대학은 3년의 학제였는데, 졸업 후 우선 사법비서司法秘書의 자격고시에 통과해야 하고, 그 후 관청이나 법원에서 2~3년의 실습을 거쳐 다시 사법조리司法助理 자격시험에 응시해야 하며 — 사법조리도 마찬가지로 무보수였다 — 또다시 10년 가량이 지나야 비로소 참사관의 직위를 얻을 수 있었다. 그래서 20세기 초 독일 각 관청 참사관들의 연령은 보통 40세 전후였으며 모두들 부유한 가정 출신들이었다.

그러나 일본은 관료의 가정 경제상황에 대해서 그다지 엄격하게 요구하지 않았다. 물론 일본에서도 제국대학의 학비는 일반 서민이 부담하기에는 너무도 고액이었다. 심지어 "제국대학 졸업에 산림山林 하나가 필요하다"는 말이 있을 정도였으니 제국대학 졸업생들은 대부분이 부유한 집안 자제들이었다. 그렇지만 일본의 농촌에는 지주가 가난한 집안의 수재들을 도우는 전통이 있었기에, 집안이 가난하더라도 머리가 좋고 또 의지가 굳은 학생들은 통상 학업을 위한 경제적 도움을 얻어 제국대학에 들어갔다. 학교에 들어가서는 아르바이트를 하면서 학업을 마치는 경우가 종종 있었다. 심지어 제국대학을 나오기는커녕 순사와 같은 고원출신이면서도 독학으로 열심히 노력하여 고등고시를 통과하여 제국 고등문관이 되는 경우가 매년 있었으니, 일본의 제도가 프러시아보다 훨씬 더 공평하고 공정한 편이었다.

이렇게 합격하기만 하면 관료가 되는 '고문고시'는 사실 고대 중국에서 행정관원을 선발하였던 '과거'시험을 본보기로 삼은 것이다. 일본인들도 '고문고시'의 유래에 대해 설명할 때 명확하게 이를 인정한다. 단지 근대에 들어와서 프러시아를 통해 다시 도입했을 뿐이다.

이토는 이에 대해 다음과 같이 명확하게 설명하였다.

이제 헌법을 정비하였고 의회도 설립하였지만 훌륭한 행정실무가 뒷받침되지 않으면 제대로 된 성과를 거둘 수가 없다. 훌륭한 행정실무의 성과를 위해서는 반드시 조직의 준칙을 제정해야 한다. 즉, 각 대신의 직권, 관청의 구성, 관리가 준수해야 할 규율, 관리의 임면과 진퇴, 고시 방법, 퇴직대우에 관한 규정 등이 반드시 규정되어야 한다. 바로 이를 통해 왕실의 권위가 발휘되는 것이며 이 방면에서는 독일이 어느 국가보다 앞서 있다.

그래서 일본은 프러시아, 곧 독일로부터 각종 제도를 도입하였다. 실지로 당시 독일은 행정관리 관원에 대한 이론적 근거를 이미 분야별로 모두 갖추고 있었다.

현대 사회학과 공공행정학의 창시자인 프러시아의 막스 베버(Max Weber)는 현대 관료집단의 특징에 대해서 다음과 같이 갈파하였다.

① 법규와 문건에 근거하여 업무를 처리한다.
② 명령계통에 근거하여 위계질서를 유지한다.
③ 전문교육을 받았으며 일정한 자격을 구비하고 있다.
④ 업무범위에서 공사公私가 분명하다.

사람들은 위의 몇 가지 특징 중 ③번이 가장 중요하다고 생각하여 바로 이 ③번을 확보하기 위해 '고시'라는 방법을 통해 관리를 선발해야 한다고 주장한다.

프러시아는 19세기 초기에 처음으로 이러한 경쟁고시를 통해 행정관원을 선발하는 방법을 도입하였고, 1873년에는 관리법을 제정하여 법률로 관리의 임용을 보장하였다. 영국도 1806년 경 중국의 과거제도에 대해 연구를 시작하였지만 그 구체적인 응용은 식민지 인도에서 시작하다가 영국 본토에서는 1870년에야 비로소 경쟁고시의 방법으로 행정관원을 선발하기 시작하였다. 미국은 더 늦었으니, 정확하게 말하면 1879년 컬럼비아대학에 정치학과를 설치하면서 비로소 이 문제를 고려하기 시작하였다. 그리하여 1883년 '펜들튼 공무원제도 개혁법안'(Pendleton Civil Service Reform Act)이 통과되었지만, 미국에서는 아직까지도 고급

관료들은 대통령과 임기를 같이하는 전통 때문에 대통령이 바뀌면 워싱턴에서는 2천~3천 명이 보따리를 싸게 된다고 한다.

가장 이해할 수 없는 나라는 프랑스이다. 프랑스에는 유명한 자유정치학교가 있어, 비단 일본 제국대학의 본보기가 되었을 뿐 아니라 또한 미국의 컬럼비아대학 정치학과의 설치에도 영향을 미쳤다. 그러나 프랑스의 문관고시 체계는 제 2차 대전이 끝난 1945년 프랑스 국가행정학원(ENA: École nationale d'administration)이 설립된 후에야 확정되었다.

어쨌건 중국의 과거제도에서 유래된 경쟁고시에 의해 행정관리를 선발하는 방식은 19세기 이후 이미 전 세계적인 주류를 이루게 되었다. 그 이유는 너무나 간단하다. 이보다 더 나은 방법을 아직 찾아내지 못하였기 때문이다.

중국의 과거제도

독일 신역사학파를 이끄는 구스타프 폰 슈몰러(Gustav von Schmoller)는 현대 관료제도의 기원에 대해서, "세습제든 아니면 선거제든, 어느 것이든 현대국가의 복잡해지는 행정수요를 충족시킬 수 없다. 현대사회는 종신적 전문적 관리집단을 필요로 하는데 이러한 관리를 선발하기 위해서는 고시 이외에는 다른 방법이 없다"고 설파하였다.

그런데 중국은 이미 1,400여 년 전인 수隋나라 시대에 이미 이러한 도리를 파악하고 과거제도를 통해 행정관원을 선발하였다. 흥미로운 것은, 중국과 문화교류가 빈번하여 중국으로부터 수많은 정치 사회제도를 도입하였던 일본이 유독 이 과거제도만은 그때까지 도입한 적이 없었다는 사실이다. 마침내 일본이 이러한 자격고시제도를 도입한 것은 1893년이었다.

그러나 그 2년 후 중국에서는 청일전쟁 패배 후 베이징에서 과거에 참가하였던 사람들이 집단으로 일으킨 '공차상서'公車上書 사건이 발생한다. 이 사건은 캉유웨이康有爲와 량치차오梁啓超가 주동하였다. 이들의 최초 요구사항은 곧 "과거제도의 개혁과 신학문의 진작"이었으며, 1905년 9월 2일 서태후西太后는 위안스카이袁世凱의 건의를 받아들여 1906년부터 과거를 일률적으로 폐지하며 각 성의 과거 역시 중지하도록 하였다. 이로써 중국은 근대 이후 여론의 지탄을 받았던 과거제도를 정식으로 폐기한다.

과거시험은 청일전쟁 이후 중국에서는 모든 악의 근원으로 지탄을 받았다. 적지 않은 사람들이 중국 근대화가 늦어진 원인 중의 하나로 이 과거시험을 꼽을 정도였다. 과거시험을 위한 중국 고대의 교육제도는 현실을 파악하지 못하고 옛 성현의 책들만 읽는 고지식하고 보수적인 괴물들만 배양해냈을 뿐이라는 것이었다. 그리고 그 성현의 책에서 다루는 학문이라는 것이 근대화에는 아무 소용이 없는 것들이니 자연히 중국이 근대에 들어와 낙후되었다는 것이다.

결과론적으로, 이 제도에 의해 선발된 중국의 관원들은 중국이 근대화 내지 현대화하는 과정에서 제 역할을 다하지 못하였을 뿐 아니라 그들이 속한 조정이 주기적으로 전복된 데 대해서도 책임이 있다. 그러니 사람들이 과거제도와 그 제도에 의해 선발된 인재들을 비판하는 것은 당연하다 하겠다.

중국 고대 과거시험 과목은 단지 '사서오경'이어서 실무에 관한 것은 없고 과도하게 의식형태와 정치신앙 등을 강조하였다. 결과적으로 사회발전 현상과는 괴리되었으며, 게다가 과거시험 자체도 시간이 흐르면서 극도의 형식주의로 흘렀으니, 당연히 사람들의 상상력과 창의력을 심하게 제한하였다. 이러한 제도에 의해 선발된 관원들이 근현대화 건설에 오히려 걸림돌이 된 것은 자연스런 결과였다.

그러나 과거제도가 중국에서 실패한 원인이 단지 시험과목에만 있지는 않았다. 러일전쟁 중 경험도 없는 일본군 신병 기병을 지휘하여 당시 세계 최강이었던 코사크 기병을 패배시킨 아키야마 요시후루秋山好古가 육군사관학교에 입학할 당시의 시험과목 역시 사서오경이었지만 그 후 근대화된 군사기술을 배우고 응용하는 데 별다른 지장이 없었다.

어찌되었건 과거시험에 의해 선발되었던 행정관원들이 거의 2천 년 동안 중국이라는 세계 최대의 국가, 또한 당시 세계 최선진국가를 움직였으니 너무 단순하게 과거제도를 폄훼해서는 안 된다고 생각한다. 그것보다는 시험과목과 내용이 사회발전과 상응하고, 선발과정이 공평하고 공정하며, 선발된 인원이 선발대상 중에서 최상의 인재가 되도록 보장하는 것이 가장 중요하다.

그러므로 선발된 인재의 능력으로 말하면 과거시험과 같은 자격 임용고시가 가장 훌륭한 방식이라는 데는 이론의 여지가 없다. 따라서 과거시험제도는 중국이 세계문명에 기여한 일대 공헌이라 할 수 있다.

여자는 과거를 볼 수 없다거나, 부모상을 당했을 때와 같은 제한을 제외하고는 과거시험을 보는 데 별다른 제한이 없었으며, '가산점' 같은 특혜도 없었다. 부모상을 당한 사람과 같은 제한도 누구에게나 공평하게 적용되었다. 또 부모상 기간이 끝나면 당연히 과거에 다시 응시할 수 있었다.

어지러웠던 중국 고대의 관료세계에서도 과거시험장은 깨끗함을 잃지 않았다. 그 오랜 과거제도의 역사에도 시험부정과 같은 사건은 그리 많지 않았다. 단지 근대에 이르러 과거시험의 내용이 시대의 변화에 따르지 못하고 경직화되면서 현대세계와 괴리되는 결과를 가져옴으로써 마침내 과거제도가 폐지되고 말았던 것이다.

'문관 임용령'

"관리는 자격이 있는 사람 중에서 임명한다"라는 말은, "자격이 있는 사람만이 관료로 임명될 수 있다"로 고치지 않으면 별 의미가 없다. 앞서 언급한 '문관고시의 시보와 견습 규칙'은 '시보'와 '견습'의 신입 공급원에 대해서만 규정하고 있을 뿐, 아직 법률의 형식으로 "시보와 견습만이 문관이 될 수 있다"고 규정하지는 않았었다.

이를 위해 제정된 것이 바로 '문관 임용령'이다. 제 1차 '문관 임용령'은 이토 내각이 1893년에 제정한 것이다. 이 규정에 의하면 일왕은 주임관 이상의 관리를 임명할 때 반드시 '고등문관 고시'를 통과한 사람 중에서만 임명하도록 하였다. 다시 말하면, 약칭 '고문' 고시를 통과한 사람만이 관리가 될 수 있으며 다른 방법은 없다는 것이다.

이렇게 되자 일본의 고급관료제도는 완전히 일원화되어, '일왕의 관리'가 되기 위해서는 고문고시를 통과하는 길 이외에 다른 방법이 없게 되었다. 즉, 육군사관학교와 해군병학교 졸업생만이 제국 육해군의 군관이 될 수 있는 것과 마찬가지 이치였다. 이것은 굉장히 중요한 의미를 갖고 있었다. 왜냐하면, 육군과 해군의 군관 신입 공급원이 일원화되고, 육군대학과 해군대학 출신 여부가 군관들의 승진에 많은 영향을 미치게 되자, 메이지 유신 중 중요한 공헌을 한 조슈번과 사쓰마번이 여태까지 육군과 해군 내에서 갖고 있던 독점적 지위가 약화되었기 때문이다. 이와 같이 군관 선발에서의 공평과 공정이 확보된 것과 같이 이제 '문관 임용령'이 문관 임용과정에서 동일한 역할을 하게 됐다.

'문관고시의 시보와 견습 규칙'에 의하면, 제국대학 졸업생은 자동으로 '시보'의 자격을 갖게 되며 따라서 고시를 거치지 않고도 고등문관이 될 수 있는 반면, 비 제국대학 출신들은 반드시 고시를 거치도록 되어 있었다. '고등고시'는 1888년 시작되었는데, 첫해에는 행정관 합격자가 한 사람도 없었다. 다음 해에 4명, 3년 차에 5명이 합격하는 데 그쳤지만, 그 기간에 73명의 제국대학 출신들이 고시를 거치지 않고 시보가 되었다.

당시의 실제 정황은 이러했다. 만약 행정관의 자리가 비게 되면 정부 부문은 의도적으로 제국대학 출신을 우선 채용하고 그래도 자리가 남으면 고등고시를 통해 보충하였다. 그러나 1891년 이후 행정관의 빈 자리는 계속해서 제국대학 출신으로만 채우고 더 이상의 빈 자리가 없어 고등고시 자체도 아예 없었다.

사정이 이러하니 제국대학 이외의 졸업자들은 검찰관이나 법관 등 사법관료로 일할 수밖에 없었다. 사법관료의 급여는 행정관료에 비해 매우 적어 제국대학 출신은 아무도 사법관료가 되기를 원하지 않았다.

제국대학 출신들은 그래도 이러한 제도가 불공평하다고 생각하지 않았다. 그들은 제국대학 출신들이 고등고시에 응시할 필요가 없음은 당연하다고 봤지만, 비 제국대학 출신들은 그렇게 생각하지 않았다. 사립군사학교는 없지만 사립학교는 얼마든지 있었다. 즉, 제국대학과 육군사관학교나 해군병학교는 경우가 다르다는 것이었다.

제국대학 출신이 진출하는 정부 부문은 군대와 같은 봉쇄된 계통의 조직이 아니며, 정부는 '통수권 침범'이나 '군사기밀'을 이유로 사람들의 비평과 감독을 얼버무리고 넘어갈 수가 없었다. 더욱이 탈아입구脫亞入歐와 문명화를 추진하는 데는 '언로言路를 개방하는 것'이 매우 중요한 점인데, 만약에 문명화를 아무리 오래 추진하더라도 언로가 개방되어 있지 않으면 그 문명의 의미가 무슨 소용이 있겠는가?

이에 앞장서서 나선 사람은 바로 메이지 유신의 원로 오쿠마 시게노부였다. 오쿠마는 교육에 특별한 관심을 가졌는데 하야 이후 '도쿄전문학교' ― 오늘날 일본 명문 사립대학인 와세다早稻田대학의 전신 ― 를 경영하였다. 오쿠마는 인재를 양성하는 것은 국가를 위해서도 좋은 일이고, 또한 학생들로부터 수업료를 받을 수 있기에 일거양득이라고 생각했다. 그런데 이 '문관고시의 시보와 견습 규칙'이 그가 운영하는 학교의 학생들의 진출을 방해할 뿐 아니라 그의 경제적 수입을 막는 결과를 초래하였다.

이에 오쿠마는 다른 사립대학들과 함께 들고 일어났다. 이유인즉슨 이러한 방법은 너무 불공평하며 제국대학만이 관료를 독점해서는 안 된다는 것이었다. 관료의 자격은 전문적인 고시를 통해 선발해야지 출신학교의 이름만 보고 선발해서는 안 된다고 주장하였다.

오쿠마는 당연히 보통사람이 아닌 메이지 유신의 원로였던지라 이 문제를 국회에까지 끌고 갔다. 그의 주장이 일리가 있어 제 2차 이토 내각은 그의 의견을 받아들인다. 그리하여 '문관 임용령'과 고등문관 고시

실시규칙에 명문으로 문관 주임관으로 임명되는 자격은 '고등문관 고시 합격자'로 규정되었다.

고시 응시자는 남녀노소, 출신학교에 구분 없이 누구나 참가할 수 있게 되었다. 그러나 제국대학 졸업생은 그래도 어느 정도 특혜가 있었다. 즉, 고등문관 고시는 예비고시와 정식고시로 나뉘었는데, 제국대학 출신은 예비고시를 면제받았다. 원래 고시 자체를 면제받던 것에 비하면 상당한 진전이었기에 이에 대해서는 별다른 비판이 없었다.

당시는 모두들 관심을 행정관의 자격에 집중하였고 사법관의 자격에 대해서는 아무도 신경 쓰지 않았다. 그리고 제국대학 졸업생들은 사법관을 쳐다보지도 않았다. 행정관의 최저 연봉은 450엔인 데 반해 사법관은 단지 350엔에 지나지 않았다. 그래도 제국대학 졸업생은 사법계통에서 상당한 특혜를 받았다.

제국대학 법과대학 졸업생은 자동적으로 변호사 자격을 부여받았지만 기타 학생들은 사법고시를 통과해야만 변호사 자격증을 받을 수 있었다. 이 특혜조항은 1923년에 폐지되었다. 맥아더가 일본에 온 이후 적지 않은 사람들이 공직을 떠났는데 그중 적지 않은 수가 제국대학 법과대학 출신이었다. 그들은 본래 변호사 자격증을 갖고 있었기에 그 후 소송관련 업무에 종사하게 된다.

후일에는 제국대학도 숫자가 늘어났다. 청일전쟁 후 일본은 백은 2억 3천만 량의 배상금을 받게 되었다. 이 돈으로 일본은 1897년에 교토에 제 2의 제국대학을 설립하고, 도쿄의 제국대학은 '도쿄제국대학'으로 개명하고, 새로 설립된 제국대학은 '교토제국대학'이라 불렀다. 그후 1907년부터 1939년까지, 또 다시 도호쿠東北, 규슈九州, 홋카이도北海道, 경성京城, 타이베이臺北, 오사카大阪와 나고야名古屋 등 7곳에 제국대학을 설립하여 제국대학은 총 9개에 이르게 되었다.

어찌되었건 '문관 임용령'의 반포와 '고문'의 실시는 비 제국대학 출신들이 보기에는 아주 공평한 처사였지만 제국대학생, 특히 그해 졸업생들은 전혀 그렇게 생각하지 않았다. 공평이란 본래 상대적인 것이다. 쌍방 모두가 절대적으로 공평하다고 여기는 경우는 없는 법이다. 제국대학생들로서는, "졸업하기만 하면 남들보다 더 높은 제국 고등문관이 될 수 있다"는 약속 때문에 그 오랜 세월 동안 각고의 노력 끝에 제국대학에 입학했다. 그런데 이제 와서 무슨 '공평 고시'라 하니 이야말로 이랬다저랬다 자기들 마음대로 하는 처사가 아닌가? 어떻게 '공평'하단 말인가? 그래서 일부에서는 이 문관고시를 보이콧하자는 호소가 있었고 이에 도쿄제국대학의 당해 연도 졸업생들이 속속 호응하여 제 1차 고문고시를 보이콧한다.

정치가는 관료가 아니다

이번에 고시를 보이콧한 학생들은 운이 그다지 좋지 않았다. 당시 사법대신은 바로 군 출신인 야마가타 아리토모였다. 그는 감히 내각의 결정에 도전하는 것을 도저히 용납할 수가 없었다. 보이콧하는 것은 자기들의 권리이지만 정부가 결정한 법률의 존엄을 보호하는 것은 사법대신의 책무라고 믿고 그대로 흔들림 없이 추진하였다.

그 결과 보이콧에 참가했던 제국대학생들은 다른 민영기업이나 언론 등에 취업할 수밖에 없었다. 사실 그들은 보이콧할 필요가 없었다. 우선 제국대학의 교수와 학생의 자질 자체가 전국 최고였는데 어떻게 비제국대학 졸업생들과 경쟁하여 이길 수 없겠는가? 게다가 출제위원들이 바로 자기들 제국대학 교수들이었다. 실제로, 당시 고문고시를 통과한 사람의 90% 이상이 도쿄제국대학 출신이었으며, 오늘날의 일본 고급공무원 고시 역시 마찬가지 현상을 보이고 있다. 여러 차례의 조치 후에도 도쿄대학 출신의 비율은 아직 50% 이상이다.

야마가타는 후일 일본 군국주의 비조鼻祖이지만 또한 그는 메이지 초기 여러 가지 구체적인 일들을 적지 않게 성사시키기도 하였다. 예를 들면 이토는 제국대학을 세워야 한다고 주장하였지만 실지로 세운 인물은 야마가타였다. 그리고 '문관 임용령'도 이토가 만들었지만 마지막으로 완성한 사람은 야마가타였다.

이토의 '문관 임용령'에는 한 가지 사각지대가 있었다. 주임관은 반드시 고문고시를 통과해야 한다고 규정하였지만, 각 성의 국장, 차장과 각 현의 지사와 같은 칙임관은 어떻게 해야 하는가를 빠뜨린 것이다. 아마도 모두들 칙임관은 주임관이 승진하는 자리이니 주임관이 고문고시 출신이니까 칙임관도 당연히 고문고시 출신이어야 하는 것은 말할 필요도 없는 것이라고 생각했었다. 그러나 법에는 빠져나갈 구멍이 있는 법, "주임관은 반드시 고문고시 출신이어야 한다"는 조항은 달리 말하면 "칙임관은 반드시 고문고시 출신일 필요가 없다"고 해석할 수 있는 소지를 남기게 되었다.

칙임관처럼 고급 관직을 어떻게 편법으로 임용하겠는가? 큰 인물은 오히려 고관을 목표로 하는 법이다. 당시 일본은 영국식의 의회내각제, 곧 일반적으로 말하는 정당내각제를 채용하고 있었다. 즉, 의회의 다수당이 집권하는 제도이다. 하지만 메이지 초기에는 그렇지 않았으니, 당시 일본정부는 이른바 '초연주의'超然主義를 주장하였다. 이에 따르면 정부는 정당정치에 초연하여야 하며, 정당의 당리당략에 구속되지 않고 항상 국가의 입장에 서야 한다는 것이다. 제 1기 및 제 2기 내각총리인 이토 히로부미와 구로다 기요타카黑田淸隆 모두 이러한 입장을 견지하였다.

이러한 주장은 그러나 다소 공허했다. 예를 들면, 이 애매모호한 '국가 입장'이라는 것을 어떻게 정의해야 하는가? 또 정부의 의안은 국회의 승인을 받아야 하는데 국회에서 다수 의석을 확보하지 않고는 어떠한 일도 진행할 수가 없었다. 그래서 1898년 영국식 정부를 주장하는 오쿠마 시게노부가 조각을 위임받았을 때 마침내 일본 역사상 최초로 헌정당이 집권하는 정당 내각이 탄생되었다.

그러나 이 정당 내각은 당 내부의 내홍으로 4개월 만에 와해되고 말았다. 내홍의 원인은 바로 자리다툼 때문이었다. 비단 대신들을 차지하기 위한 자리다툼뿐 아니라 '문관 임용령'에 규정되지 않은 칙임관의 자리를 서로 자기 사람들로 채우기 위한 다툼이었다.

물론 이렇게 자리를 차지하기 위한 투쟁은 처음 있는 일은 아니었다. 당시 영국과 미국이 채택한 이른바 '엽관제'獵官制 역시 일종의 행정관료 제도였다. 특히 미국에서는 어느 정당이 집권하면 바꿀 수 있는 자리는 모두 자기 사람으로 바꾼다. 예를 들면 링컨이 대통령이 되자 하루아침에 당시 1,639개의 공직 중 1,457자리가 바뀌었다고 한다.

이렇게 이상하게 보이는 제도도 처음에는 상당히 진보적인 의의를 갖고 시작되었다. 실제로 이 제도는 절대왕정하에서 민주주의를 지키고, 국왕이 관리임면권을 통해 나라를 자의적으로 통치하는 것을 막는 작용을 하였다. 또 하나 이 '엽관제'를 옹호하는 이론은, 정당이 집권하는 것은 국민이 선택한 결과이므로 정당의 결정이 인민의 의견을 대표한다고 주장한다.

그러나 이것은 어디까지나 이론상 주장일 뿐, 실제로는 자본주의의 발달에 따라 사회구조도 복잡해지고, 정당정치도 필연적으로 금권과 손을 잡게 되어 결국 이 '엽관제'는 선거운동 중 금전적 도움이나 또 다른 종류의 도움을 준 사람들에 대한 보답으로 변질된다. 그리고 이런 사람들이 자리를 차지하면 무능한 관리가 증가하는 것은 물론, 그들도

자신의 투자를 회수하려 하기 때문에 부정부패의 가능성이 매우 높아
진다.

심지어 1881년, 제 20대 미국 대통령 제임스 가필드는 '엽관자'獵官者
들의 요구를 다 들어주지 못한 탓에 암살되고 말았다. 이에 미국인들은
'엽관제'의 문제점을 실감하고 '엽관제'의 범위를 제한한다. 그렇더라도
오늘날의 미국에는 아직도 이러한 '엽관제'가 존재하고 있다.

만약 일본식 관직을 미국의 관직에 대비한다면, 미국은 군관을 제외
한 이른바 칙임관에 해당하는 직위는 모두 엽관제에 의해 충원된 것이
다. 다시 말하자면 연방정부 각 성의 1급 국장에 해당하는 관원들은 대
통령이 바뀌면 모두들 따라서 바뀌게 된다.

그러나 1883년 제정된 '연방공무원법'에 따라 엽관제로 충원할 수 있
는 직위에 제한이 가해졌고, 또 미국 대통령의 임기는 4년인 데다가 일
반적으로 연임하므로 비록 엽관제에 의해 충원된 관직이지만 미국의
관직은 어느 정도 안정성이 보장된다. 하지만 걸핏하면 내각이 바뀌는
일본이 엽관제를 도입한다면 그 결과는 혼란의 극치일 것이다.

그래서 오쿠마 시게노부 내각이 붕괴된 후 이어서 집권한 제 2기 야
마가타 아리토모 내각은 1899년에 '문관 임용령'을 다시 수정하여 이제
칙임관을 정당이 마음대로 임명할 수 없게 만들었다. 이렇게 되자 정당
들은 자기 사람을 마음대로 관료에 임명할 수 없게 되고 따라서 관료집
단은 예외 없이 고문고시 합격자들로 통일됨으로써 관료도 하나의 독
립적인 집단으로 정식으로 등장하게 되었다.

일본정부의 어느 성을 예로 들면, 사무원, 계장, 과장, 국장과 사무
차관의 직급을 가진 관리들이 있고, 그들 중 일부의 직위는 '국가공무

원 1종 고시'를 통과한 행정, 법률 또는 경제전공 출신들로서, 일반적으로 말하는 '고급공무원'이다. 이 책에서 말하는 '관료' 또는 '직업관료'가 바로 이들을 지칭한다.

'국가공무원 1급 고시' 출신이지만 다른 전공 출신들은 '기술관료'라고 부른다. 그 밖의 사람들은 일반적으로 중급이나 초급 공무원 고시 출신으로 그냥 '직원'이라 부른다. '과장' 이상의 사람들은 일반적으로 '국가공무원 1급 고시' 출신이며 특히 행정, 법률 또는 경제 전공들은 바로 과거 '고등문관 고시' 출신에 해당한다.

위의 사람들을 제외하면 대신, 부대신과 정무관이 남는다. 이들은 고시를 통한 관료가 아니고 내각 총리가 직접 임명한 사람들이다. 일반적으로 이들은 대부분이 선거를 통한 의원들이어서 일본에서는 그들을 '정치가' 또는 '정객'으로 부른다.

비록 현대 중국어에서는 정치가와 관료를 모두 '관'이라고 칭하지만 서방에서는 그들을 구분한다. 가장 간단한 구분 방법은, 선거에 의한 관직은 '정치가', 고시를 통한 관직은 '관료'라고 부르는 것이다. 따라서 관리에 대해 이야기할 때, 그가 official(공무원, 관료)인지, 아니면 politician(정치가)인지 명확히 하는 것이 매우 중요하다. 왜냐하면 이 두 종류의 사람들의 입장이 — 이에 대해서는 후술하겠지만 — 통상 확연하게 다르기 때문이다.

2

콧대 높은
관료집단

'높은 급여'가 곧
'청렴'을 보장하는가?

졸저 《대본영의 참모들》과 《드넓은 대양이 도박장: 일본 해군사》에서 적지 않은 일본 육해군 고급군관들이 개인적으로는 많은 문제점들을 가졌지만, 유독 부정부패나 횡령, 그리고 병사들을 착취하는 일들은 매우 드물다고 설명했다. 마찬가지로 일본의 관료들 사이에서도 부정부패나 횡령 등의 사례는 마찬가지로 찾아보기 힘들다.

일본의 '금권정치'는 매우 유명하다. 특히 다나카 가쿠에이田中角榮의 록히드 사건 이후 최근의 오자와 이치로小澤一郎 의혹에 이르기까지 40여 년 동안 일본의 정계는 이러한 금전 스캔들이 끊이지 않았다. 그러나 고급공무원들로 이뤄진 관계官界는 거의 스캔들이 없다시피 하였다. 따라서 고급공무원이 부정부패로 낙마하는 경우도 거의 없었다.

단지 1996년 후생성 사무차관 오카미쓰 노부하루岡光序治 사건과 2007년 방위성 사무차관 모리야 다케마사守屋武昌의 사건 등, 손으로 꼽아도 몇 건에 지나지 않을 뿐 아니라 관련된 금액도 그다지 크지 않다. 오카미쓰는 6천만 엔을 수뢰하였는데 그의 3년 치 연봉에도 미치지 않은 금액이었고, 모리야는 금전을 직접 받은 것이 아니라 접대를 받은 것이었다. 접대 받은 금액은 1,249만 엔에 해당했는데 그의 반년 치 급여에 불과했다. 이 두 사건이 일본과 같이 제대로 된 공무원제도가 없는 나라에서 발생했다면 애당초 문제가 되지 않았거나 문제가 되더라도 최소한 무슨 큰 사건으로 비화하지는 않을 정도였다.

그렇다면 일본의 관료계층에는 왜 이렇게 부정부패 현상이 적을까? 특히 일본이야말로 명실공히 '금권정치'의 나라가 아니었던가?

이런 현상을 가져온 첫 번째 원인은 관료들의 경우 구태여 부정부패에 빠질 필요가 없다는 점이다. 즉, 정치가는 돈을 쓸 일이 많지만 관료들은 돈 쓸 일이 별로 없다. 정치가들은 평소에는 위풍당당한 것 같지만 사실 일개 임시직에 불과하다. 정치가의 자리는 '철밥통'이 아니다. 현직에 있을 때는 대단한 것 같지만 선거에 낙선하면 그저 보통사람에 지나지 않는다. 심지어는 심리적으로 불안정하기까지 하여 보통사람처럼 편안하게 살아갈 수도 없다.

정치가는 '다음 선거에서 승리'하기 위해 온갖 노력을 기울여야 한다. 그리고 선거운동에는 또한 엄청난 돈이 들어가게 마련이다. 들리는 바에 의하면 일본 국회의원들은 매년 정치활동 경비로 2억 엔 이상을 쓴다고 한다. 그리고 이 자금의 대부분은 이른바 '정치헌금'으로 조달하지만, 이론상 이 돈이 모두 아무 문제없이 깨끗한 돈이 되기는 무척 어려운 것이 현실이다. 그래서 정치가는 이른바 '회색지대'에서 자금을 조달하고, 이는 이러한 제도 자체가 가진 선천적인 문제라고 볼 수 있다.

이에 반해 관료들은 그 직위와 수입이 보장될 뿐 아니라 일반적으로 자리를 잃게 될 위험이 없는 이른바 '철밥통'이다. 그들은 돈을 쓸 일도 없고 따라서 부정부패에 빠질 필요도 없다. 그러나 '부정부패에 빠질 필요가 없다'고 해서 반드시 부정부패가 없다는 결론을 도출하자는 것은 아니다. 일본 관료들의 부정부패가 적은 것에는 다른 이유가 있다.

일본의 고급공무원은 가난하지 않다. 특히 전전戰前 일본 관료의 급여는 상당히 높았다. 일본 문호 나쓰메 소세키夏目漱石는 메이지 41년(1909) 소설 〈산시로〉三四郎에서, 당시 아름다운 제국대학 여학생 사토미 미네코里見美彌子가 문과 대학생인 산시로를 사랑에 빠지게 해놓고도, 결국에는 자기 오빠의 친구이며 '검은 모자에 금테 안경, 그리고 양복을 입은 키 큰' 제국대학 법학사를 따라가는 것을 묘사하였다.

그녀가 그를 선택한 이유는, 당시 법학사이면 장래 박사 아니면 대신이 되는 것이 확실하였기 때문이었다. 여기서 말하는 '박사'는 단순한 학위가 아니라 제국대학 교수의 직위를 말한다.

'높은 급여가 곧 청렴을 보장한다'는 이론에 따르면, 관리들에게 높은 급여를 주면 돈의 유혹에 빠지지 않게 되고, 따라서 부정부패가 없게 되며, 설사 부정부패가 있더라도 아주 적은 수에 불과하리라는 것이다. 그렇다면 전전戰前 일본 관료의 급여가 그렇게 높았던 것이 부정부패가 비교적 적었던 이유였을까?

'높은 급여가 곧 청렴을 보장한다'는 이론은 논거가 빈약하다.

첫째 '높은 급여'란 도대체 얼마쯤인가? 이에는 정확한 표준이 있을 수 없다. 게다가 이와 같이 '높은 급여'가 청렴을 보장한다면, 급여가 높지 않으면 부정부패를 해도 괜찮다는 말인가?

일본군과 과거 중국 국민당군을 비교해보자. 필자는 졸저 《대본영의 참모들》에서, 도조 히데키가 연대장이었을 때 부하 중 하나가 급전을 빌리러 오자 부인에게 옷가지를 전당포에 맡기도록 하여 부하를 도와 준 것을 언급하였었다. 이것은 그러나 국민당군에서는 상상조차 할 수 없는 일이었다. 국민당군이 일본군을 이길 수 없었던 이유 중의 하나는 일본군의 고급 군관들이 국민당군 고급 군관보다 가난했기 때문이라고 볼 수 있다. 그리고 국민당군의 고급 군관들이 돈이 많았던 이유 중의 하나는 그들이 병사들을 착취했기 때문이었다. 그러면 일본군의 군관들은 왜 병사들을 착취하지 않았을까?

둘째, '높은 급여가 곧 청렴을 보장한다'는 이론에 의하면, 동일 정부 부처 내, 급여 수준이 거의 같은 곳의 모든 관리들은 이론적으로 동시에 부패하거나 또는 동시에 모두 부패하지 않거나 해야 하는데 실제로는 그렇지 않다는 것이다. 다시 말하면 청렴과 급여의 수준과는 그렇게 큰 관계가 없다는 것인데, 그렇다면 일본의 문관 관료들은 어떻게 청렴을 확보하는가? 그들은 '높은 급여'와 아무 상관이 없는가?

실제로 일본 제국의 육해군 군관이나 제국의 고등문관이 확실히 높은 급여를 받았던 것은 틀림없다. 그러나 그들의 높은 급여는 사람들의 반감을 사기보다는 오히려 존경의 대상이 되었다. 왜냐하면 그들의 급여는 모두에게 공정하고 공평했을 뿐 아니라, 가문이나 출신, 그리고 지역적인 편견이 없이 오로지 공정하고 투명한 고시를 통과한 사람들만이 문무 관료가 되었기 때문이었다. 고시를 통과하지 못한 사람은 그러한 수준의 급여를 받지 못하는 게 당연하다고 생각하였다.

또한 관료의 급여 수준이 비교적 높은 것도 어느 날 갑자기 생긴 어떤 변화 때문이 아니라 일관성이 있었으므로 전체 사회가 그들이 고액의 급여를 받는 것이 불공정하다고 생각하기보다는 그들이야말로 그 사회의 총아라고 오히려 존중하게 되었다.

고액 급여를 받는 고관은 모두 '고문조'高文組 출신이었고, 메이지 연간은 이들 '고문조'의 전성시대였다. 당시 시보자격 취득 이후 일반적으로 2년 내에 계장이 되고, 그 후는 각 성마다 다소 차이는 있지만 같은 성 내에서는 별 차이가 없었다. 대장성의 경우는 기본적으로 4~8년 만에 과장, 11~13년 만에 국장, 15~17년 만에 차관이 되었다. 외무성의 경우 만 20년이면 외국 주재 대사가 되었으며 내무성의 경우는 15년 내외에 현縣 지사가 되었다.

국장 이상, 현 지사, 주 외국 대사와 차관은 모두 칙임관으로 군대로 치면 장군에 해당하였다. 그들을 만나게 되면 '○○님'이나, 관직만을 부르는 것이 아니고 반드시 '각하'라고 불러 충분한 경의를 표해야 했다.

이 '각하'라는 칭호는 대단한 의미를 갖고 있었다. 그들이 가진 권력이나 높은 급여는 말할 것도 없고, 그저 '각하'라는 그 한마디가 곧 사람을 도취하도록 만들었다. 이것은 돈으로 살 수 있는 것도 아니며, 집안이 좋아서 되는 것도 아니고 오직 스스로 열심히 노력해서만 얻을 수 있는 칭호였다. 소문에 의하면, A급 전범 중 가장 마지막에 죽은 스즈키 데이이치鈴木貞一는 숨을 거두기 직전에 기발한 착상을 한 간호사가 '각하'라고 부르자 바로 눈을 떴다고 한다.

자존심과 청렴

'각하'라는 호칭과 그리고 '각하'라고 불리고 싶은 욕망 때문에 일본의 문무 관료는 스스로 높은 긍지를 갖게 되었다고 볼 수 있다. 실제 일본 육군 중 육군대학을 졸업한 참모와 군관들이 그렇게 마음대로 설치게 된 심리원인은 상당한 정도 이러한 자부심에서 비롯되었다. 엄청난 잘 못을 저지르지 않는 한 이들 엘리트 참모들은 끝에 가서 모두 '각하'가 되기 마련이었고, 그들은 항상 '국가와 국민을 위한 생각'을 한다고 자 부했다. 물론 그들의 생각이 옳았는지 여부는 또 다른 문제이지만, 당 시의 이시와라 간지石原莞爾와 쓰지 마사노부辻政信 등은 진짜로 자기들 이 국가를 위해 노력한다고 믿었다.

메이지 유신 이후 — 제 1차 대전 후의 십수 년을 제외하고 — 급속히 팽창 발전하는 일본에서 당연히 관료의 역할이 갈수록 중요하게 되었 다. 사정이 이러므로 어렵게 관료의 반열에 들어선 사람이 눈앞의 조그 만 이익 때문에 자기의 찬란한 앞날을 버리는 경우는 매우 보기 드문 현 상이었다. 더욱 중요한 것은 이러한 사람들이 바로 정부 각 부처의 책임자들이었다는 사실이다. 즉, "윗물이 맑아야 아랫물이 맑다"는 말과 같이 책임자들이 청렴하면 밑의 사람들도 자연히 청렴하기 마련이었다.

일본의 세무 계통에서 거의 아무런 추문도 없었다는 것이 이를 방증한다. 세수稅收는 국가의 생명줄이며 국가의 재정은 세수에 의해 성립된다. 동시에, 세무 계통은 추문이 발생하기 아주 쉬운 분야이기도 하다. 왜냐하면 어느 사회를 막론하고 기꺼이 세금을 납부하려는 사람은 극히 드물며, 언제나 여러 가지 방법으로 세금을 탈루하려 하기 마련이다. 그리고 가장 간단한 방법이 바로 세무 관리와 결탁하는 것이다.

단순하게 '반부패'를 강조한다고 부패가 사라지는 것이 아니며, 막상 이익이 유혹할 때 인간들의 도덕적 저항이 얼마나 무력한지 무수한 역사적 실례가 증명하고 있다. 그러나 일본은 이러한 엘리트 관료제도가 관료들에게 심어준 자존심과 자애심自愛心을 이용하는 아주 간단한 방법으로 세무 계통 관리들의 부패를 방지하는 데 성공하였다.

최근 재무성으로 이름을 바꾼 대장성 관료는 '관료 중의 관료'이며 심지어 "대장성 관료는 자기보다 한 계급 높은 사람을 상대한다"는 말이 있을 정도로 가장 오만(?)한 관료이기도 하다. 다른 성의 국장이 대장성에 오면 단지 과장과 협의하게 되고, 다른 성에서 차관이 참석하면 대장성은 국장을 참석시킨다.

일본의 고급공무원은 퇴근 시간 후 초과근무를 하여도 급여를 더 받지 않지만, 대장성은 예산을 편성할 때에는 자기 성의 사람들뿐 아니라 다른 성에서 파견 나와서 함께 예산을 편성하는 사람들에게도 초과근무 수당을 지급한다. 예산을 편성할 때에는 초과근무가 당연히 많게 마련으로, 매일 새벽 2시나 3시에 퇴근하는 것이 다반사이며, 따라서 이때에는 초과근무 수당만 한 달에 100만 엔을 넘어서는 일도 허다하다. 대장성은 돈을 장악하고 있기에 어느 정도 오만한 것도 당연한 것으로 받아들여진다. 그래서 전전이나 전후를 불문하고 대장성 관료가 되기는 무척이나 어렵다.

그러면 이 '관료 중의 관료'는 대장성에 들어간 후 어떤 과정을 거치게 되는가? 오늘날 대장성 관료의 일반적인 진로는 이러하다: 대장성 사무원(2년) → 이론 학습(1년) → 기층실습(1년) → 대장성 계장(2년) → 각 현 세무서장(1년) → 대장성 과장대리(대략 12~13년), 그리고 마침내 과장이 된다.

여기서 관심을 끄는 것은 1년간의 세무서장직이다. 일본의 세무서는 대장성의 파견 조직으로 현 이하에 설치된다. 그런데 이 자리에 대해 일본의 매체들은 신랄하게 비판한다. 30세도 안 된 젊은이가 단지 '고급 국가공무원 고시'에 합격했다고 해서 이와 같이 중요한 직책을 맡는 것은 관료들의 엘리트 의식을 지나치게 조장하는 것 아니냐는 비판이다.

그러나 이들 매체들은 이 조치의 긍정적인 면을 간과하고 있다. 30세 전후의 나이는 바로 가장 야심만만할 시기이며, 대장성에서 6~7년의 훈련을 받은 이 미래의 고급관료들은 이미 거시경제에 대해 기본적으로 이해를 마친 상태이다. 그리고 이제 기층으로 내려가 세무서장을 맡으면 세금징수 업무를 통해 경제의 실지 운용상황을 이해하게 될 뿐 아니라, 더욱 중요한 점은 청렴한 세금징수 업무를 보장할 수 있게 된다는 것이다.

왜냐하면 이 나이에는 남에게 쉽사리 매수되지 않는 것은 물론 업무에 대한 열정이 가장 적극적이고 왕성한 시기이기 때문이다. 세무서의 최고 책임자가 청렴하고 열정적이면 다른 사람들도 딴짓을 하기가 어렵게 된다. 실제 일본이 이렇게 효율적이고도 청렴한 세수제도를 가지게 된 것은 바로 이 조치와 상당한 관계가 있다.

만약 관료집단이 이러한 자존과 독립 및 자율을 잃으면 우리가 상상할 수 있는 모든 것들이 일어날 것이다. 실제로 이러한 자존과 독립 및 자율이 결여된 부패관료들의 추악한 행태를 세계 곳곳에서 발견할 수 있다.

이토 히로부미와 야마가타 아리토모와 같은 메이지 유신의 원로는 그 출신으로 볼 때, 물론 '고시'와 '선거', 두 종류로 간단하게 구분할 수 없다. 그들은 물론 관료가 아니었지만 국민이 선출한 정치가도 아니었다. 그들은 메이지 유신이라는 격랑의 시대에 자기의 능력과 재주를 통해 등장한, 시대의 걸출한 인물이었다. 그들이야말로 진정한 의미의 정치가, 그것도 위대한 정치가였다.

그들이 위대한 점은 그들이 이룩한 위업뿐 아니라 그 위업의 장래까지 고려하였다는 것이다. 물론 그들이 고려했던 것이 때로는 부족하거나 심지어 틀린 것도 많지만, 그래도 그들은 확실히 자기 국가의 장래를 위하여 여러 가지 국태민안國泰民安의 조치들을 제정하였고, 또한 어떤 조치에 무슨 문제점이 발견되면 바로 그 문제점들을 교정했다. 특히 그들은 일본 문관 관료제도의 안정성을 유지하기 위한 규칙들을 제정하는 데 많은 공헌을 하였다.

정치가와 관료 이 두 집단은 본래 권력이라고 하는 가장 유혹적인 것을 서로 차지하려고 경쟁하는 상호 적대관계에 있는 집단들이다. 정치가는 입법권을 대표하고, 관료가 대표하는 것은 바로 행정권이다. 그런 면에서 보면, 일본의 근대사는 곧 정치가와 관료 간 투쟁의 역사라고 하여도 무방하다.

이론적으로 보면, 삼권분립의 민주국가에서 입법권이 당연히 최대의 권력이다. 왜냐하면 법률의 규정이 없이는 아무것도 할 수 없고, 여태까지 해오던 것도 법률에 의해 금지할 수 있기 때문이다. 이런 면에서 입법권을 장악한 정치가들의 권한이 가장 큰 것 같지만, 실제로는 행정권을 장악한 관료들의 권한이 더 큰 편이다. 정치가들이 어떠한 법률을 제정한다고 하여도 최종적으로 이 법률을 해석하고 집행하는 것은 결국 관료들이기 때문이다.

그래서 정치가들은 끊임없이 관료들 수중의 권한을 삭감하고 그들을 제압하려 하고, 반면 관료들 역시 가능한 모든 수단을 동원해 자기들의 이익을 지키려 하는 것이 어느 나라에서나 볼 수 있는 보편적인 현상이다. 그러므로 문관 관료제도의 안정을 유지하기 위해서는 정치가들이 문관 관료들에게 행사하는 영향력을 최소화하는 것이 필수적이다.

당시 일본의 내각은 정당내각과 관료내각이 번갈아 집권하였지만 메이지 헌법에 대한 해석권을 가진 추밀원의 입장은 일관되게 관료를 지지하였다. 따라서 정당들은 결국 각 성에 정무차관과 참여관이라고 하는 정치적인 자리를 추가로 확보하는 데 그치고 순수 관료의 직위에는 전혀 손을 쓸 수가 없었다. 그러나 정치가들은 전후 미국식 사고방식의 힘을 빌려 마침내 관료들을 압도하게 된다.

관직은 포획물인가?

이토 히로부미가 제정한 '문관 임용령'이 세력가들의 행정관원 세습을 방지하였다면, 야마가타 아리토모는 '문관 임용령'을 다시 개정하여 고등관을 정치적으로 임명하는 것을 방지함으로써 행정관리가 변화무쌍한 정치로부터 독립할 수 있도록 보장하였다. 야마가타는 '문관 임용령'을 개정한 후 관리들의 신분을 보장하는 '문관 직분령'을 제정하였다.

오늘날 세계 각국의 공무원 법규는 공무원의 처분에 대해 아주 엄격하게 규정하고 있다. 그 기본정신은 바로 "공무원은 과실이 없으면 처분을 받지 않는다"는 원칙인데, 이 원칙은 물론 공무원의 보신주의를 조장한다는 비난도 있지만, 이 원칙은 또한 공무원을 정치적으로 임명하는 것을 금지하는 법규와 상호보완적인 아주 긍정적인 면이 있다. 이 규정이 있기에 정당이 공무원에게 정치적 압력을 행사할 수 없게 되고, 따라서 공무원이 공공권력에 굴복하지 않도록 보장해줄 수 있다.

야마가타가 제정한 '문관 직분령'은 주로 문관을 어떻게 처벌하는가에 대한 규정이다. 문관의 처벌은 면직과 퇴직, 그리고 휴직이 있다.

• 야마가타 아리토모

그러나 이 법령에는 관리의 휴직에 관하여 아주 기묘한 조항이 하나 있다. "관청은 자기의 판단에 따라 문관의 휴직을 결정할 수 있다"고 규정하면서, 동시에 고등관의 경우 2년, 주임관의 경우는 1년이 지나면 퇴직하도록 규정하고 있다.

이 규정들은 원래 야마가타가 관료의 구조조정이 필요할 경우를 대비해서 만들어둔 장치였는데 후일에는 기묘하게도 정권이 바뀔 때마다 관리들을 자신들의 입맛에 맞게 교체하는 데 사용하는 편법으로 이용되었다. '문관 직분령'의 상기 두 조항을 악의적으로 이용하는 편법은 일본제국의 문관제도 자체를 뒤흔들었을 뿐 아니라 일본 역사의 진행 과정에서 엄청난 영향을 미치게 된다.

주임관은 반드시 고문고시 출신이어야 하고, 고등관 또한 정치적으로 임명할 수 없게 되자 각 정당은 문관 계통에 자기 사람들을 직접 심는 것이 불가능하게 되었다. 외부에서 자기 사람을 수혈하는 것이 불가능하니 이제 내부에서 자기 사람을 찾아서 키우는 방법밖에 없게 되었다. 그래서 각 정당은 이 '휴직'이라는 방법으로 자기들 마음에 들지 않은 사람을 제거하고 그 자리를 자기 마음에 드는 사람으로 대체하였다.

이런 방법은 다이쇼大正 말년과 쇼와昭和 초년, 즉 20세기 1920년대 입헌정우회와 입헌민정당 양대 정당이 번갈아 집권할 때에 특히 성행하였다. 물론 영국과 미국의 양당제에서 보듯이 양당제 자체가 문제가 있는 것은 아니지만 당시 일본의 입헌정우회와 입헌민정당 두 당은 치국안민은 안중에도 없이 단지 정권 쟁취와 이익 추구에만 빠진 당파 조직에 지나지 않았다.

새로운 내각이 들어서면 대신들이 모두 새로운 사람으로 바뀌는 것은 당연하지만, 동시에 각 성의 대부분의 국장들과 대부분의 현 지사(당시 일본의 현 지사는 오늘날처럼 민선이 아니라 내무성이 관료 중에서 임명)도 자기 정당과 가까운 사람들로 대체되었다. 가장 심했던 1930년 정우회의 이누카이 쓰요시犬養毅 내각이 성립하자 35명의 지사를 일시에 교체하였다. 심한 지방은 경찰국의 순사도 모두 바꾸었다. 이렇게 되자 일단의 이른바 '관료낭인'官僚浪人들이 생겨났다.

이 과정에서 가장 심하게 피해를 본 곳은 내무성이었다. 맥아더가 일본의 내무성 관료들이 군국주의와 손을 잡았다는 이유로 내무성을 없애버려 현재는 일본에 내무성이 없다. 전전의 일본 내무성은 현재로서는 상상도 할 수 없을 정도로 규모가 컸다. 현재의 후생노동성, 국토교통성, 경찰청, 총무성 그리고 국가공안위원회의 업무가 모두 포함된 방대한 조직이었다. 1938년에는 내무성의 위생국과 사회국이 독립하여 후생성이 되었다. 내무성은 각 현 지사와 경찰총감을 임명하는 권한을 가졌기에 사실상 일본의 모든 지방정부를 장악했다고 해도 과언이 아니었다. 그렇기에 집권당은 또한 부단히 내무성을 자기 사람들로 채워 장악하려 하였다.

맥아더는 "세계 어느 국가를 불문하고 관료집단의 본능은 예외 없이 월급 주는 사람을 위해 일하는 법이다"라는 명언을 남긴 바 있다. 관료집단 자체는 어떠한 당파에도 경도되어서는 안 되지만, 당쟁이 관료들의 생계에 영향을 미치게 된다면 이야기가 달라진다. 따라서 '관료낭인'들이 행동에 나서는 것은 물론이고 아직 낭인이 되지 않은 관료도 마찬가지로 행동에 나서게 되었다.

가장 큰 피해를 본 내무성 관료들은 특히 남달랐다. 그들은 모두 각 지방의 행정장관들로서 정치투쟁 방면에 경험이 풍부하였기에 정치가가 장악한 인사권에 호락호락 머리를 숙일 수 없었다.

그리하여 내무 '낭인관료'들은 '일본구락부'라는 조직을 만들었는데 현직에 있는 관료들도 불확실한 미래에 대비하고자 이 조직에 가입하였다. 이렇게 되자 이 조직은 날이 갈수록 커져서, 후일에는 단순히 서로 연락하고 소식을 주고받는 것은 물론 아예 직접 정치활동에 뛰어들었다. 그들은 지방행정을 주관하면서 알게 된 지방정부와 경찰조직의 인맥을 이용할 뿐 아니라 특정 정당과 결탁하여 지방선거를 비롯한 각종 선거에 참여하는 세력으로 발전하였다.

오늘날 일본인들의 국회의원에 대한 불만은 단지 '무능'하다는 것이지만 현 이하 의회와 의원들에 대한 평가는 그보다 훨씬 더 심각하다. 일반인들은 일본 지방의회의 의원들은 거의 조폭조직원과 같다고 여긴다. 물론 관료들은 이러한 병폐를 혁파할 방법을 궁리하기 시작하였지만, 이미 메이지 유신의 원로들은 모두 세상을 떠났거나 정계에서 은퇴하였기에 이전과 같이 위로부터의 개혁에 의해 관료들을 구원해줄 사람을 기대하는 것은 불가능했다. 이제 관료들은 단지 스스로의 힘에 의해 자신을 구해야 했다. 입법권을 장악하지 못한 관료들로서는 거의 속수무책일 수밖에 없었다.

1920년대에는, 관료들과 마찬가지로 일본의 육해군도 형편이 좋지 않기는 마찬가지였다. 계속되는 불경기 때문에 정부도 할 수 없이 감군 減軍을 단행했다. 다행히 감원에서 살아남은 군관들도 승진과 급여가 동결되었다. 그 결과 육군사관학교와 해군병학교 졸업 후 대위 진급까지 보통 8년이면 충분하던 것이 13년이나 소요되었다.

군인들이 보기에는, 일본이 영국·미국·프랑스·이탈리아와 같이 세계 5강의 반열에 오르게 된 것은, 바로 청일전쟁과 러일전쟁 그리고 1차 대전에서 승리하였기 때문이고, 이는 달리 말하자면 군인들이 공을 세웠기 때문이었다. 그런데 오늘날 공신들은 오히려 재벌과 정당의 배척을 받고 있고, 무능한 정치가들이 경제를 망치고는 군비가 국가예산에 부담을 준다느니, 군인들이 한낱 낭비 요소라느니 하면서 군대를 능멸하니, 군인들로서는 더 이상 참을 수가 없다고 생각하였다.

'혁신관료'의 등장

1929년의 세계대공황은 일본 경제를 강타하여 여러 경제지표가 거의 절반 수준으로 위축되었다. 많은 기업들이 도산하고 실업자가 넘쳐났으며 심지어 농민들은 자식들을 내다 파는 경우까지 있었다. 이에 "난국을 타파하여 쇼와유신昭和維新을 실현하자"는 구상이 일본의 주류를 이루게 되었다. 당시 일본군 하층 사병들은 대부분 농촌출신이었고, 육군의 소장파 군관들 역시 그러한 구상에 공감했다.

나가타 데쓰잔永田鐵山, 오바타 도시로小畑敏四郎와 오카무라 야스지岡村寧次 등 육군 소좌들은 '이엽회'二葉會, '일석회'一夕會와 '사쿠라회'櫻會 등을 조직하여 하극상에 의한 개혁을 진행하려 하였다.

이들 소장파 군인들은 1930년부터 시작된 '5·15 사건', '9·18 사변' 과 '2·26 사건' 등 일련의 국내외적인 사건들을 기획하여 국내의 재벌과 정당 및 궁정세력 집단에 대해서는 무력으로 권력을 탈취하고, 일본인들에게 대내적으로는 재벌과 정당집단의 부패를 일소하고, 대외적으로는 침략전쟁을 발동하여 '만몽滿蒙문제해결'을 통한 대륙으로의 팽창으로 생존공간을 쟁취하는 길을 제시하려 하였다.

당연히 관료들은 군부가 정당정치를 타파하는 것을 지지하였다. 그렇게 함으로써 정치가들에게 빼앗긴 권력을 회복하여 자신들의 생존권을 보호할 수 있기 때문이었다. 게다가, 관료들에게는 본래부터 민간 정치권력을 좋아하지 않는 군인들이 정치가와 달리 훨씬 더 안전한 집단이었다. 이래서 당시 군부에 영합해 자기들의 행정기술을 이용하여 군부를 돕는 관료집단, 곧 '혁신관료'가 출현하였다. 이 관료집단은 비단 당시의 일본 정치에서 중요한 역할을 하였을 뿐 아니라 전후에도 계속해서 영향력을 발휘한다.

이렇게 문관 집단이 군부와 손을 잡은 이유는 당시의 혼란스런 정당정치의 결과라고 볼 수 있다. 일본의 근현대사를 살펴보면, 정당은 긍정적 역할보다는 언제나 문제를 일으키는 경우가 많았다. 앞에서 언급한 '문관 직분령'상의 두 가지 문제는 1932년 사이토 마코토齋藤實 내각에 와서야 사라졌다. 사이토 내각은 '문관 직분령'을 다음과 같이 수정하였다.

'문관 고등직분위원회'와 '문관 보통직분위원회'를 설치하여 고등관과 판임관의 휴직 안건을 심리하도록 하고, 그중 고등직분위원회의 위원장은 내각총리가 담당함으로써, 자기들 편의대로 관료를 휴직시키는 폐단을 바로잡아 관료들의 신분이 보장되게 되었다.

그러나 이 조치가 나왔을 때, '혁신관료'들은 이미 정치무대에서 활약을 시작하였다.

이른바 '혁신관료'는 한마디로 정의하기 어려울 만큼 분류가 복잡하다. 혹자는 그 등장 시대에 따라 '신관료', '신신관료'와 '혁신관료'로 3분하기도 한다. 그러나 실지로는 이러한 구분은 별 의미가 없다. 이른바 '신 관료'는 평론가 미야케 세쓰레이三宅雪嶺가 1937년에 처음으로 이 말을 썼을 뿐이며, 또 '혁신관료'라는 말은 군부에게 자기들의 진의를 표명할 목적으로 단지 그들을 '구 관료'와 구분하여 표현했을 뿐이다. 양자 간에는 명확한 시대의 구분도 없고 본질적인 차이도 없다.

그리고 일본 경제를 전쟁의 궤도로 올려놓은 것이 바로 이 '혁신관료' 들이며, 그들은 역사상 큰 흔적을 남겼을 뿐 아니라 전후의 일본 사회, 정치 심지어는 산업의 구성에까지 중대한 영향을 끼치게 된다.

전후, 도쿄 국제군사법정에 회부된 일본의 A급 전범은 모두 28명이었다. 이 28명 중 18명은 참모 출신의 군인이고, 나머지 10명 중, 궁정 집단인 기도 고이치와 지식인 오카와 슈메이大川周明를 제외한 히라누마 기이치로平沼騏一郞, 도고 시게노리東鄕茂德, 히로타 고키廣田弘毅, 호시노 나오키星野直樹, 시게미쓰 마모루重光葵, 가야 오키노리賀屋興宣, 시라토리 도시오白鳥敏夫 등 7명은 뜻밖에도 모두 관료 출신이며, 그중 대부분이 '혁신관료'의 지도자들이다. 마지막 남은 마쓰오카 요스케松岡洋右는 정치가라고는 하지만 사실상 역시 관료 출신이다.

관료는 보수적이고 수동적인 속성인 것이 일반적인데, 일본의 관료는 어떻게 하여 이렇게 많은 A급 전범을 배출했을까? 다시 말하면 어떻게 하여 이렇게 과격하고 주동적으로 되었을까?

사실 일본은 당시 자본주의 혹은 공업화사회에 막 진입한 상태여서 초보적인 공업화 생산의 조건을 갖추기는 했지만 경제기초가 견고하지 못하여 영미와 같은 오래된 공업화 국가와는 거리가 멀었다. 일본의 국력은 미국과의 전쟁을 수행하기에는 근본적으로 부족했을 뿐 아니라, 이시와라 간지의 관점에 의하면, 당시 그렇게 낙후된 중국과의 지구전을 수행하는 것마저도 일본의 국력을 넘어서는 일이었다.

그러나 하드웨어적인 능력이 부족하다고 하여 이 전쟁을 중지할 수는 없었다. 그래서 갖은 소프트웨어적인 방법을 총동원하여 그 전쟁을 끌고 나가는 수밖에 없었다. 관료들만이 '소프트웨어로 하드웨어를 보완하는' 능력이 있었으므로 '혁신관료'들의 이러한 능력을 높이 평가한 군부는 그들과 함께 손을 잡게 된 것이었다.

그리고 당시의 일본은 혼자가 아니라 그들과 지향하는 바가 같은 독일과 소련 동지들이 있었다. 독일은 제1차 대전 패배의 그늘에서 벗어나 대전 중 상실한 권익을 되찾고자 하였고, 소련은 '적대국가'에 포위된 악몽에서 벗어나려 하였다. 각자의 구체적인 목표는 달랐지만, 그들은 모두 하루 속히 세계열강의 반열에 오르고자 하는 점에서는 동일하였다.

더욱이 중요한 점은, 독일과 소련은 이미 어느 정도 그 목표를 달성하는 데 거의 근접하였다는 점이다. 그렇기에 학습과 모방의 달인인 일본이 그들의 선진 경험을 배우고자 노력하는 것은 너무나 당연하였다.

좌경화의 시대

　사람들은 흔히 사회주의가 가장 인기가 있었던 시기는 2차 대전 이후 사회주의 진영이 등장한 때라고 생각하지만, 실제로는 1920~30년대가 황금기였다. 오히려 2차 대전 후에 이르면, 사회주의 진영 국가 이외의 나라에서는 사회주의가 이미 별 인기가 없게 된다. 그러나 전전의 1920~30년대, 특히 1929년 자본주의 경제가 위기를 맞게 되자, 다시 말하면 마치 마르크스가 예언한 대로 자본주의 경제가 그 고유의 모순을 해결할 방법이 없어 필연적으로 붕괴하는 것이 이미 사실이 되고, 또한 소련에서 제 1차 5개년 계획이 성공하여 국력이 크게 성장하자, 이제 사회주의는 전 세계에 걸쳐서 첫 번째 당연한 선택의 대상이 되고 일본 또한 예외가 아니었다.

　도쿄 국제군사법정에서 무기징역을 선고받은 A급 전범 가야 오키노리의 회고록에 의하면, 그와 닛산日産재벌의 총수 아이카와 요시스케鮎川義介가 같이 배를 타고 미국에 간 적이 있었는데, 무료해진 아이카와가 가야에게 "사회주의가 도대체 무엇인지 좀 설명을 해달라"고 요청하였다고 한다. 제국대학 법학부 출신의 고문조高文組인 가야 오키노리는 《자본론》부터 시작하여 제국대학 공학부 출신인 아이카와에게 사회주의 정치경제학과 사회주의 경제학 원리를 설명했고, 배가 미국에 도착했을 때쯤, 아이카와 역시 사회주의가 무엇인지 어느 정도 이해하게 되었다고 한다.

이 아이카와 요시스케도 A급 전범 혐의로 스가모巢鴨 감옥에 수감되었던 적이 있는 인물이다. 고문조는 장래 일본의 고급관료가 될 사람들로서, 그들 중 학창시절에 《자본론》을 읽지 않은 사람은 거의 없었다. 그들에게는 마르크스주의가 당시 일종의 필수불가결한 시대조류였지만 아이카와는 공대생이라 마르크스를 읽지 않았다. 그래서 법과대학 출신인 가야 오키노리가 아이카와의 요청에 옛날 학창시절에 공부한 내용을 그대로 설명해줄 수 있었던 것이다.

오늘날의 일본 공산당은 이제 프롤레타리아 독재의 개념은 포기했지만, '사회주의혁명'을 '민주주의혁명' 이후로 미루었을 뿐 아직까지 완전히 사회주의를 포기하지 않았기에 이른바 좌익정당에 속한다.

그런데 재미있는 것은 일본의 정당 중 학력을 가장 중시하는 곳이 바로 공산당이라는 점이다. 일본 공산당의 최고 지도층에 들어가려면 반드시 도쿄대학을 나와야 한다. 이 현상은 비단 오늘날에만 그런 것이 아니라 전전에도 역시 그러했다. 사실 일본 제국 관료의 요람이었던 도쿄제국대학은 또한 일본 공산당의 요람이기도 했다. 1930년 이전에 도쿄제국대학에는 '신인회'新人會라는 조직이 있었는데, 가와카미 하지메河上肇, 사노 마나부佐野學, 노사카 산조野坂參三, 구로다 히사오黑田壽男와 다나카 기요하루田中淸玄 등의 여러 공산당의 지도자들이 바로 이 조직 출신이다.

당시의 제국대학은 특이하게도 내부에서 학문과 사상의 자유를 만끽할 수 있었다. 특별 고등경찰이 전횡을 일삼은 도조 히데키 내각 시절에도 제국대학 내에는 경찰이 진입하지 못하였고 따라서 제국대학 학생들은 '적화' 서적을 그대로 읽을 수 있었다.

일본에는 두 번에 걸쳐서 TV연속극으로 제작되기도 한 〈관료들의 여름〉이라는 소설이 있다. 이 소설은 기본적으로 실제 실존인물에 기초한 내용을 담고 있는데, 소설 속의 주인공인 가자미 싱고風間信吾는 바로 나중에 통산성 차관의 자리에 오르게 되는 사하시 시게루佐橋滋가 그 모델이다. 그는 도쿄대학 법학부를 졸업한 고문조인데, 대학시절 남들과 마찬가지로 마르크스주의에 심취하여 〈공산당 선언〉을 시중에서는 살 수 없게 되자 밤중에 모두 베껴 버렸다고 한다.

그 후 사하시가 통산성에 들어간 것도 모두 적화선전의 영향이라고 한다. 사하시는 학교 성적도 매우 우수하였고 고문고시 성적도 좋았기 때문에 당시 가장 인기가 있었던 내무성에 들어가는 것은 아무 문제가 없었지만 그는 남들이 보기에 한 급 낮은 상공성에 들어갔다.

이는 경제기초가 상층구조를 결정한다는 마르크스의 주장에 입각하여, 일본에서 사회주의를 실현하기 위해서는 반드시 견실한 경제기초가 있어야 한다고 믿었기 때문이었다. 장래의 사회주의 혁명을 위해 지금 경제기초를 튼튼하게 해야 한다는 생각으로 그는 망설임 없이 상공성에 들어갔다.

학생들이 사회주의 학설을 비롯한 '이단 학설'에 대해 관심을 갖는 것은 너무도 자연스러운 것이다. 제국대학 학생들만 마르크스주의를 읽는 것이 아니라, 육군사관학교와 해군병학교 출신과 같은 미래의 제국 엘리트 군관들도 마찬가지로 마르크스주의를 읽었다. 후일 A급 전범인 사토 겐료佐藤賢了 역시 육사 졸업 후 제일 먼저 샀던 책이 《자본론》이었다고 회고할 지경이다.

여기서 말하는 '사회주의'는 반드시 공산주의 인터내셔널이 주장하는 사회주의는 아니다. 세계에는 여러 가지 다양한 사회주의가 있고, 국가사회주의도 그중의 하나이다. 심지어 어떤 학자는 공산주의 인터내셔널의 사회주의 역시 국가사회주의의 변종 중의 하나라고 본다. 단지 'national socialism'에서 'state socialism'(국유사회주의)으로 변했다고 보는 것이다.

실제로 공산주의 인터내셔널의 관점에서 여러 다양한 국가사회주의와 공산주의 인터내셔널이 주장하는 사회주의의 차이점은, 주도적 지위를 갖고 공산주의 인터내셔널의 지휘를 받는 공산당이 존재하느냐 존재하지 않느냐의 문제일 뿐이다.

히틀러의 국가사회주의 외에도 일본에서는 기타 잇키北一輝가 《국가 개조안 원리대강》이라는 책을 저술하여 이 이론을 고취하였다. 그는 그 책을 통하여, ① 양원을 해산하고 전국 계엄을 실시할 것, ② 귀족제도를 폐지할 것, ③ 치안경찰법과 신문지조례를 폐지하여 국민들에게 자유를 보장할 것, ④ 왕실재산을 국가에서 관리할 것, ⑤ 국민의 사유재산을 제한할 것, ⑥ 대자본을 국유화할 것, ⑦ 사유기업의 이익을 종업원에게 분배할 것, ⑧ 8시간 노동제를 실시하고 공휴일 급여를 지급할 것, ⑨ 국민의 평등, 자유와 인권을 보장할 것 등을 주장하였다.

기타 잇키 본인은 자기의 학설을 '국가사회주의'라고 부르지 않고 '순수사회주의'라고 불렀다.

이렇게 일본 왕실의 '가장국가'家長國家에서 '공민국가'公民國家로 바꾸자는 생각은 당시 제국대학 학생을 포함하여 일본 사회의 폭 넓은 지지를 받게 되었다. 1937년 초, 기타 잇키가 '2·26 사건'의 사상 이론을 주도한 혐의로 총살된 후에도 이 흐름은 여전하였다.

당시의 일본은 흥미롭게도 전체 국가가 친독親獨의 사조에 휩싸여 있었다. 육군은 처음부터 독일의 제도를 도입하였기에 육군이 친독인 것은 별로 이상하지 않았지만, 처음부터 영국식 군제를 도입한 해군도 친독으로 경도되기 시작하였고, 심지어 독일과 아무런 관계가 없는 고등문관들도 집단적으로 친독으로 기울기 시작하였다.

물론 당시 미국이 이미 세계 최강, 최선진의 국가였지만 일본에서는 거의 아무도 미국을 좋아하지 않았고 따라서 아무도 미국을 배워야 한다고 주장하지 않았다. 육군, 해군 그리고 관료들은 모두 독일, 심지어는 소련을 배워야 한다고 생각하였다.

이러한 현상은 '학습의 달인'인 일본인의 형상과는 그다지 합치하지 않지만 더 자세히 연구해보면 그 이유를 충분히 이해하게 된다. 이제 '혁신관료'의 대표인물인 기시 노부스케岸信介의 경력을 보면 그 이유를 곧 이해할 것이다.

기시 노부스케

기시 노부스케의 형제자매는 모두 10명이고 그는 남자 3형제 중 차남이었다. 그의 원래 성은 사토佐藤인데 '기시'岸는 아버지가 데릴사위로 들어와서 사토로 성을 바꾸기 전의 본래 성이었다. 기시 가문도 후일 아들이 없자 차남을 다시 데려와 가문을 잇도록 하는 바람에 차남인 그는 성이 '기시'가 되고 형과 동생은 둘 다 성이 그대로 '사토'가 되었다. 형은 사토 이치로佐藤市郞, 동생은 사토 에이사쿠佐藤榮作이다.

이 3형제는 다소 특이한 점이 있었다. 기시 노부스케는 원래 조슈長州번에 속한 야마구치山口현 출신이었다. 메이지 유신 이후 한동안 육군은 조슈번에 의해 장악되었기에 야마구치현의 남자는 당연히 육군사관학교에 들어가는 것이 정도였는데 그의 형 사토 이치로는 해군병학교에 들어가 해군 군관이 되었다.

사토 이치로는 진주만 기습을 지휘한 나구모 주이치南雲忠一와 동기였으며, 해군병학교와 해군대학을 모두 수석으로 졸업한 수재였다. 특히 해군병학교에서는 평균 97.5라는 전무후무한 기록으로 졸업하였지만 몸이 그다지 좋지 않아 1940년에 중장으로 예편하였다.

둘째인 기시 노부스케도 육사를 가지 않고 도쿄제국대학을 거쳐 고문고시에 합격하여 엘리트 관료가 되는 길을 택하였다. 기시가 제국대학에 입학할 때, 유명한 우익학자인 우에스기 신기치上杉愼吉 교수는 "조슈 남자가 육사를 가지 않고 제국대학에 오는 사람은 틀림없이 쓰레기일 것이다"라고 비꼰 적이 있었다. 그러나 우에스기 교수는 기시를 잘못 판단하였다. 기시가 육사에 가지 않은 것은 그가 어릴 때부터 철봉에 매달리지도 못할 만큼 몸이 허약해 군인 되기를 포기하였기 때문이었다.

그 동생 사토 에이사쿠는 일본이 핵무기를 "소유하지도, 제조하지도, 도입하지도 않는다"는 비핵 3원칙으로 노벨 평화상을 수상한다. 그 역시 왜 육사가 아닌 도쿄제국대학을 택했는지는 알려진 바가 없다.

기시는 도쿄제국대학 입학 전까지는 학업상 특출한 점이 없었지만, 제국대학 입학 후에는 전 과목에서 수석을 차지하였다. 처음에 기시를 이상하게 보았던 우에스기 교수도 기시가 졸업할 때에는 그를 제자로 받아들이려고 생각하여 제국대학에 남아 헌법을 강의하도록 권하였지만 기시는 이를 거절하였다. 그가 내세운 이유는 우선 자신이 학자가 될 소질이 있는지에 대한 확신이 서지 않는다는 것과, 또 하나는 자기의 뜻은 상아탑 안에 앉아서 이론만 연구하기보다 행정관료가 되어 자기 손으로 이상을 실현해보고 싶다는 것이었다.

기시의 학업성적이나 고문고시의 성적은 내무성이든 대장성이든 모두 아무런 문제없이 갈 수가 있었다. 그러나 기시는 모든 사람들의 생각과는 달리 이른바 2류 관청인 농상무성을 선택하였다. 농상무성과

• 기시 노부스케

체신성은 일반적으로 전망이 별로 없는 부처로 인식되었다. 심지어 사람들은 두 부처가 머리가 상대적으로 좋지 않은 관리들이 가는 곳으로 생각하였다.

그러나 기시가 농상무성을 선택한 이유는 따로 있었다. 제국대학의 뛰어난 인재들이 모두 내무성과 대장성에 집중되어 만약 그가 그곳을 선택하면 그저 착실하게 줄을 서서 자기에게 기회가 돌아올 때까지 기다리는 수밖에 없지만, 반면 2류 부처에 가면 남보다 빨리 두각을 나타낼 수 있다고 예상했기 때문이었다.

기시는 관료의 정점인 차관을 생애의 최종 목표로 삼는 다른 선후배와 달리 진작부터 장차 내각 총리를 꿈꾸고 있었다. 총리 자리에 더욱 가까이 가려면 우선 남보다 먼저 차관이 되어야 했다. 그에게 어느 성의 차관이 되느냐 하는 건 그리 중요하지 않았다. 그래서 그는 농상무성을 선택하였던 것이다.

1920년 기시는 농상무성에 들어갔다. 1925년에 이 성이 분리되어 농림수산 부문은 농수성이, 그리고 나머지 부문은 상공성이 되었다. 기시는 상공성에 그대로 남았다. 상공성과 농수성이 분리된 다음 해인 1926년, 미국 건국 150주년을 맞아 제 2차 필라델피아 세계박람회가 개최되자 일본도 참가하였다. 기시는 박람회에 파견되어 업무를 지원하게 된다. 6개월간의 박람회가 끝나자 기시는 독일과 영국 등 유럽을 돌아본 후 귀국하였다. 덕분에 독일밖에 모르는 육군 군인들과는 달리 그는 미국과 유럽을 상당히 정확하게 이해하게 되었다.

기시는 또 일본과 미국의 차이점이 무엇인지도 잘 알았다. 상공성의 엘리트 관료로서, 그는 당시의 일본이 백방으로 노력해도 미국의 한 달 생산량에 불과한 연산 100만 톤의 철강 생산 목표를 달성할 수 없음을 잘 알았다.

당시 일본은 전국을 통틀어 자동차가 몇 대 되지 않았다. 그것도 모두 외국으로부터 수입한 귀중품이었기에, 이리저리 수리해가면서 완전 폐차될 때까지 사용하는 것이 현실이었다. 그러나 기시가 미국에서 본 것은, 일본의 기준에서 본다면 아직 새 차에 해당하는 자동차를 그냥 폐기처분하여 야적장에 버리는 것이었다. 실로 미국은 부강한 정도가 일본과는 급수가 달랐다.

기시와 같이 미국을 잘 이해하는 또 한 사람이 있었으니 그는 바로 후일 연합함대 사령관에 오르게 되는 야마모토 이소로쿠山本五十六였다. 그러나 아이러니하게도 기시와 야마모토 모두 미국과의 전쟁인 태평양전쟁에 적극적으로 참가한 것을 보면, 이해하는 것이 곧 존경은 물론 우호적인 것을 의미하는 것은 아닌 듯하다.

물론 야마모토는 당초 일본이 독일과 이탈리아와 함께 삼국동맹을 맺는 것은 틀림없이 미국에 대한 개전을 불러올 것이어서 반대했다. 그는 일본의 국력이 미국에 한참 못 미침을 잘 알았기에 대미 개전을 최대한 피하려 했다. 그러나 야마모토는 현실주의자이지 친미주의자는 아니었다. 그는 오히려 독일이 더욱 가까이 할 수 있는 나라라고 생각했을 수도 있다.

야마모토와 마찬가지로 일본과 미국 사이에 존재하는 거대한 국력의 차이를 잘 아는 기시는 일종의 무력감에 빠졌고 이 무력감은 기시로 하여금 미국에 대한 친근감이 아니라 무어라 말로 표현할 수 없는 반감을 불러일으켰다고 볼 수 있다.

당시의 이러한 일본의 엘리트 관료들은 모두 국가와 민족에 대한 일종의 책임감을 갖고 있었기 때문에 외국을 살필 때에도 그저 경치나 구경하고 노는 것이 아니라 하루 빨리 효율적으로 부국강병에 이르는 길을 나름대로 모색하기 위해 적극적으로 외국의 여러 부문을 관찰하고 연구하였다.

그리하여 문무 양 분야의 관료들과 군관들은 일본이 따라가기에 가장 적합한 길이 바로 독일이 가고 있는 길이라는 점에 의견의 일치를 보았다. 이번 독일 방문은 기시 본인에게도 상당한 영향을 미쳤지만, 기시를 통해 일본 전체에 엄청난 영향을 미치게 된다.

독일에게서 배우다

　기시는 제국대학에 입학한 후, 다른 동료 학생들과 마찬가지로 공산주의 인터내셔널의 사회주의에 빠져들었다. 1920년, 도쿄제국대학에서 두 명의 부교수인 모리도 다쓰오森戸辰男와 오우치 효에大內兵衛가 사회주의를 선전했다는 죄목으로 축출되는 이른바 '모리도' 사건이 발생하였다. 당시 아직 제국대학 학생이었던 기시는 자신이 속했던 학생조직인 '흥국동지회'가 이들 두 부교수를 반대하였기에 그 조직에서 탈퇴하였다. 이를 통해 당시 기시의 사회주의에 대한 태도를 미루어 짐작할 수 있다.

　그러나 기시는 얼마 가지 않아 그를 더욱 사로잡는 기타 잇키의 '순수 사회주의' 이론을 접한다. 기타 잇키의 이론은 전전에도 이단이론이어서 비밀리에 필사본 형식으로 돌아다니고 있었다. 기시는 대학 2학년 때 기타 잇키의 《국가개조안 원리대강》을 보고는 즉시 밤을 새워 전부를 필사하였다. 이때부터 기시는 기타 잇키의 신도가 되었다.

　그리고 독일 방문을 통하여 기시는 어떻게 순수 철학적 신념을 객관적 실제로 전환시키는가에 관한 방법을 찾아낸다. 독일은 제 1차 대전의 패전국으로 당시 아직도 거액의 전쟁 배상금을 부담하고 있었으며, 높은 인플레이션과 실업률이 독일인들을 압박하여 숨조차 쉬기 어려운 지경이었다. 그러나 당시 독일을 둘러봤던 일본의 엘리트 관료들은 독일의 매력에 푹 빠져들었다.

기시는 독일이 국가 통제경제의 방식을 통해 갖가지 방법을 동원하여, 경영관리를 과학화하고, 고도의 산업기술을 회복하여 전후 파괴된 독일경제를 다시 일으키려 노력하는 것과, 또한 전 사회적인 범위에서 생산과정의 낭비를 제거하고 효율을 제고하려 힘쓰는 것을 직접 두 눈으로 보았다. 전통적으로 말하면, 이러한 일들은 당연히 각 기업들이 진행해야 하지만 독일은 개개 기업의 효율이 전체 사회의 효율을 의미하지는 않기 때문에 전체 사회를 하나의 기업으로 간주하여 고려해야 한다고 생각하였다.

1980년 기시는 회고록에서 이때의 경험을 다음과 같이 설명하였다.

> 독일과 일본은 다 같이 자원이 없는 나라여서 과학적 관리와 산업기술을 이용하여 경제를 진흥시켜야 한다. 나는 일본에게는 이 길만이 유일한 선택이라고 확신한다. 일본은 미국으로부터는 배울 수 없지만 독일로부터는 배울 수 있다고 생각한다.

독일에서 돌아온 후, 기시는 독일의 산업정책을 소개하면서 일본이 독일을 배워야 한다고 극력 주장하는 아주 상세한 보고서를 작성하였다. 그러나 이 보고서는 3년 후인 하마구치濱口 내각에 와서야 관심을 끌게 된다.

당시 일본뿐이 아니라 거의 전 세계가 독일의 산업진흥정책을 주시하고 있었다. 독일은 미국의 테일러제와 포드식 생산기법을 전 사회적 범위로 확대하였다. 1927년 스위스 제네바에서 개최된 제 1차 세계경제회의에서 독일식 생산방식이 큰 관심을 끌게 되었고 심지어 어떤 사람은 "생산, 소비와 분배의 모든 영역에서 과학화 관리를 실현해야 한다"고 호소하기도 하였다.

기시가 농상무성에 들어간 1920년은 바로 일본의 이른바 '전후 불황'이 시작되는 시기였고, 1923년의 관동 대지진이 가져온 인적 손실과 재산상의 손실, 그리고 재난구조를 위한 지출은 일본 경제에 설상가상의 타격을 가져왔다. 당시의 상공성은 "공황을 극복하는 유일한 길은 바로 독일처럼 산업을 합리화하여 효율을 제고하고 원가를 낮춤으로써 국제경쟁력을 강화하고, 기업집단과 카르텔을 통해 무질서한 경쟁을 배제해야 한다. 즉, 독점과 노동을 강화해야 한다"고 생각하였다. 달리 말하자면, 국가가 반드시 경제를 통제해야 한다는 것이며, 이 경제통제운동의 중심인물이 바로 기시와 그의 상사인 상공성 공무국장 요시노 신지吉野信次였다.

바로 이때 소련은 제 1차 5개년계획을 시작함으로써 독일보다 한 수위의 정책을 실시하였다. 이렇게 되자 일본의 소장파 군인들은 물론 엘리트 관료들도 이 5개년계획에 큰 충격을 받았다. 기시는 후일 이에 대해 다음과 같이 회고했다.

그것은 일종의 충격 그 자체였다. 왜냐하면 우리들이 익히 알고 습관화된 자유주의경제와 완전히 달랐기 때문이었다. 지금까지 계속해서 한시도 그때의 공포감을 잊을 수가 없다. 그들은 놀랍게도 경제목표를 먼저 설정한 연후에 그 목표를 달성하는 방법을 택하였다.

소련에는 사유재산이 존재하지 않지만 일본은 사유재산을 인정하므로 소련의 경험을 그대로 옮겨 올 수는 없었다. 그러나 기시는 독특한 체제관을 갖고 있어 다른 통로를 찾아낼 수 있었다. 기시는 일본의 이른바 천황제와 사유재산은 별개이며, 천황제를 보호한다는 것이 사유재산을 보호해야 함을 의미하지는 않는다고 생각하였다. 그의 이 신념은 만년까지 변함이 없었다.

그는 천황제도 절대적인 것이라 믿지 않았고, 당연히 사유재산제도 역시 신성불가침한 것이라고 보지 않았다. 당시 이러한 관점을 가진 사람들이 군부와 관료 중에서 상당한 다수를 점하고 있었다. 왜냐하면 그들은 모두 공정한 고시를 통해 선발된 엘리트들이지 자신이나 가족들의 재산 때문에 그 자리에 오른 것이 아니기 때문이었다. 따라서 그들은 사유재산에 대해 흥미가 없었을 뿐 아니라 심지어 이래저래 사유재산에 반감을 가지고 있었다. 본래 그들은 금수저를 입에 물고 태어난 귀공자를 좋아하지 않았다.

1930년 기시는 다시 명을 받아 이번에는 전적으로 통제경제를 고찰하기 위해 독일을 방문하였다. 그가 귀국한 후 상공성에 두 개의 부로 이뤄진 '임시 산업합리화국'이 탄생하였다. 국장은 상공대신 다와라 마고이치俵孫一가 겸임하고, 제 1부장은 문서과장 기도 고이치(후일 A급 전범)가 맡아서 상품규격과 기업재무제도의 통일 등의 관리업무를 담당하였다. 제 2부장은 요시노 신지가 겸임하여 기업통제의 문제를 연구하는 업무를 담당하였다. 제 2부에서는 실제로는 기시가 모든 일을 처리하였다.

기시는 두 번째 방독에서 독일인들이 강철과 자동차 산업에서 국가

통제를 실행하는 것을 직접 목격했다. 귀국 후 가진 강연회에서 기시는, "이른바 '산업합리화' 정신의 실질은 첫째 기업 간 자유경쟁을 배제한 합작, 둘째는 이윤도 원가를 구성하는 한 부분이므로 원가를 낮추는 것"이라고 명확하게 선언하였다. 기시는 강연에서의 발표에 그치지 않고 곧 입법에 착수하였다.

1931년 일본은 국가통제경제에 지대한 역할을 하는 '중요산업통제법'을 제정하였는데 이 법률의 각 조문을 기시가 직접 완성하였다. 그리고 이 법을 시행할 때 기시는 산업 제 1선으로 더 가까이 나아갔다. 시멘트 산업은 기시가 직접 산업 카르텔을 만들도록 추진한 분야이다.

1936년 5월, 기시는 또다시 자동차의 국산화를 촉진하기 위한 '자동차 제조사업법'을 주도하여 제정하였다. 이 법에 의하면 닛산日産, 도요타豊田와 이스즈五十鈴만 자동차를 제조할 수 있었다. 《도요타왕국》이라는 책을 보면, 당시 자동차 산업의 후발주자였던 도요타가 이 '법률지정'을 받기 위해 진행하였던 손에 땀을 쥐는 활동이 기록되어 있다.

1936년 5월 다시 '중요산업통제법'을 수정하여 주철 생산 등 19개 중요산업 (이후 7개가 다시 추가됨)의 통제규칙을 정함으로써 국가가 나서서 대기업 트러스트를 추진하였다.

만 주

    기시의 이러한 언행은 당연히 재벌의 저항을 받게 되었고, 이때 마침 상공대신이 오가와 고타로小川鄕太郎로 바뀌었다. 그는 요시노 신지가 이미 5년 동안 차관 자리에 있었다는 이유로 사직하도록 압력을 가하였다. 일반적으로 차관의 임기는 1년 정도가 보통이었다. 한 사람이 그렇게 오래 한자리에 있는 일은 흔하지 않았다. 하지만 사직을 요구한 진짜 이유는 따로 있었다. 당시 상공성은 요시노와 기시 두 사람에 의해 완전히 장악되었기에 이 두 사람을 상공성에서 축출하지 않으면 상공대신 본인도 견뎌내기 힘든 형편이었다. 게다가 기시는 일본에서 '사회주의를 실현'하려 하지 않는가?

    이렇게 되어 기시는 만주로 가게 된다.

    기시가 만주에 간 것에 대해 또 다른 설명이 있다. 관동군이 기시를 필요로 하여 상공성에 요청했지만 요시노 신지 차관이 그를 내놓지 않자, 육군성 군사과 만주반의 아키나가 쓰키조秋永月三 중좌와 가타쿠라 다다시片倉衷 소좌가 한 손에는 군모를 받쳐 들고 또 한 손은 군도를 잡고서 차관 사무실에서 그가 동의할 때까지 차렷 자세로 버티자 요시노가 할 수 없이 그를 관동군에게 내놓았다는 일화이다.

물론 관동군이 기시를 필요로 한 것은 사실이고, 요시노 차관이 동의하지 않은 것도 사실이며, 일본군이 자기들 요구가 관철될 때까지 차렷 자세로 생떼 쓰기를 좋아한다는 것도 사실이다.

예를 들면, 1982년 나카소네 야스히로中曾根康弘가 자민당 총재에 당선되어 조각할 때, 총재 경선의 맞수였던 아베 신타로安倍晋太郎(바로 기시 노부스케의 사위이며, 현 수상 아베 신조安倍晋三의 아버지)에게 외교대신을 제의하였지만 거절당하였다. 그러자 나카소네는 이토추伊藤忠 상사 회장 세지마 류조瀬島龍三에게 도움을 청하였다. 세지마는 아베의 집 응접실에서 아베가 동의할 때까지 육군의 차렷 자세로 꼼짝도 하지 않았다. 아베는 이 쇼와昭和 3대 참모의 한 사람이요, 육사 차석 졸업에 육대 수석 졸업에 빛나는 세지마 류조 중좌 앞에 마침내 뜻을 굽히고 나카소네의 뜻을 받아들이고 말았다.

하지만 아키나가 중좌와 가타쿠라 소좌가 직접 차렷 자세로 사람을 요청하였다는 것은 다소 어폐가 있다고 볼 수 있다. 가타쿠라는 비록 소좌에 불과하고 또 만주의 이시와라 간지와 이타가키 세이시로板垣征四郎 앞에서는 일개 부하에 불과하지만, 이 두 사람이 없을 때는 그가 실제적으로 만주의 왕인데 그가 어떻게 일개 끈 떨어진 차관 앞에 차렷 자세를 취할 수가 있겠는가?

진상은 이러했다. 요시노가 차관에서 밀려나 사직한 바로 그날 기시도 사표를 제출하였다. 요시노는 기시의 수호신이었기에, 요시노가 없이는 기시가 상공성에서 계속 버틸 수가 없었다.

요시노의 비호 아래 기시는 상공성에서 주도적으로 노동조합 활동을 조직했다. 그런 면에서 보면 사람들이 기시가 빨갱이라고 공격하는 것이 전혀 근거 없는 말은 아닌 셈이다.

어느 관료조직이라도 자연히 무한대로 확장하고자 하는 특징이 있다. 그래서 구조조정과 비용 삭감은 모든 정부가 결코 피할 수 없는 영원한 숙제이다. 1929년의 하마구치濱口 내각은 '작은 정부'의 기치 아래 우선 전체 공무원의 연봉을 10% 삭감하기로 하였다. 이 방침이 발표되자 당연히 공무원들의 강력한 저항에 부딪치게 되었다. 당시 기시는 상공성의 노조위원장으로서 상공성의 반대운동을 이끌었다.

하마구치 내각의 공무원 연봉삭감 방침은 공무원들의 극렬한 반대에 굴복하여 1주일 후 그만 취소하고 말았다. 그러나 실제로 일본정부는 재정이 극도로 궁핍하여 더 이상 견딜 수가 없었다. 그래서 와카쓰키레이지로若槻禮次郎 수상이 이끄는 다음 내각도 다시 연봉 삭감을 추진할 수밖에 없었다. 기시는 또다시 이에 극력 반대하였고, 이번에는 지난번과 다른 새로운 전술을 구사하였다.

이번에는 고등관뿐 아니라 판임관과 심지어 고원과 용인들까지 연합하여 함께 반대하였다. 기시는 노조위원장의 자격으로 상공성 전체 직원회의를 소집하여 '전원 사직'이라는 초강수를 취하도록 하였다. 그 결과 상공성에는 고등관부터 임시고용원에 이르기까지 대략 2,500명 전체 직원들이 집단으로 사직하는 전무후무한 일이 벌어졌다. 결과적으로는, 연봉을 먼저 삭감하고 후에 이를 보전해주는 방식으로 각자의 연봉이 줄어들지 않도록 보장함으로써 사건은 일단락되었다.

그러나 이제 요시노 차관도 없고, 특별고등경찰이 기시를 빨갱이 혐의로 잡아갈 수도 있게 되자 기시는 더 이상 상공성에 남아 있을 수가 없게 되었다.

이제 갈 데 없는 기시는 계속 자기를 불러주는 '만주'로 간다.

당시의 만주는 오늘날 중국의 동북지방으로 엄격히 말하면 '내만주'라고 불러야 한다. 왜냐하면 '내만주'보다 훨씬 더 큰 면적의 '외만주'가 러시아에 의해 강점되었기 때문이다. 그리고 이 '만주' 혹은 '내만주'는 근대 세계사 내지는 근대 아시아사 특히 근대 동아시아사에서 '만주'를 제외하고는 역사를 논할 수 없을 정도로 대단히 중요한 의미를 갖고 있다.

그러면 당시의 만주의 상황은 어떠했는가?

1931년 9월 18일, 이시와라 간지와 이타가키 세이시로가 이른바 '9·18 만주사변'을 일으키자, '애국장군' 장쉐량張學良은 별다른 저항도 못하고 다수의 작전 항공기와 장갑차량 및 병기공장과 함께 만주를 관동군에게 넘겨주게 되어 관동군은 별 힘도 들이지 않고 손쉽게 만주 전역을 점령한다. 이어서 1932년 3월 1일 관동군은 청나라의 폐위된 황제 푸이溥儀를 내세워 괴뢰국인 '만주국'滿洲國을 세움으로써 만주를 중국으로부터 분리하였다.

그러나 '9·18 사변' 이후, 관동군은 단지 군사적으로만 만주를 장악하였을 뿐, 행정관리는 아직 엄두도 내지 못하고 있었다. 관동군은 행정관리를 알지 못하였기에 행정관리는 관동청關東廳과 '남만주철도주식회사'(滿鐵)의 도움을 받았다. 하지만 만철은 어쨌든 일개 기업에 지나지 않아 기업 이외 민정에 대해서는 경험이 없었고, 관동청은 원래 관동도독부에서 관동군을 분리한 후 남은 부문인지라, 민정기구이기는 해도 실제로는 여전히 만주의 철도에 관련된 업무를 관리하였지 다른 행정기능은 거의 없는 상황이었다.

게다가 '9·18 사변' 이후 한동안 일본정부는 관동군이 멋대로 일으킨 이른바 만주사변에 대해 정식 입장을 정하지 않았기에 만철과 관동청은 관동군을 아직 전적으로 지지하지 않았다. 심지어 만철 병원은 관동군의 부상자를 치료하는 것을 거부할 정도였다. '만주국' 성립 이후 일본정부의 태도는 이미 확정되었지만, 행정관리에서는 아무도 감히 나서서 1백 만㎢가 넘는 땅을 장악하였다고 주장하는 관동군과 주도적으로 연계하려 하지 않았다. 관동군 이외의 다른 사람들은 아직 사태를 그저 관망하고 있었다.

호시노 나오키 만주에 가다

　이시와라 간지는 '9·18 사변'과 그 후 일련의 발전과정의 기획자이다. 그러나 그는 단순한 두뇌의 모험가가 아니라 자기 나름대로의 이론을 갖춘 인물이었다. 그는 미래세계에서는 동방문명과 서방문명이 충돌할 것이며, 동방문명의 대표인 일본과 서방문명의 대표인 미국은 이 토너먼트 같은 충돌에서 필연적으로 한판의 진검승부인 '최후의 전쟁'을 치를 것으로 내다봤다.

　그는 또 이 최후의 '결전'에서 일본은 국토의 종심이 얕고 전략물자 자원이 부족하므로 전략적으로 매우 불리한 위치에 있다고 분석했다. 그렇기에 일본은 이 지구전에서 반드시 후방기지를 확보해야 하며, 그 기지는 바로 '만주국'이라는 것이었다.

　하지만 이 후방기지는 그렇게 쉽게 건설할 수 있는 것이 아니었다. 이시와라는 맹목적인 사람이 아니고 소련을 포함한 —비록 당시 소련은 그다지 미쳐 날뛰지는 않았지만— 세계 각 강대국의 동태를 면밀히 주시하고 있었다. 레닌은 1920년 7월 19일 공산주의 인터내셔널 제 2차 대표회의에서 '국제형세와 공산주의 인터내셔널의 기본임무'라는 제목의 보고를 통해, "일본은 과거에는 동방 각국과 아시아 각국을 약탈할 수 있었지만, 현재는 타국의 도움이 없이는 재정상이든 군사상이든 간에 독립적으로 행동할 수 있는 능력이 없다"라고 언급하였다. 이 언급은 그에게는 크나큰 경고였다.

이시와라는 안타깝지만 레닌의 언급이 사실임을 인정하지 않을 수 없었다. 그래서 그는 이러한 현실을 뛰어넘지 않고서는 만주를 자기가 생각하는 후방기지로 건설할 수가 없다고 판단하였다. 따라서 그는 다음과 같은 계획을 제출하였다.

> 소련의 방식을 본받아 5개년 계획을 실시하여 만주가 강철 생산 연 2백만 톤, 석탄 생산 연 2천만 톤을 달성하여 독립적으로 기차와 자동차 및 항공기를 생산할 수 있도록 함으로써 만주를 명실상부한 일본의 후방기지로 자리 잡게 한다.

그러나 이것은 물론 만주에 대한 관동군의 경제정책이 아니라 단지 이시와라 개인의 만주국에 대한 '계획' 내지는 미래의 만주에 대한 기대에 지나지 않았다. 그리고 그 계획이라는 것도 이시와라가 기초한 한 장의 종이뿐이었다.

이타가키와 이시와라는 둘 다 군인일 뿐, 이러한 계획을 실시하는 것은 그들의 능력을 벗어나는 일이었다. 게다가 지금 당장 어떻게 만주를 꾸려 나가야 할지도 장래의 원대한 계획 못지않게 중요한 일이어서 관동군은 직접 대장성을 접촉하여 만주의 재정을 담당할 사람을 요청하였다.

이제 고등문관들은 마침내 제대로 자기들의 역량을 마음대로 펼칠

곳을 찾아낸 것이었다. 일반적으로 관료는 기존의 것을 지키고 관리하는 데 능하지 창의적인 일은 자기 임무가 아니라고 생각하게 마련이다. 그러나 일본의 관료들의 특징은 다른 나라 관료들과 달리 새로운 일을 획책해내는 것을 좋아한다는 점이다.

이것은 혁신관료와 군부의 합작의 역사에서 비롯된 것이며, 일본의 관료들이 가장 주도적으로 일을 획책한 것이 바로 만주국 시절이다. 만주국의 일본 고등문관들은 관동군의 전폭적인 지원하에 백지 위에 자기들 마음대로 그림을 그리고, 또 그것을 운용하고 실험하였다. 이러한 자유창작의 쾌감을 그들은 영원히 잊지 못하였으니, 그들에게 만주국은 자기들의 황금시대의 시작이었으며 그들은 오히려 만주에서 자기들의 가치와 능력을 제대로 깨닫게 된다.

가장 먼저 만주로 간 고등문관은 후일의 A급 전범 호시노 나오키였다. 그는 제국대학 졸업 전에 고문고시를 통과하여 1917년 대장성에 들어와 줄곧 '대장성 제 1인재'라는 평을 받은 인물로 당시는 국유재산과장이었는데, 미래의 대장성 차관감이라 여겨진 엘리트 관료였다. 당시 관동군은 대장성에 대해 모두 8명을 요청하였다. 만주국 재정부의 책임자와, 이재국과 주계국의 국장들, 그리고 문서, 회계, 국세, 관세의 4명 과장, 마지막으로 하얼빈 세무서 감독서장 등 8명이었다.

호시노는 자신과 국세과장 이시와타 소타로石渡莊太郞, 예산과장 가야 오키노리, 국고과장 아오키 가즈오靑木一男, 특별은행과장 오노 류타大野龍太 등 대장성 내에서 평가가 가장 좋은 5명의 과장 중에서 1명을 선정하여 만주로 가되, 그에게 같이 갈 다른 사람들을 선발할 전권을 주어야 대장성에서 파견하는 사람들의 수준이 보장되고 따라서 제

• 호시노 나오키

대로 관동군을 지원해줄 수 있다고 제안하였다.

　이 제안은 대장대신 다카하시 고레키요高橋是清를 포함한 전체 대장성의 지지를 받게 된다. 결과적으로 대장성은 이러한 중임을 맡을 사람은 호시노 이외 다른 대안이 없다고 결론을 내리고, 이에 호시노는 대장성을 대표하여 자신이 직접 선발한 7명을 데리고 만주로 간다.

　전전戰前의 일본인들에게 만주로 간다는 것은 곧 돈을 버는 것을 의미했다.

　1934년 무토 도미오武藤富男는 아직 사법성의 젊은 법관이었다. 신년이 되어 그가 상사의 집에 인사하러 갔을 때 이야기 도중 그가 곧 만주로 가려 한다고 얘기하자 상사의 부인이 관심을 가지고 만주에 가면 월급이 얼마나 되느냐고 물었다. 이에 당시 29세인 무토는 있는 그대로 대략 연봉이 6,500엔 정도 된다고 대답하였다. 상사의 부인은 놀라서 눈이 휘둥그레지면서, "아이구, 그러면 대심원장과 월급이 같네!"라고 말했다.

이 대심원장은 오늘날 최고재판소장에 해당한다. 최고재판소장의 현재 연봉이 대략 3천만 엔 정도이지만, 전전 일본 관료의 급여는 현재보다도 훨씬 높았다. 무토의 상사 부인이 29세의 젊은이가 그렇게 많은 급여를 받는다는 소리를 듣고 깜짝 놀란 것은 당연한 일이었다.

관료들이 만주에 가면 보통 일본 국내의 3배 이상의 급여를 받았지만 호시노가 갔을 때는 아직 그렇게까지는 되지 않았다.

1932년 7월 12일, 도쿄를 출발하여 오사카와 경성을 거쳐 만주로 간 호시노 일행은 실제 일본정부가 정식으로 만주에 파견한 제1선발대였다. 급여는 당연히 있었지만 아직 어떻게 지급하는지, 얼마를 주는지, 무슨 화폐로 주는지, 심지어는 이번 만주로 부임하는 데 들어가는 경비는 누가 부담하는지 아무도 알지 못하였다. 마침 그때 호시노의 부친이 세상을 떠났지만 호시노는 이에 상관없이 은행에서 자기 예금 3천만 엔을 인출한 후 대장성에서 선발한 7명을 데리고 부친의 장례식장에서 바로 만주로 출발하였다.

호시노는 이후 A급 전범으로 처벌을 받는다. 그러나 그가 도쿄국제군사법정에 서게 된 것은 미·일 개전 시 관료의 한 사람으로서 개전 조서에 서명하였기 때문이지 그가 중국의 동북, 곧 만주에서 저지른 전쟁범죄행위 때문이 아니었다.

호시노는 도조 히데키 내각의 내각 서기관장으로 이는 오늘날 내각 관방장관에 해당하는 요직이었다. 도조 내각의 관료는 규정에 의하여 모두 개전 조서에 서명하였고, 전후 미국은 조서에 서명하고서도 아직 자살하지 않은 사람들을 모두 A급 전범으로 체포하였다.

기시 노부스케,
실물경제를 담당하다

　호시노 나오키 일행이 만주에 도착하자 관동군 고급참모 이타가키 세이시로 대좌는 그들에게 임의로 업무를 추진할 수 있는 권한을 주었다. 이에 그들은 우선 예산부터 편성하기 시작하였다. 본래 관동군은 행정을 어떻게 관리하는지 전혀 문외한이었기에 행정관리의 기초가 우선 예산을 편성하는 것에서부터 시작된다는 것을 알 리가 없었다. 그들은 그저 이곳저곳에서 돈을 빼앗다시피 조달하여 돈을 달라는 부문에 나누어주고, 그 돈을 다 쓰고 나면 다시 빼앗다시피 돈을 조달하곤 하였다.

　호시노는 관동군에게 함부로 돈을 쓰지 말고 이미 조달한 돈만 쓰도록 요구하였을 뿐 아니라, 그들이 만주국을 제대로 다스리려면 더 이상 일본 화폐 엔을 쓰지 말고 반드시 '만주 화폐'를 자체적으로 발행하여야 인플레를 막을 수 있다고 설명하였다. 또한 만주 화폐 가치의 안정을 위해서는 안정적인 세수가 뒷받침되어야 하며, 함부로 기존의 세금 종류와 과세표준을 바꿔서는 안 된다고 역설하였다. 그렇지 않으면 만주 화폐가 성공할 수 없고, 만주 화폐가 성공하지 못하면 이곳은 '만주국'

이 아니라 단지 '관동군 관리구'가 될 뿐이라는 것이다.

그러나 이타가키 세이시로가 이러한 생각에 모두 만족한 것은 아니었다. 특히 호시노의 건의 중에서 '세금징수 개혁'에 관한 부분은 바로 이타가키의 체면과 직접 관련이 있었다. 그래서 호시노가 이같이 건의할 때 이타가키의 손은 자기도 모르게 군도의 손잡이를 잡곤 하였다.

이에 이시와라 간지가, 호시노 나오키는 관동군이 요청해서 대장성이 최고의 인재를 관동군에게 보내준 것인데 관동군이 자기 체면에만 너무 신경을 쓰는 것은 도리에 맞지 않다고 이타가키를 만류하였다. 이렇게 되자 이타가키는 이시와라의 의견을 받아들여 호시노가 임의로 일을 처리하도록 한 당초의 약속을 다시 확인해주게 된다.

호시노의 만주국에 대한 최대의 공적은 만주국의 독립통화를 발행한 것이었다. 당시의 일본 대장대신은 '2·26 사건' 때 반군에 의해 피살된 다카하시 고레키요였는데, 그는 호시노가 만주로 부임할 때 반드시 만주에서 독립통화를 조속히 발행하여 엔화의 만주 유통을 하루 속히 중지하라고 신신당부하였다.

호시노가 만주의 독립통화를 발행한 것은 물론 다카하시의 당부도 있었지만 자기 나름대로의 궁리도 있었다. 그가 생각하기에 만주가 일본 엔으로부터 독립하지 못하면 앞으로도 관동군의 통제를 벗어날 길이 없었다. 만주에서 관동군의 영향력을 약화시키기 위해서는 반드시 통화가 독립되어야 한다고 호시노는 생각하였다.

다행스럽게도 이타가키와 이시와라는 모두 호시노의 독립통화 발행에 대해 전적으로 지지하였다. 이 두 사람은 자기들 손으로 세운 '만주국'을 너무나 좋아하여 심지어는 관동군 전체가 일본 국적을 포기하고

'만주 국적'을 취득해야 한다고 주장하기까지 하였다. 그러니 호시노가 만주국 독립통화를 발행하겠다는 발상은 그런 면에서 그들의 생각과 완전히 일치하였다. 따라서 관동군은 '9·18 사변' 후 보관해왔던 모든 종류의 은행표를 전부 호시노에게 이관하였다.

호시노는 중국인들이 '백은'을 통화와 동일시하는 심리에 근거하여, 그리고 또 관동군이 노획한 다량의 백은을 고려하여 당시 이미 시대에 뒤떨어진 '은본위제도'를 실시하여 '만주국 화폐'를 발행하였다. 이 통화의 기본단위는 '원'元으로, 1원은 백은 0.83온스에 해당하였다. 이 만주 통화는 '노인폐'라고 불렸는데, 이는 당시 만주 통화의 5원, 10원 및 100원 지폐에 모두 흰 수염이 길게 난 맹자, 재신財神 그리고 공자의 초상이 인쇄되어 있었기 때문이었다.

그때 동북지방에는 여러 가지의 지폐가 유통되고 있었는데, 몇 가지를 예를 들어 보면 다음과 같다.

'봉천표'라고 불리던 동삼성 관영 은호銀號의 대양권大洋券, 변업은호권邊業銀號券, 동삼성 관영 은호의 환전권, 동삼성 관영 은호의 하얼빈 대양권, 길림 관영 은호 관첩官帖, 길림 관영 은호의 전호대양권錢號大洋券, 흑룡강 관영 은호 관첩, 흑룡강 관영 은호 대양권 등이 있었다.

이들 지폐의 유통범위와 가치는 매우 불안정하였고 따라서 몹시 혼란스러웠다. 그러나 호시노가 '노인폐'를 발행한 후, 안정적인 환율을 규정하여 위의 여러 지폐를 교환해주었다. 이렇게 되자 이러한 화폐들의 가치도 즉각 안정되고, '만주국'의 '노인폐'도 시장의 신임을 얻게 되었다. 이뿐만 아니라 당시 일본의 경제가 침체기에 접어들어 '노인폐'는 일본 엔에 대해서도 가치가 지속적으로 상승하기까지 하였다.

호시노는 금융경제 전문가로서 본래 대장성에서 으뜸 인재였다. 만주에 부임한 후 그는 '만주국'의 경제를 안정시킴으로써 그의 명성이 헛되지 않음을 증명하였다. 그러나 그는 자신은 경제를 관리하는 능력만 있지 경제를 일으키는 능력은 없다는 것을 잘 알았다. 호시노가 이시와라의 계획서를 보고 나서 한 말은, 바로 "기시 노부스케를 불러오십시오"였다.

관동군은 실제로 대장성에게 사람을 요청하는 동시 다른 성에도 인재를 요청하였다. 관동군은 상공성에 대해서는 직접적으로 기시 노부스케를 요청하였지만, 요청하러 간 사람은 앞에서 언급하였던 아키나가 쓰키조 중좌와 가타쿠라 다다시 소좌가 아니라 육군성 군사과장이며 후일 '말레이시아의 호랑이'로 불린 야마시타 도모유키山下奉文 대좌였다. 물론 요시노 차관 앞에서 차렷 자세를 한 것도 아니었다.

요시노 차관이 기시 노부스케를 내놓지 않으려 한 것도 사실이었다. 그러나 1934년 일본 내각이 '대만주對滿州사무국'을 설립한 후, 요시노가 기시를 이 기구의 겸직 구성원으로 발령한 것도 사실이다. 그러니, 기시는 만주로 가기 전부터 이미 대만주 업무에 참여한 셈이다.

그리고 상공성에서 제1차로 만주에 파견한 관료는 당시 임시 산업합리화국 주임사무관이며, 기시가 가장 신임하였던 부하인 시이나 에스사부로椎名悅三郎였다. 그는 전후 일본과 타이완의 관계에서 가장 빈번하게 이름이 거론되는 사람들 중의 하나이며, 타이완 사람들이 기시 다음으로 가깝게 생각하는 친구이기도 하다.

1972년 다나카 가쿠에이 내각이 타이완과 단교하고 중국과 외교관계를 수립했을 때, 타이완 정부에 상황을 설명하러 간 사람도 바로 이 시이나 에스사부로였다. 몇 년 전, 그의 아들 자민당 참의원 시이나 모토

椎名素夫가 사망했을 때 천수이벤陳水扁 총통이 행정원장 셰팅라이謝廷來를 일본에 보내 제문을 읽도록 하였던 것을 보면 그와 타이완의 관계가 얼마나 좋았는지 알 수 있다.

다시 본론으로 돌아가자. '대장성 제 1인재'였던 호시노처럼 기시는 '농공상성의 제 1인재'였다. 실제로는 기시의 명성이 호시노보다 더 높았다. 호시노의 명성이 '유능한 관료'에 그친 반면 기시는 처음부터 그 정치활동 능력으로 사람들의 주목을 받았다. 기시는 총리대신을 꿈꾸었지만, '혁신관료의 영도자'였던 그는 아마 그냥 틀에 박힌 규정대로의 총리가 되기보다는 한 장의 백지와도 같은 '만주국'이 더 마음에 들었을 것이다.

그래서 기시 노부스케는 상공성을 사직한 후 '만주'로 간다.

3

예산,
내 손 안에
있소이다

경제개발에는 돈이 필요했다

기시 노부스케는 1936년 11월에 만주에 도착하였다. 관동군이 그를 위해 준비한 첫 번째 직무는 '실업부實業部 총무국장'이었는데 1년 후 실업부 차장으로 승진하여 '만주국' 공상업의 실질적 책임자가 되었다.

기시는 신경新京(오늘의 창춘長春)에 도착한 후 바로 이타가키 세이시로에게, "경제와 산업 방면에서는 관료들이 전문가이니, 앞으로 관동군이 '지도' 활동을 할 필요가 없다"고 요청하였다. 사실 관동군은 계속해서 기시를 전폭적으로 지지하였다. 관동군이 보기에 기시야말로 만주국의 국력을 제고할 수 있는 희망이었기에 기시와 관동군의 관계는 일관되게 좋은 편이었다.

기시가 당초 제정한 '자동차 제조사업법'의 배경에는 당시 만주의 관동군이 사용하는 자동차를 포드제품에서 하루 속히 국산화해야 한다고 기시에게 요구한 참모본부 작전과장 이시와라 간지 대좌가 있었다. 이로써 자동차의 국산화는 기시와 관동군의 공동목표가 되었다.

당시 만주국에는 '집정'執政(후일 '황제'로 부름)과 '국무원 총리'가 있었지만 만주국의 사실상 제 1인자는 일본인이 담당한 '총무청 청장'이었다. 1935년이 시작되자 총무청장 오다치 시게오大達茂雄가 그 자리를 호시노 나오키에게 물려주고 귀국하였다. 그는 겨우 33세의 관동군 참모 쓰지 마사노부 대위에 의해 쫓겨났다.

'승냥이 참모'로 불리던 쓰지 참모는 당시 관동군 제 3과 소속이었는데 그는 자기 부하 군인들은 물론 자기의 상관조차도 그리 탐탁지 않게 여기는 인물이었다. 그는 전후에 자기가 오다치 시게오를 쫓아 보냈다고 자랑스럽게 주위에 떠들곤 하였다. 그러나 이 오다치는 전후 요시다 시게루吉田茂 내각의 문부대신을 역임한다. 실제로는 당시 오다치가 물러나도록 쓰지를 조종한 것은 관동군 참모장 이타가키 세이시로 소장이었다. 왜냐하면 오다치가 만주국 정부의 인사권을 관동군으로부터 회수하려 하였기 때문이었다.

쓰지는 기시를 함부로 대하지 못하였다. 그가 보기에 이타가키를 포함한 관동군의 전체 참모계통이 기시를 지지하였기 때문이었다. 쓰지는 매우 총명한 인물이었다. 그는 지휘관에 대해서는 하극상을 저질러도 참모계통에는 감히 그러하지를 못하였다. 그는 기시와 대적하지는 않았지만 그렇다고 그가 기시를 좋아하였다는 것은 아니다. 실제로 전후 쓰지와 기시 사이에 충돌이 있었는데 그 원인을 거슬러 올라가면 바로 만주국 시대가 된다.

물론 기시가 만주에 가기 전에도 만주 경제를 발전시키기 위한 계획은 이미 진행되고 있었다. 최초의 계획은 전술한 이시와라의 한 페이지짜리 계획서이고 그 다음은 미야자키 마사요시宮崎正義가 책임자로 있던 '남만주철도'(만철)의 '일만日滿재정경제연구회', 일명 '미야자키 기관'이라는 싱크탱크가 1936년 2월 참모본부에 제출한 '군비를 중심으로 본 제국의 장래 재정목표'와 이 재정목표를 실현하기 위해 제정한 '쇼와 12년도(1937년) 이후 5년간 제국세입세출계획'(긴급실시 국책대강)이다.

미야자키는 이 국책대강 중에서 일본 본토 대 만주 7 : 3 비례의 군사 공업 확충계획을 제안하였다. 1936년 9월에는 다시 '만주 군수산업 확충계획'을, 11월에는 '제국 군수산업 확충계획'을 각각 완성하였다. 관동군은 이러한 계획의 기초에서 출발하여, 호시노와 시이나 등의 사람들로 하여금 3일 낮밤 만에 방대한 '만주 산업개발 5개년 계획'을 입안하도록 하였다.

기시는 소련에서 배운 이 5개년 계획에 대해 잘 알았고, 또한 관동군이 자기를 부른 목적이 바로 이 5개년 계획을 실천하기 위한 것이라는 사실도 잘 알았다. 그러나 그가 현실적으로 마주친 숫자, 곧 연간 2백만 톤의 강철 생산량은 너무도 달성하기 힘든 목표였다. 1936년 만주의 조강생산량은 34만 톤에 불과했고, 일본 본토와 조선을 합쳐서 겨우 531만 톤이었다.

이러한 여건하에서 5년 내 생산량을 6배로 늘리려면 무엇보다도 먼저 돈 문제를 해결하여야 했다. 강철과 석탄 그리고 전력과 같은 중공업을 발전시키기 위해서는 자금문제 해결이 최우선이었다. 호시노와 시이나의 계산에 의하면 매년 5억 엔의 자금이 필요하고 전체 계획을 달성하려면 대략 25억에서 50억 엔을 투자하여야 했다. 대체 이 액수는 얼마만 한 금액인가? 당시 일본정부의 한 해 예산이 모두 22억 엔 정도인 것을 감안하면 얼마나 큰 금액인지 이해된다.

일본 군인은 본래 군수지원을 중시하지 않는 탓인지 모르지만 이시와라 간지 역시 이른바 '만주산업규획'을 작성할 때 그와 관련한 소요 비용 문제는 전혀 고려하지 않았다. 대장성 주계국장 가야 오키노리는 이시와라의 계획에 대한 설명을 듣고 나서, "아무리 뛰어난 주부라도 쌀이 없으면 밥을 짓지 못한다"고 대답하였다. 그러자 이시와라는 다음과 같이 일갈하였다.

나는 군인이라 재정은 잘 모른다. 메이지 천왕은 우리 군인은 여론에 혹해서도 안 되고 정치에 관여해서도 안 되며 오로지 군인으로서의 본분을 다하라고 가르치셨다. 재정상황이 어떠하고 당신들이 어떠한 곤란이 있는지는 우리들하고는 상관이 없다. 우리는 단지 국방에 필요한 것들을 요구하는 것이다. 다카하시 고레키요 대장대신이 해결하지 못하면 이를 해결할 수 있는 인사가 대장대신이 되어야 할 것이다. 국방정부의 할 일은 군인들로 하여금 작전 이외에는 어떠한 것도 신경 쓰지 않게 하는 것이다. 그러니 할 수 있는 것이라면 반드시 해결해야 하고, 할 수 없더라도 당신들은 반드시 해내야 한다.

만약 안 된다면? 안 된다는 대답은 있을 수 없다. 관동군은 이러한 제국 고등문관들과 옳고 그른 도리를 따질 뜻이 없었다.

그러나 고등문관들은 중앙 정부가 관동군의 몽상을 실현할 수 있는 자금을 제공할 방법이 없음을 잘 알기에 관동군에게 재벌들을 접촉하여 만주 투자를 설득할 것을 권유하였다. 만약 재벌들이 만주에 투자한다면 만주를 관동군이 구상하는 후방지원기지로 발전시키는 것이 불가능하지 않다는 판단이었다.

그러나 관동군은 이미 만주에는 재벌들의 참여를 필요로 하지 않는다고 공개적으로 선언하였기 때문에 이제 와서 새삼 재벌들을 끌어들일 수가 없었다. 당시 정보부 참모였던 누마타 카세구조沼田多稼藏 중좌는 공개 석상에서, "만주는 미쓰이三井, 미쓰비시三菱의 자본이 들어오는 것을 절대 용납하지 않을 것이다"라고 자본주의에 반대하는 성명을 발표한 바 있다.

관동군의 주장은 곧 전 육군을 대표하는 의견이었다. 심지어 육군 통제파의 대부인 나가타 데쓰잔은 오우치 효에를 만주국의 경제고문으로 초빙하여야 한다고까지 주장하였다. 오우치는 제국대학 경제학부를 수석 졸업하였고 마르크스 경제학을 연구한 도쿄제국대학의 교수였으며 전후 정부 통계위원회 위원장을 맡는 인물이었다.

당초 만주 사변 시, 이시와라에게 대포로 장쉐량을 겁주라고 훈수를 두었던 육군성 군무국장 나가타 데쓰잔은 경제학 대가를 초빙하여 관동군을 도우려 하였지만 당시 육군성 차관 하시모토 도라노스케橋本虎之助의 극력 반대에 부딪쳐 결국 유야무야 되고 말았다.

차관에 의한 자금조달
역시 벽에 부딪치다

　　하시모토가 반대한 이유는 오우치가 마르크스주의 경제학자로서, 수차 헌법의 기본 질서를 침해하는 정치적 사건에 연루되었으며, 공산당은 아니지만 적색분자임은 의문의 여지가 없었기 때문이었다.

　　결과적으로 오우치를 만주국 경제고문으로 초빙하는 것이 무산되었음은 물론, 나가타 데쓰잔 역시 '적색분자'의 낙인이 찍히게 되었다. 후일 나가타 소장이 아이자와 사부로相澤三郞 중좌에게 피살될 때 적지 않은 사람들이 아이자와를 지지한 것은 나가타가 '적색분자'라는 이유 때문이었다.

　　실제로 당시의 만주는 이미 일본 조야의 각종 사조와 이념들의 일대 실험장이었다. 논쟁이 끝나지 않은 것들은 어느 것이나 만주에서 우선 실험하였고 경제정책 역시 당연히 실험의 대상이었다. 도조 히데키가 관동군 헌병사령관이 되어 언론자유가 없어지기 전까지는 만주에서는 어떠한 것을 주장하여도 아무런 문제가 없었다.

　　하지만 언론만으로는 실제적인 어려움을 해결할 수가 없는 법, 그러면 이제 부족한 건설자금을 도대체 어떻게 해결할 것인가?

1936년 연초 요코하마橫濱의 닛산日産자동차 사장 아이카와 요시스케의 사무실에 불청객이 한 사람 찾아왔다. 바로 이시와라 간지 대좌였다. 아이카와 또한 평범한 인물이 아니었다. 그는 도쿄제국대학 공학부 이공과를 나온 엘리트였다. 그는 대학졸업 후 60엔의 월급을 받는 엔지니어의 길을 택하지 않고 시바우라芝浦(현재의 도시바東芝)에 가서 매월 4.8전을 받는 견습공이 되었다.

기술을 배운 후에는 노무자 송출의 기회를 이용해서 미국으로 가서 뉴욕주의 버팔로에서 주조기술을 배웠다. 그 후 귀국하여 주조회사를 설립하였는데 이것이 현재의 히타치日立금속이다. 후일에는 히타치제작소, 닛산日産자동차뿐 아니라 화학과 광업회사까지 추가하여 당시의 '닛산'日本産業집단은 이미 신흥재벌의 반열에까지 올랐다.

아이카와는 만주를 아주 잘 알고 있었다. 당시 만철 총재인 마쓰오카 요스케는 아이카와의 친척이었는데, 그는 일관되게 만철의 효율이 너무 낮다고 생각하였다. 그래서 그는 만철의 효율을 높이려 아이카와를 고문으로 초빙하였다.

그러나 아이카와는 만철에 대한 자체 조사를 실시한 후 마쓰오카에게 고문의 자리를 사절하였다. 아이카와는 마쓰오카에게 만철의 문제는 국영기업체제에서 비롯된 것이며, 만약 절반에 해당하는 인원을 감축할 수 있다면 효율성은 자연히 제고될 것이지만 인원 감축이 법에 금지돼 있으니 현재로서는 방법이 없다고 설명하였다.

아이카와는 당연히 이시와라가 누구인지 잘 알고 있었다. 그는 이시와라가 틀림없이 만철의 경영문제로 찾아온 것이라고 추측하였다. 그러나 이시와라가 찾아온 목적을 이야기하자 아이카와는 깜짝 놀라지 않을 수 없었다. 이시와라는 아이카와에게, "관동군의 장비 중에서 가장 낙후된 것이 자동차인데, 귀하께서 닛산자동차회사를 만주로 이전해주시기 바랍니다"라고 단도직입적으로 요구하였다.

이시와라를 비롯한 관동군 참모들은 재벌과 기득권에 대해 변화를 추구하는 젊은 청년들과 같은 이상주의적인 태도를 견지하였지만, 그러나 그러한 이상주의만 가지고는 현실적으로 일을 추진할 수 없음을 깨달았다. 재벌들의 지지가 없이는 만주를 발전시키는 것이 공염불에 그칠 것이라고 호시노와 시이나가 주장하였지만, 관동군으로서는 이미 스스로 공언한 바가 있었기에 체면상 바로 정책을 바꿀 수 없었다.

이에 기시는 그러면 '미쓰비시 미쓰이'의 돈은 쓰지 않더라도 '미쓰비시 미쓰이'의 사람을 데리고 오는 절충안을 제시하였다. 지난 청일전쟁과 러일전쟁 때 필요한 돈은 모두 빌려서 조달할 수 있었지만 사람은 빌릴 수가 없었기 때문이었다.

그러나 관동군이 계속 차일피일하면서 이 안을 받아들이지 않자, 기시는 대신 아이카와를 만나보는 방안을 제시하였다. 우선 '닛산'은 아직 재벌이라고 볼 수 없을 뿐 아니라 '미쓰비시 미쓰이'와는 달리 그 창업자 아이카와가 가난한 학생 출신이라는 점, 그리고 제국대학이나 육군사관학교나 모두 천왕 폐하의 학생 출신이기는 마찬가지라는 점을 강조했다. 그리고 '미쓰비시 미쓰이'가 만주에 진출하면 틀림없이 현지의 만철과 이익충돌이 발생하지만 아이카와와 마쓰오카는 친척 사이인 만큼 기시가 그 관계를 이용하여 거중 조정을 할 수 있다는 논리를 폈다.

관동군은 마침내 기시의 이 건의를 받아들였다. 그들이 가장 중시한 것은 '닛산'이 자동차를 생산한다는 점이었다. 광활한 만주 대평원에서 가장 문제가 되는 점이 자동차여서 이시와라에게는 자동차산업이 가장 중요하였다. 눠먼한 전투 시, 관동군은 자동차가 없는 고통을 뼈저리게 경험하였다. 그래서 이시와라는 관동군을 대표하여 아이카와를 방문한 것이었다.

아이카와도 만주 진출이 여러 가지로 이익이 되므로 이 제의를 거절하지 않았다. 관동군이 진짜로 기타 재벌들을 만주에서 배제한다면 그는 문자 그대로 만주의 독점재벌로서 만철의 마쓰오카와의 관계만 잘 설정하면 되었다. 게다가 마쓰오카는 그의 친척이 아닌가?

하지만 만주로 가기 위해서는 막대한 자금이 필요했다. 닛산그룹 전체를 이전하기 위해서는 엄청난 비용이 소요되었지만 이제 막 자본주의에 진입한 일본으로서는 그러한 자금을 조달할 수가 없었다. 미국에서 생활한 경험이 있는 아이카와가 착안한 것은 미국의 자금을 끌어들이는 것이었다.

일본인들로서는 자금을 빌리는 것은 그리 특별한 일은 아니었다. 러일전쟁이 바로 외국으로부터 자금을 빌려 치른 전쟁이었다. 그러나 경제건설을 위해 자금을 빌리는 것은 처음이었고, 더구나 이번에는 대장성의 도움을 기대할 수가 없었다. 그리고 소련을 제외하고는 아무도 만주국을 외교적으로 승인하지 않고 있는데 대체 어떻게 자금을 조달한단 말인가?

자금 조달을 위해서는 당연히 담보가 필수적이었다. 아이카와는 만주의 자원을 담보로 미국으로부터 자금을 빌리려 하였다. 그는 심지어 '복어계획'이라는 기상천외한 아이디어를 제안하였는데, 이 계획의 핵심은 수천 내지 수만 명의 유태인을 만주국에 이주하도록 유치한다는 것이었다. 이렇게 함으로써 그 자체로 경제적 이익을 볼 수 있을 뿐 아니라 미국, 특히 미국 유태인들의 환심을 사서 그들로 하여금 만주국에 투자하도록 유도한다는 구상이었다. 당시 독일에는 반유태주의 사조가 팽배하였고 미국 정계와 재계에는 유태인들이 강력한 세력을 형성하고 있었다.

1934년 아이카와는 '5만 독일유태인의 만주 이주계획에 관해서'라는 논문을 발표하였다. 이 논문에서 그는 5만 독일 유태인을 받아들임으로써 미국과 유태인의 자금을 유치하고 만주개발의 명목으로 만주를 소련에 대한 방어 근거지로 만든다는 계획을 제의하였다. 이 계획은 어느 정도 가능성이 있었기 때문에 군부도 이 계획을 지지하였다. 마지막으로는 일본정부도 1938년 12월의 5상(수상, 외상, 장상, 육상 및 해상) 회의에서 이 방안을 통과시키고, '유태인 대책요강의 결정'이라는 것을 제정하여 이 방안을 추진하려 하였다.

전후에 기시 노부스케, 호시노 나오키, 가야 오키노리 등 3인은 약속이나 한 듯이 회고록에서 이 문제를 언급하면서 "만약 당시 미국의 자금이 만주에 들어왔다면 그래도 일본이 태평양전쟁에 뛰어들었을까?"라고 아쉬워하였다.

그러나 이 문제와 상관없이 이 계획은 결과적으로 실현되지 못하였다.

미국 자금 도입 무산되다

엘리트 관료들과 신흥재벌의 부단한 교육의 결과 관동군의 군인들도 차츰 "아무리 뛰어난 주부라도 쌀이 없으면 밥을 짓지 못한다"는 도리를 이해하게 되었다. 특히 그 '쌀'은 그들의 군량미와 달리 완력만을 써서는 구할 수가 없다는 것도 깨달았다. 그러나 그 '쌀'을 어디에서 구해 오든, 심지어 미국에서 구해 온다 하더라도 그들은 사실 개의치 않았다. 본래 그들은 미국과 무슨 큰 원한이 있지도 않았기 때문이었다.

그러나 미국으로부터 자금을 도입한다는 생각은 처음부터 격렬한 반대에 부딪쳤다. 아이카와와 기시는 미국의 자본을 끌어들이려 만주의 전체 자원을 담보로 하고, 나아가서 유태인 이민을 받으려 하였기 때문에 이는 곧 매국행위에 해당한다는 비난을 면할 수가 없었다.

이것은 '해리만 사건'의 재판再版이며, 미 제국주의자들이 일본을 망하게 하려는 의도가 여전하다고 보고 결사적으로 반대해야 한다는 의견이 대세를 이루었다. 이른바 '해리만 사건'은 러일전쟁이 끝난 후 미국의 철도왕 에드워드 헨리 해리만이 만주 철도를 매입하려 한 사건인

데, 당시 일본 수상 가쓰라 다로桂太郎와 일부 원로들까지 동의하였으나 마지막에 외상 고무라 쥬타로가 극력 반대하여 무산된 사건이었다.

이번 반대 운동의 막후 지휘는 만철 총재 마쓰오카 요스케였다. 당시의 만주는 아직 제대로 된 산업이 자리 잡지 못하여 기업으로서는 만철과 그에 관련된 몇몇 기업, 그리고 '만탄'滿炭이라 부르는 '만주탄광주식회사' 등밖에 없었다. 만탄은 만주국 성립 후 세워진 국유기업으로 푸순撫順 이외의 만주 석탄 채굴을 관리하는 기업이었다.

만주국 경영에서는 단연 만철이 가장 중요하였다. 그런데 이제 관동군과 관료들이 닛산 그룹을 불러들이려 하자 마쓰오카로서는 기분이 좋지 않았다. 그로서는 아무리 아이카와가 친척이라 하더라도 미국 자본을 들여오려는 이 계획을 무산시켜야 했다.

결과적으로 이 계획은 무산되었지만 마쓰오카 때문만은 아니었다. 당시 '7·7 노구교사건'이 발생하여 중일전쟁이 이미 전면적으로 발발한 상태였기 때문이었다. 호시노는 회고록에 다음과 같이 기록했다.

지나 사변(중일전쟁)은 곧 영미와의 정면충돌을 의미하였다. … 그러니 그때 미국의 자금과 기계 설비를 도입한다는 것은 불가능한 일이었다. … 이 사건은 실로 그냥 지나칠 수 없는 중대한 사건이었다.

이렇게 되자 닛산 그룹은 자력으로 만주로 이전하는 수밖에 없었다. 호시노는 대장대신 가야 오키노리와 상의하여 닛산 그룹에 2억 엔의 자금을 주입하는 계획을 성안하였고 또 만주국이 매년 닛산에게 자본금의 1/6에 상당하는 재정 보조를 제공하기로 하였다. 그러나 이것은 닛산의 이전에 필요한 자금만 해결하는 것이지 '만주개발 5개년 계획'에 들어가는 25억 내지 50억 엔의 자금을 해결하는 것은 아니었다.

아이카와는 닛산이 일본에 남겨두는 기업의 주식을 모두 처분한 자금을 만주로 이전한 후의 닛산에 투입하려 했다. 그러나 갑자기 대량의 주식을 팔려고 하면 매각이 어려울 뿐 아니라 주가 폭락 등 엄청난 문제를 유발할 수가 있었다. 이렇게 되자 가야 오키노리가 나서서 보험회사 하나를 물색하여 우선 닛산과 합자한 후 다시 분가하는 방법을 이용하여 닛산의 주식을 그 보험회사에 이전함으로써 자금을 조달하였다.

이렇게 하여 호시노와 기시, 그리고 가야 오키노리 등 고등문관들의 지지 하에 '만업'滿業이라고 불리는 '만주중공업개발주식회사'가 1937년에 설립되었다. '만업'의 정관에 따르면 '만업'은 만주에서 석탄, 강철, 기계, 항공기와 자동차를 개발하고 제조하는 업무, 즉 철도를 제외한 모든 공업과 광업을 생산하는 독점 국영기업이었다. '만업'이 만주에서 마주친 첫 번째 문제는 어떻게 만탄을 합병하느냐 하는 것이었다.

당시 만탄의 이사장은 이전 관동군 고급 참모 고모토 다이사쿠河本大作였는데 그는 '만업'이 만탄을 합병하는 것에 강력하게 반대하였다. 고모토는 사실 전체 일본 육군의 은인으로, '황구툰'皇姑屯 사건을 일으켜 장쭤린張作霖을 폭사시킴으로써 '9·18 만주사변'으로 가는 길을 터놓은 인물이었다.

그러니 어떻게 고모토를 설득하느냐 하는 것이 가장 큰 문제였다. 이때의 관동군 참모장은 이미 이타가키 세이시로 중장에서 도조 히데키 중장으로 바뀌었는데, 도조는 고모토의 후배여서 고모토에게 함부로 지시를 내릴 수가 없는 처지였다. 도조는 할 수 없이 직접 나서서 고모토에게 부탁하였고 마침내 고모토는 만주를 떠나 '북지나개발주식회사'로 가게 된다.

그 다음 문제는 만철과의 관계였다. 전술한 대로 만철 총재 마쓰오카와 아이카와는 동향의 친척으로 아이카와가 만주에 가기 전까지 두 사람의 관계는 아주 좋은 사이였다. 그러나 아이카와가 만주로 이전하기로 결정한 뒤로는 사이가 좋지 않게 되었다. 아이카와가 만주로 가는 것은 일본 군부와 국가가 모두 지지하였으므로 마쓰오카는 정면으로 반대하지는 못하고 대신 애국 문인들을 동원하여 각종 매체에서 아이카와의 미국 자금 조달계획은 만주의 자원을 미국 '귀축'鬼畜에게 팔아넘기려는 매국행위라고 강력하게 비판하도록 하였다.

그러나 미국 자금을 도입하려는 계획은 그리 오래 지속되지 못하였다. 아이카와 본인은 미국과 합작하겠다는 생각을 끝내버리지 않았지만 다른 사람들은 그것이 실현 불가능한 몽상이라는 것을 곧 깨닫고는 관심을 기울이지 않게 되었다. 이에 마쓰오카도 이 문제는 다시 거론하지 않았다. 그 밖의 소소한 마찰들은 끊임없이 발생하였지만 두 사람의 동향 친척인 기시의 부단한 중재로 큰 문제로 비화되지는 않았다.

마침내 1939년 3월 '만업'이 만주에서 확고부동한 독점기업으로 굳어져 더 이상 저항할 수 없게 되자 마쓰오카는 만주를 떠나 일본으로 귀국하게 된다.

이제 '만업'은 거대한 지주회사로 발전하여 산하에 만탄, 만주경금속, 만주자동차, 만주항공기 등의 기업들이 있었고, 원래 만철 산하였던 '쇼와昭和제강소' ― 현재의 안산鞍山제철공사 ― 도 만업의 산하로 들어가게 되었다. 당시 '만업'의 부총재 중 한 명이 과거 기시 노부스케의 상사였던 상공성 차관 출신의 요시노 신지인 것을 보면 '만업'이 과연 어느 정도로 발전하였는가를 알 수 있다.

'만업'은 관료들의 계획과 지지하에 1937년 설립부터 1945년 폐업까지 중일 전면전쟁 기간 동안 존속하였다. '만업'의 발전은 바로 일본 관료들이 그들의 이상을 실현에 옮긴 과정이라고 볼 수 있다. 그래서 아직도 일본에서는 "만주국은 하나의 실패한 실험이면서 또한 성공한 실험이기도 하다"고 말하는 원인이 거기 있다.

만업 - 만주중공업개발주식회사

'만업'은 시작부터 여러 난관에 봉착하였다. 호시노가 말하였듯이 만업이 설립될 때 이미 중일전쟁이 전면적으로 발발하여 사실상 미·일이 이미 정면충돌을 시작한 셈이었다. 그 결과 미국 자금의 도입이 물거품이 된 것은 물론, 미국의 기계와 기술을 도입하는 것도 적지 않은 문제를 야기하였다.

'닛산'이 만주로 이전한 첫 번째 목적은 자동차 제조였지만 결국 단한 대도 생산하지 못하였던 주요한 이유는 자동차 제조에 필요한 기계 설비의 부족 때문이었다.

만업 설립 후인 1939년, 아이카와는 아사하라 겐시치淺原源七를 기계 설비 구매 차 미국에 보냈다. 이때 만주국은 아사하라에게 1,500만 달러를 구입대금으로 지급할 것을 약속하였다. 그러나 일본이 중국에 대한 침략전쟁을 자행한 것에 대한 미국정부의 비난과 특히 일본 육군이 중국의 수도 난징에서 저지른 잔혹행위 때문에 일반 미국인들의 일본인에 대한 감정이 극도로 좋지 않은 상황 때문에 아사하라는 설비 구매에 상당한 어려움을 겪었다.

게다가 국제정세 또한 급변하였다. 즉, 독일이 폴란드 침공을 개시하여 유럽이 전쟁의 소용돌이에 휩싸이게 되자 기계 설비는 품귀현상을 나타내 가격이 급등하였고, 설상가상으로 만주의 특산품인 대두大豆는 판로가 막혀 만주국은 본래 약속하였던 1,500만 달러를 지원할 수 없게 되었다.

그런데 이때 포드자동차가 생산계획의 임시변동 때문에 이미 구매하였던 라이커밍 엔진회사의 설비를 시장에 되팔려고 내놓았다. 당시 라이커밍 엔진회사는 세계 제일의 자동차 제조설비 회사였다. 이 설비들이야말로 '닛산'이 꿈에도 그리워하던 바로 그 설비들이었다. 그러나 정작 문제는 닛산에 돈이 없다는 점이었다.

그러나 다행스럽게도 일본 육군이 나서서 미국에 예치되었던 300만 달러를 닛산에게 제공하여 그 설비를 구입하도록 하게 된다. 일본 육군은 이 돈을 조속히 사용하지 않으면 곧 미국정부에 의해 동결될 위험이 있다는 것을 간파하였기에 선뜻 이 돈을 제공했다.

이에 닛산은 시장가격의 1/3 가격으로 이 설비를 구매하게 된다. 그러나 이 설비는 결과적으로 만주로 가지 못한다. 왜냐하면 이 설비가 요코하마에 도착했을 때는 이미 1940년 말이었는데, 이때 미·일 양국 관계는 벌써 긴장국면에 접어들어 만주에 자동차 공장을 짓는 것이 비현실적인 사정이 되어버렸기 때문이었다.

결국 이 설비는 닛산자동차의 요시와라吉原 공장으로 간다. 이 요시와라는 후일 후지富士 공장으로 이름을 바꾸는데 닛산자동차의 엔진 생산기지가 된다. 현재 이 공장은 JATCO주식회사로 바뀌어 자동차용 자동변속기와 무급변속기를 생산하는 세계 최대기업이 되었다.

자동차 제작은 이제 물 건너갔고, 그러면 이제 항공기는? 당연히 가망이 없었다. 사실 아이카와는 만주에 대해 아주 특이한 생각을 가지고 있었다. 그는 만주의 비옥한 땅에 농기계를 도입한 후 미국식 대농업大農業 방식을 사용하여 농작물의 수확량을 4배 이상 증가시켜서 유럽시장에 수출하려는 구상을 가졌다. 그래서 아이카와는 직접 독일에 가서 농기계 구입과 농산물 수출 건을 상의한 후 귀로에 소련을 방문하여 미코얀과 몰로토프를 만나 시베리아철도를 이용한 물자 운송 문제에 대해 기본적으로 합의를 보았다.

그러나 이 소식을 들은 이시와라 간지가 그를 찾아 왔다. 이시와라는 대소련 작전을 위해 향후 20년 내 일본으로부터 만주로 1백만 호, 즉 5백만 명을 이민시킬 계획이라 귀띔했다. 그래서 만주의 토지는 이 계획에 따라 세분화해야 하며 이시카와의 미국식 대농업은 작전방침에 위배되므로 허용할 수 없다는 것이었다. 이시카와는 눈물을 머금고 이 구상을 접을 수밖에 없었다.

그러나 이러한 실패에도 불구하고 기시와 호시노가 주도하였던 산업입국의 실험은 적지 않은 성공사례를 남기기도 하였다. 특히 철강과 전력 방면이 주로 그러하였다. 만주의 철강산업으로는 러일전쟁 후 얼마 지나지 않아 건설한 '번시후매철공사'本溪湖煤鐵公司의 제철소가 있다. 이 제철소의 생산량은 많지 않았지만 여기서 생산한 생철은 저인低燐 저유황으로 무기생산에 없어서는 안 되는 재료였다.

또한 만철도 안산에 '안산제철소'鞍山製鐵所를 건설하였고 1935년에는 47만 톤의 생철을 생산하였다. 만철은 1927년에 안산제철소를 개조하기 시작하여 1933년 '쇼와제강소'昭和製鋼所로 개명하였고 1938년에는 경영권을 만업에 넘기게 된다. 1942년 쇼와제강소의 강철 생산량은 360만 톤에 달하여 일본 본토의 '야와타제철'八幡製鐵의 생산능력과 막상막하를 이루는 세계 굴지의 대규모 강철기업이 되었다.

그러나 쇼와제강소의 기술개조는 주로 미국의 도움으로 진행되었다. 태평양전쟁 후기 미국이 일본 본토에 대한 전략적 공습을 감행하면서 쇼와제강소에 대해서도 공습을 실시하였다. 쇼와제강소의 상세도면을 가지고 있던 미국은 융단폭격 대신 몇 개의 폭탄만 투하하고도 쇼와제강소를 마비시킬 수가 있었다. 전후 쇼와제강소의 주요 생산시설은 모두 소련이 가져가고 후일 쇼와제강소의 폐허 위에 안산제철소가 건설되어 1994년 바오강寶鋼제철소가 등장하기까지 수십 년간 중국 최대의 철강기업으로 자리하게 된다.

만업의 경영범위는 주로 중공업이었고, 발전과 화학 산업은 달리 진행되었다. 일본에는 수은에 의해 발병하는 '미나마타병'水俣病이라는 공해병이 있는데 이것은 '니혼질소비료'日本窒素肥料라고 하는 회사에서 발생한 것이다. 이 회사의 창업자는 노구치 시타가우野口遵였는데 그는 도쿄제국대학 전기공학과를 나와 탄화칼슘 제조에서 출발하여 나중에는 '닛치쓰'日窒 그룹을 이루어낸 인물이다. 이 그룹은 전후 해체되었는데, 직계인 '치소'窒素주식회사 이외, 현재의 아사히가세이 적수화학공업旭化成積水化學工業이나 신에쓰 화학공업信越化學工業 등 세계적으로 유명한 화학회사가 당시 해체되어 나온 것이니 닛치쓰 그룹의 당시 규모를 능히 짐작할 수 있다.

기술관료의 등장

필자는 《드넓은 대양이 도박장: 일본 해군사》에서 칙임관인 체신성 공무국장 마쓰마에 시게요시松前重義라는 사람에 대해 언급한 바 있다. 도조 히데키의 노여움을 사 졸지에 이등병으로 징병되었던 사람이다. 그는 이 웃지 못할 사건 외에도 일본의 관료 역사에서 아주 유명한 인물이다. 그가 바로 기술관료들의 저항운동을 이끈 사람이기 때문이다.

일본의 관료들은 기본적으로 법률과 경제학을 전공했다. 국가를 건설하는 기초가 경제이니 경제학 출신은 이해가 가지만 왜 법률을 전공한 사람이 대세를 이루는가? 그런데 이것은 일본에만 있는 현상이 아니고, 선진국의 고급관료들도 법률 전공자가 더 많은 것이 현실이다.

중국에서는 스탈린주의의 영향을 오랫동안 받아 국가를 이끄는 주역이 엔지니어나 농업 전문가가 아닌 법률가들이라는 것이 잘 이해가 되지 않을 수 있다. 실제적으로 이는 직업적 습관과 관계가 있다.

엔지니어나 농업 전문가는 무엇이든지 우선 실험을 하고 지켜보는데 반해 법률가는 무슨 일을 하기 위해서 우선 생각하는 것이 바로 입법이다. 법률은 일단 제정되고 나면 폐지하기가 매우 어렵기 때문에 스탈린주의 체계에서 흔히 보이는, '담당자에 따라 달라지는' 현상을 방지할 수 있게 된다. 동일한 법률이 존재하는 한 그 규정대로 해나가면 되므로 선진국에서는 일반적으로 크게 원칙이 흔들리지 않는다.

전전戰前의 경제학은 아직 그다지 발전하지 않아 제국 고등문관은 거의 법학부 출신들이었다. 사실 제국 문관 시스템은 매우 불공평하였다. 예를 들면, 다 같이 제국대학을 나와도 '고문'을 통과한 법학부 졸업생은 공무원이 되면 바로 고등관이 되는데, 공학부나 이학부 또는 농학부 및 의학부 출신들은 공무원이 되어도 '고원'부터 출발한다. 물론 고문고시를 통과하면 달라진다. 그리고 법학부 출신이라고 모두 다 고문고시를 통과할 수 있는 것도 아니었다.

그러면 고원과 고등문관의 차이는 어디에 있는가? 단순히 급여의 차이가 아니라 한평생 같은 사람이 아니라는 데 있다. 우선 고등문관 고시는 매우 공평한 데 반해 고원의 고시나 임용은 성적 이외에 기타 관계가 상당한 영향을 미친다. 특히 임용 후 업무배치 시에는 더욱 그러하다. 만약 지방의 파출소나 기술원으로 출발하면 기사(엔지니어)에 이르기까지 고문 출신보다 여러 해가 늦는다. 그리고 그 후는 더더욱 고원 출신은 큰 희망이 없었다.

고원 출신이 2, 3류급 과장에라도 오르게 되면 그것은 조상 묘를 아주 잘 쓴 덕이라고 본다. 그들은 1류급 과장은 될 수가 없었고 기껏해야 일개 계장이나 실장 정도로 만족해야 했다. 1류급 과장과 같은 그런 관직은 본래 고원출신을 위해 준비해놓은 것이 아니기 때문이었다.

영어에는 "On tap but not on top"(전문가는 실무에 종사하고 리더가 되지 못한다)라는 말이 있는데 이는 바로 기술관료의 대우에서 나온 말이다. 이를 보면 이 문제는 비단 일본에만 있는 것이 아니라 영국과 미국에서도 마찬가지임을 알 수 있다. 이것은 결국 기술자들의 사기를 떨어뜨리게 마련이며, 특히 기술자들이 상대적으로 많은 내무성의 토목과 위생 부문, 철도, 체신, 농림과 상공 등의 성에는 이러한 문제가 더욱 만연하였다.

마쓰마에는 도쿄제대를 거쳐 체신성에 들어갔는데, 당시 전체 체신성에는 전신과장과 전화과장 두 자리만 기술계 고원에게 남아 있었다. 마쓰마에는 그의 선배들이 하루 종일 자기들보다 더 젊은 국장에게 이리저리 불려 다니는 것을 보고 '관료기구의 도구'에 불과한 기술직의 비애를 절감하게 되었다. 이에 그는 다른 성의 기술자들과 연합하여 이른바 '법학과 만능론'을 비판하기 시작하였다.

제1차 대전이 끝난 후의 경제불황으로 정부는 줄곧 군인과 공무원의 감원을 고려하였는데 당시 모든 권한이 법학과 출신들 손에 있었기 때문에 감원 우선 대상은 주로 기술인원들이었다. 이렇게 되자 공학사 기술자들에 의해, "공학사 관료들이 단결하여 기술관료의 지위를 제고하고 처우 개선을 실현하기 위한" 목적의 '쇼와 토목공학사회'라는 조직이 내무성에 생겨났다. 이제 더 이상 함부로 법학과 출신 관료들에 의해 일방적인 감원의 대상이 되지 않겠다는 것이었다.

이 조직은 이후 '6개 성 기술자 협의회'로 발전하여 괄목할 만한 세력을 형성하게 되었다. 이 때문에 마쓰마에 등 몇 명의 주모자들은 심지어 한때 '적화분자'의 혐의로 내무경찰의 감시대상이 되기까지 하였다.

본래 정부라는 조직은 회사와 달리 기술자들이 크게 설 자리가 없는 것이 당연하였다. 어느 성을 막론하고 주요 업무는 큰 방향을 정하는 것이지 구체적으로 기술자들이 없으면 일이 되지 않는 경우는 사실 그렇게 많지 않았다.

그러나 이때 '만주국'이 등장하고 '만주국'이 인원을 대거 필요로 하자 사정은 곧 달라졌다. 통계에 의하면, 1938년 7월까지 만주로 간 내무성 토목계통의 기술자가 이미 1천 명을 넘었다.

이 기술자들은 한 장의 '백지'와도 같은 만주에 오자 일본 본토에 있던 것과는 완전히 다른 느낌을 가지게 되었다. 여기서는 건설을 위한 청사진부터 그려야 했기 때문에 법학부 출신의 엘리트 행정관리들은 이 점에서는 하는 수 없이 기술자들에게 의지할 수밖에 없었다.

기술자들은 본토 관청에서는 자기들이 나설 데가 별로 없는 2등 국민에 불과했지만 이곳 만주에서는 '어떤 일을 추진하는 것이 과연 가능한지 불가능한지 여부'를 우선 판단한 후에야 그 일을 '어떻게 할 것인가'를 상의하게 되니까 기술적 지원에 대한 수요가 본토보다 훨씬 많게 되었다. 이제 전문지식을 갖춘 기술자들이 마침내 그 빛을 보게 되었다.

이렇게 되자 자연히 만주국의 관청에서는 기술관료의 지위가 본토에 비해 상당히 높아졌으며, 이러한 상황은 거꾸로 본토에도 영향을 미치게 되었다.

첫째는 기술자들이 대거 만주국으로 가자 본토 각 부서에 기술자들이 모자라게 되었다. 둘째는 만주국이 기술자를 중시하자 그 풍토가 본토에도 영향을 미쳐 본토에 남아 있는 기술자들도 이제 그전처럼 호락호락하지 않았다. 또 하나는 미국과의 개전이 날이 갈수록 임박함에 따라 본토 관청 기술자들의 지위가 상승하기 시작하였다.

1940년 제 2차 고노에近衛 내각이 성립하자 관료제도의 개혁이 대단히 중요한 과제로 떠올랐는데, 그 개혁의 내용이 바로 어떻게 하면 'Expert'(전문가)를 더 적극적으로 임용할 수 있을까 하는 문제였다.

당시 군부가 모든 분야를 이끌었기 때문에 '전문가 중시'의 운동도 역시 군부가 먼저 나서게 되었다. 일본의 육해군 군관은 거의 모두가 전문적인 기술자였기에 그들과 행정관청의 전문기술자들과는 소통이 비교적 잘 되었던 반면에, 엘리트 법률가 출신 관료들과는 도무지 서로 말이 통하지 않았다. 이 또한 정부부서 내 기술자들의 지위가 올라가는 데 어느 정도 영향을 미쳤다고 볼 수 있다.

1938년에 후생성이 내무성에서 분리되었는데 이는 전문가들이 전체적인 위생 개선을 지도하고, 전사회적 건강 수준을 높일 뿐 아니라 건강보험 제도를 제정해야 할 필요가 있었기 때문이었다. 또한 전쟁이 계속해서 확대됨에 따라 징집되는 장정이 날이 갈수록 많아지자 장정들의 신체검사를 어떻게 할 것인지, 그리고 어떻게 하면 더 많은 장정들을 신체검사에서 합격시킬 수 있을지 하는 것이 점점 더 큰 문제로 대두되었다.

다른 분야와 마찬가지로 20세기의 모든 변혁의 배후에는 모두 마르크스주의가 영향을 미치고 있다. 고노에 내각의 관료제도 개혁의 중심인물이었던 가자미 아키라風見章는 고노에 내각에서 서기관장과 사법대신을 역임했는데, 그는 1925년 경, '마르크스주의의 과학성'이 그를 교육시켰다고 공개적으로 언명하기도 하였다. 따라서 '기술자의 지위 향상' 문제는 본래 과학을 존중하는 문제가 되었다.

기술관료의 지위는 확실히 향상되었다. 이제 과장뿐이 아니라 국장도 가능하였다. 일례로 마쓰마에가 도조에게 밉보여 장정으로 징집될 때 이미 그는 국장의 자리에 있었던 것은 전술한 바와 같다. 1941년이 되자 기술관료 출신의 미야모토 다케노스케宮本武之輔는 심지어 기획원 차장에까지 오른다. 기술관료들이 마침내 자신을 억누르던 굴레에서 벗어나게 되었다.

'전력국가관리법'

당시의 '만주국'은 여러 풍조에서 오히려 본토를 앞서가고 있었다. 정치적으로는 마치 일본 본토가 '만주국'을 지휘하는 것 같았지만 실제는 여러 풍조와 의식 그리고 적지 않은 면에서 '만주국'이 반대로 본토에 영향을 미치고 있었다. '전력 국영화'가 바로 그러한 경우이다.

일본 최초의 전력회사인 '도쿄 전등'은 1882년에 설립되어 1887년부터 전력을 공급하기 시작하였다. 그 후 각종 화력, 수력 전력회사가 우후죽순처럼 설립되어 전체적으로 관리하기 어려울 정도로 매우 혼란스러웠다. 가장 유명한 예가 일본 한 나라에 놀랍게도 두 개의 주파수가 존재한다는 것이다. 도쿄 중심의 간토지구는 유럽에서 도입한 50헤르츠 시스템이고, 오사카를 중심으로 한 간사이지구는 미국에서 도입한 60헤르츠 시스템이다. 전력과 같이 중요한 국가 기간산업에 대해 국가가 어느 정도 간여해야 하는 것이 너무도 당연하지만 당시의 전력산업은 막 시작하여 이제 곧 발전하려 하는 산업이었기에, 국가의 전력산업에 대한 간여와 관리는 매우 신중할 수밖에 없었다. 즉, 관리라고 해야

기껏 전기안전 방면의 표준을 정하고 수력발전에 대해 국가가 승인하는 정도에 불과하였다. 두 가지 주파수 문제를 해결하기 위해서는 천문학적 비용이 들어가기 때문에 아무도 선뜻 나서려 하지 않았다. 그런데 일본이 자랑하는 야마토大和 전함을 건조하는 비용이 1억 3천만 엔인 데 비해, 두 가지 주파수 문제를 해결하는 데는 대략 5천만 엔이 필요한 것으로 추산되었다.

그러나 혁신관료들이 착안한 것은 이런 기술적인 문제가 아니라 다수의 중소 규모 전력기업이 가져온 중복투자와 효율의 저하 문제였다. 그들이 제시한 해결방안은 놀랍게도 민영기업을 국영으로 전환하자는 것이었다.

1938년경 일본 전력산업의 총자본은 이미 전체 산업자본의 25%에 달하는 49억 엔에 달하였다. 그런데 전력회사의 총수는 830개가 넘었을 뿐 아니라 통일된 기술규격도 없고 과금표준도 제각각이었으며 서비스 수준도 제멋대로에 정전은 다반사였다. 따라서 전력산업을 발전시키고 서비스의 품질을 제고하는 것은 일상생활뿐 아니라 공업생산의 발전에 핵심적인 문제였다. 바로 이러한 때 '전력산업 국유화'의 발상이 나온다.

이런 제안을 한 사람은 오쿠무라 기와오奧村喜和男였다. 그는 후쿠오카福岡현 기타큐슈北九州시 신문판매상의 아들로, 천재는 아니었지만 대학 2학년 때 고문고시를 통과한 노력형 수재였다. 졸업 후 그는 우정, 전화, 전보, 항공, 전기 등을 관장하는 체신성에 들어갔다.

오쿠무라는 재학 시 고문고시를 통과했는데도 어찌 된 일인지 — 아마 성적이 별로 좋지 않았던지 — 보결 형식으로 가까스로 체신성에 들어갔다. 동기생 23명 중에서 남들은 모두 성 본부에 남았는데 오쿠무라만 히로시마 체신국으로 발령받았다. 다른 사람들 같으면 자포자기할 수도 있는 상황이었지만 오쿠무라는 전혀 개의치 않고 히로시마의 생활을 나름대로 즐기면서 〈우정법 해설〉이라는 소책자를 편집하였다. 그런데 후일 어떤 사람이 이 책자를 보고는 그를 높이 평가했다. 그 책자는 고객들의 문의에 답변하는 데 유용할 뿐 아니라 체신성 직원 교육교재로 사용될 수도 있었다. 이에 오쿠무라는 3년 후 성 본부로 발령받아 무선과에서 시작하여 기획과장에까지 오른다.

그런데 1935년 군부의 지지하에 '내각 조사국'이라는 조직이 생겼다. 국장은 요시다 시게루였지만 실제로는 후일 A급 전범이 되는 스즈키 데이이치가 이끄는 조직이었다. 이 조사국은 후일 '기획청'을 거쳐 '기획원'으로 발전하게 된다. 이 요시다는 자민당의 전 총리 아소 다로麻生太郎의 외조부인 요시다 시게루가 아닌 동명이인이다.

내각 조사국의 임무는 어떻게 전시경제를 운용해야 하는가를 조사하는 것이다. 내각 조사국은 각 성의 중심적인 혁신관료들로 이루어졌는데 오쿠무라 역시 여기에 참가하게 되었다. 오쿠무라는 전력산업의 문제를 해결하기 위해서는 전체 전력산업을 국유화하는 길밖에 없다고 생각하였다. 그러나 일본정부로서는 돈이 모자라 유상몰수의 방법을 취할 수는 없었다. 그러나 한편으로는 전쟁을 준비하기 위해서는 전력문제를 해결하지 않을 수 없었다.

오쿠무라는 '소유권과 경영권의 분리'라는 해결책을 제시하였다. 즉, 소유권은 불변이지만 대형 국영기업이 발전과 전력공급을 총괄하여 관장하는 이른바 '민간 소유, 국가 경영'의 형태를 제안한 것이다. 이 방안의 중심논리는 사실 "이 물건은 분명히 당신 것이지만 사용은 내가 한다"는 어처구니없는 논리였다.

오쿠무라는 친정인 체신성의 다노모기賴母木 대신을 설득하여 1937년 1월 이 황당한 제안을 내각회의에 상정하였다. 당시 히로다廣田 내각은 이 방안이 상정된 지 며칠 지나지 않아 붕괴되고 말아 이 '민간 소유, 국가 경영'의 법안은 그냥 흐지부지되었다. 다들 이 괴상한 아이디어를 그저 웃고 넘겼을 뿐 아니라 오쿠무라 본인도 해외출장을 떠나 이 일은 거의 끝난 상태가 되었다.

하지만 오쿠무라는 이에 대한 집념을 버리지 않았다. 게다가 그가 출장간 곳은 독일이었는데 독일에 머문 반년 동안 그는 히틀러의 충실한 신도가 되었다. 그가 귀국하자 바로 1937년 '7·7 노구교사건'으로 중일전면전이 발발하였다. 이에 오쿠무라는 모든 것이 전시경제 위주라는 호기를 포착하여 거의 사장되었던 전력국가관리 계획을 다시 추진하게 된다.

본래 전력산업은 전국 산업의 1/4을 차지하는 산업인지라 단순히 몇몇 자본가들의 이익뿐 아니라 각 정당들의 이익도 같이 걸려 있었다. 당연히 이 방안은 강력한 저항에 부딪치게 되고, 심지어 당시 일본 최대 전력기업인 도호東邦전력 사장 마쓰나가 야스자에몬松永安左エ門은 화가 나서 이 방안을 만든 관료들을 '인간쓰레기'라고 비난하였다.

그러나 오쿠무라의 배후에는 군부가 있었다. 스즈키가 직접 마쓰나가를 찾아가, "관료는 천왕폐하를 대표하는 '천왕의 관리'인데 관료를 인간쓰레기라고 욕하는 것은 천왕폐하에 대한 불경"이라고 반박하였다. 뿐만 아니라 마쓰나가의 이름이 이미 군부의 살생부에 등록되어 있다고 겁을 주어 그를 진정시켰다.

마침내 1938년 3월 '전력국가관리법'과 '국가총동원법'이 의회를 통과

하였고, 다음 해 4월에는 '일본발송전주식회사'라는 거대 국유기업이
탄생되어 전력산업의 구조조정을 시작하였다. 이 기업은 일본 전역을 9
개 지역으로 분할하여 관할하였는데 이것이 현재 오키나와를 제외한 일
본의 홋카이도北海道, 도호쿠東北, 도쿄東京, 호쿠리쿠北陸, 추부中部,
간사이關西, 시코쿠四國, 츄고쿠中國, 규슈九州의 9대 전력회사이다.

　이야기가 나온 김에 한마디 더하자면, 필자의 《대본영의 참모들》에
서 언급하였던 A급 전범 사토 겐료의 "입 닥쳐!"默れ 사건은 의회에서
바로 이 '전력국가관리법'과 '국가총동원법'을 토의하던 때 발생한 사건
이다.

정치상의 진보 요구

혁신관료들과 군부의 결탁은 행정관리와 경제건설 분야뿐만 아니라 정치 분야에도 이어졌다. 예를 들면, 직접 관련된 사람들을 제외하고는 '전력국가관리법'은 알아도 이를 추진한 오쿠무라를 아는 사람은 거의 없었다. 그가 유명해진 것은 1941년 12월 8일 저녁 NHK의 이른바 '만세방송' 사건 때문이었다.

당시 오쿠무라는 내각 정보국 차장이었는데, 그가 생각하기에 일왕의 선전조서가 그다지 강력하지 않고 오히려 연약하다고 판단, 직접 NHK에 출연하여 영국과 미국의 백인들이 일본과 아시아에서 지난 30년간 저지른 죄상을 일일이 열거한 후 목소리를 높여, "일본 국민은 절대로 구차하게 목숨을 구걸하지 않는다. 신성한 우리 일본은 절대 멸망하지 않을 것이다. 영국과 미국, 두려울 것이 없다. 우리는 진격하고 또 진격할 것이다. 감히 우리를 막는 자, 우리는 그저 그들을 쳐부술 것이다"라고 고함을 지른 후, 연설의 말미에 이미 쉰 목소리로 "천왕폐하 만세! 제국 육해군 만세! 대일본제국 만세!"라고 크게 외쳤다. 이것이 바로 '만세방송' 사건이다. 그러나 다음 날 조간신문에 나온 연설문에는 이 만세삼창이 없었다. 원래 이것은 그가 방송 현장에서 즉흥적으로 덧붙인 것이었기 때문이었다.

정보국장은 외상이 겸임하였기 때문에 정보국은 사실상 오쿠무라의 천하였다. 그는 차관회의에서 다른 차관들에게 영·미에 대한 적개심을 고취시키라고 역설하기도 하였다. 그가 〈아사히朝日신문〉에 어느 인사가 "영미의 전투력을 과소평가해서는 안 된다"는 주장을 하자 직접 〈아사히신문〉에 전화를 걸어 다시 인쇄할 것을 명령하였는가 하면, 정보국 자체 발행의 〈주보〉에 '패전 후 미국인의 생활', '영·미 죄악사' 등의 글을 연재하기도 하였다. 그러나 아이러니하게도 그가 이렇게 한창 열을 올리는 시기에 일본 해군이 미드웨이 섬 전투에서 대패하게 된다.

한편 내무성의 경찰과 특별고등경찰(특고)도 이 시기 육군과 협력하기 시작한다. 원래는 내무성 경찰과 육군은 물과 불 같아서 절대 서로 협력하지 않았다. 1933년 오사카 경찰이 빨간 신호등을 위반한 사병을 체포하자 이를 구원하러 온 헌병과 싸우게 된 일이 있었다. 한편은 '폐하의 군인'이고 다른 한편은 '폐하의 경찰관'이라 쌍방 모두 양보하지 않았다. 이것이 그 유명한 '오사카 교통신호 사건'이다.

그러나 후일 육군 나가노中野학교의 창시자이며 유명한 특무인 이와쿠로 히데오岩畔豪雄 대좌가 육군성 군무과장이 된 후 육군과 내무성의 관계가 좋아지기 시작하였다. 군국주의 시대의 일본은 데모대의 시위를 강력히 금지하였지만, 1939년 영국과의 관계가 악화되기 시작한 후 영국 대사관 앞에는 늘 '반영 시위'가 끊이지 않았다. 시위대는 육군이 데려온 것이었고 내무성의 경보국警保局은 이들과 협조하여 특정시간에는 '데모시위금지'의 법규를 집행하지 않았던 것이다. 소문에 의하면, 당시 이와쿠로 대좌의 교제비가 특히 많았는데 주로 요정에서 내무성 사람들을 접대한 비용이었다.

그러나 내무성 관료들이 단지 육군의 접대를 받았기 때문에 그렇게 한 것은 결코 아니었다. 그들 역시 다른 정부부처처럼 군부에 동조하는 일단의 혁신관료들이 있었고 그 지도자는 바로 간타로菅太郎였다.

이 간타로는 특이하게도 육군 유년학교에 다닌 경력이 있다. 당시 유년학교에서는 학생들 중에 체벌로 뺨을 맞고 고막이 터져 퇴학할 수밖에 없는 학생들이 있었는데 간타로도 그중 한 명이었다. 간타로는 유년학교 퇴학 후에도 도쿄제대에 입학하였고 고문고시도 합격하여 들어가기 어려운 내무성에 들어간 인물이었다.

간타로는 육군 유년학교를 다녔던 것 이외에도 공산당에도 가입한적이 있는 보기 드문 경력의 소유자였다. 그는 후일 일본 공산당 총서기가 된 동기생 미야모토 겐지宮本顯治의 소개로 먼저 마르크스주의 연구회에 참가하였다가 후일에는 아예 공산당에 가입까지 하였다. 그러나 도쿄제대 진학 후에는 조직과의 관계를 단절하고 고문고시에 몰입하게 된다.

간타로는 1928년 내무성 경보국에 들어간 후 이어서 3년간 베를린에 파견되었다. 일본은 1890년부터 고등경찰이 정치사건을 전담하다가 1911년 사회주의자 고토쿠 슈스이幸德秋水가 일왕을 암살하려 한 이른바 '대역사건' 이후 경시청 산하에 다시 특별고등경찰과를 신설하여 사회주의자와 무정부주의자를 전담하도록 하였다. 그러나 오늘날 전문가들은 대체로 '대역사건'은 실제로는 당시의 자유주의 신문 풍조를 공격하기 위해 야마가타 아리토모가 조작한 것이었다고 본다.

언론인이었던 고토쿠가 〈요로즈쵸호〉萬朝報 신문을 통해 '의화단義和團 사건' 때 일본 육군이 청나라 황실의 은화 120만 량을 착복한 사건을 폭로한 결과 베이징에 출병하였던 제9여단장 마나베 아키라眞鍋斌 소장이 휴직처분을 받은 것에 대해 육군의 거두 야마가타 아리토모의 분노를 산 것이다.

1922년 일본 공산당 창당 후에는 특고경찰이 공산당을 전담하게 되었다. 내무성은 '국제공산주의 운동'에 관한 정보를 수집하려고 베를린, 런던, 베이징, 하얼빈 등에 전문가를 파견하였는데 내무성에 막 들어온 신입들을 조수로 함께 파견하였다.

내무성은 공산당을 상대하는 데는 사상경찰이 일반 형사경찰보다 낫다고 판단하였다. 더구나 간타로와 같이 공산주의와 공산당에 대해 어느 정도 이해하는 고문조 출신의 관료야말로 이러한 사상경찰에 가장 적합한 인물이었던 것이다.

간타로는 과연 기대를 저버리지 않았다. 1934년 간타로는 '사상문제 강습회'라는 모임을 주도하였는데, 그는 좌익에 대한 3대 대책, 곧 사회개선, 전향유도 및 단속강화 중에서, 단속강화가 가장 강력해보이지만 실제로는 가장 효과가 없으며, 그 다음 사회개선은 근본적으로 문제를 해결할 수 있는 방법이지만 시간이 너무 오래 걸리므로 현재로서는 전향을 유도하는 것이 가장 효과적이라고 주장하였다.

그는 또 경찰이 통상 전향자에 대해 진심으로 전향한 것인지 아니면 위장 전향한 것인지 의심하는 것에 대해서도 그럴 필요가 없다고 직설적으로 강조하였다. 인간은 누구나 권세에 가까이하려는 본능이 있게 마련이며, 위장으로 전향하였던 사람도 끝에 가서는 당국과 진정으로 협력할 수 있기 때문에 무엇보다도 우선 전향자를 환영하는 것이 매우 중요하다는 것이었다.

간타로의 좌익대책은 내무성의 승인을 받아 커다란 효과를 보았다. 일본 공산당사에 관한 서적을 보면 특고경찰이 실행하였던 전향정책에 대해 크게 반발했는데 특히 공산당 위원장 사노 마나부와 서기장 다나카 교하라田中淸玄의 전향은 일본 공산당에게 실로 커다란 타격이었다. 이렇게 되자 중일전쟁의 시발점인 노구교사건 이후 일본 공산당은 일본 본토에서 이미 더 이상 활동을 벌일 수가 없게 되었다.

1937년 이후 간타로는 다시 '만주국'으로 가서 '반만주국 항일분자 소탕'을 담당하였다. 항일세력을 단속하는 동시 그는 머리를 박박 깎은 젊은 관료들을 대동하여 만주국의 일본인 중 이른바 자유주의 분자와 민주주의 분자를 단속하였다. 간타로는 '적화의 마수는 자유주의자와 민주주의자와 협력한다'고 생각하였기 때문이었다.

좌익관료

1941년 태평양전쟁이 시작되자 간타로는 기획원으로 귀임하였다. 그러나 돌아와 보니 기획원뿐 아니라 일본정부의 각 중앙부처가 이미 그가 떠나던 때와 완전히 달라져 있었다. 간타로와 같은 관료가 속한 이른바 '의식형태파'는 전문성보다는 투쟁을 일삼는 부류였는데 이제 이런 부류의 관료는 더 이상 환영을 받지 못하였다. 이제 각 부처에는 실무관료의 발언권이 갈수록 세지는 반면 의식형태파는 할 줄 아는 것은 없고 목소리만 높인다고 경원시되어 찬밥신세였다.

이렇게 되자 간타로도 사직하는 수밖에 없었다. 그는 '일국일당제'라는 그의 이론을 가장 잘 실현할 수 있다고 생각한 다이세이요쿠산카이大政翼贊會 산하의 요쿠산翼贊청년단에 들어가 이사의 직을 맡았다.

간타로는 한때 '혁신관료 3인방'의 한 명(다른 두 사람은 모리 히데오토毛里英於菟와 오쿠무라 기와오였다) 이었고, 전후 중의원을 20년 넘게 지내기도 하고 경제기획청 차관까지 지냈지만 그의 명예롭지 못한 과거 때문에 그는 거의 무명의 신세를 면하지 못하였다. 당시 '적색분자 체포'에 너무 몰입한 나머지 적을 너무도 많이 만들었을 뿐 아니라 그가 '적색분자'라고 체포하였던 사람 중에는 '적화'와는 전혀 관련 없는 건실한 제국관료가 적지 않았었다.

하지만 간타로가 그들을 '적색분자'라고 체포한 것이 어느 정도 이해가 가지 않는 것은 아니었다. 왜냐하면 혁신관료들의 경제에 관한 주장 중에는 확실히 다분히 적화의 혐의가 있는 것들이 적지 않았기 때문이다.

1940년 10월에 '기획원 사건'이 발생하자 와다 히로오和田博雄 등 십수 명의 고등문관들이 '치안유지법 위반' 혐의로 체포되었다. 이번에 체포된 고등관들은 모두 '경제신체제확립 요강'을 제정하는 데 참여한 사람들이었다. 이 요강은 육군의 스즈키 데이이치 대좌와 아키나가 쓰키조 대좌의 지지하에 만든 것이었다.

이 요강은 실제로 육군의 경제운용에 대한 요구를 반영한 것인데, 요강은 '자본과 경영의 분리'를 목표로 "기업은 반드시 자본의 지배로부터 벗어나야 하며, 또 이윤을 추구해서는 안 되고, 국민 생산공동체의 일원으로서 국가를 위해 생산량과 품질을 확보해야 한다"고 명확히 규정하고 있다. 이러한 목적을 달성하기 위하여 중요기업의 경영자는 반드시 공공의 자격을 가져야 하며, 그리고 국가를 위해 복무하는 가장 효율적인 국민 경제조직인 '국민 생산협동체'를 확립해야 한다고 규정하고 있다. 그리고 이 조직은 정부와 긴밀히 연계된 공익법인으로서, 강력한 '중앙경제본부'의 지휘를 받도록 되어 있었다.

재계는 당연히 이를 받아들일 수 없었다. 상공대신 고바야시 이치조 小林一三를 대표로 한 재벌세력은 강렬한 반격을 개시하여 1940년 11월부터 관료 중의 '적색분자'를 거명하며 비난하기 시작하였고 적지 않은 대신들이 이를 지지하였다. 마지막에는 우익조직의 도야마 미쓰루頭山

滿와 군부 황도파의 아라키 사다오荒木貞夫 등이 모두 나서서 연명으로 고노에 후미마로 수상에게 상소하였다.

그들은 "관료들의 계획경제는 공산당의 신조와 동일하여, 국민의 전통정신을 파괴하고 경제생활을 혼란시켜서 소련의 전철을 밟으려 한다"고 주장하였다. 이렇게 되자 반대세력이 다수를 점하게 되었고, 결과적으로 '경제신체제확립요강' 제정에 참여했던 고등관들은 그만 '적색분자'가 되고 만 것이다.

특고경찰에 체포된 고등관들은 실제로 '적색분자'와 아무런 관련이 없었기에 당연히 억울하였다. 반공으로 유명한 상공차관 기시 노부스케는 이번 사건에 화가 나서 사표를 던지기까지 하였다. 사실 그들은 '적색분자'는 아니었다. 그러나 기시가 그들을 위해 변호하기는 했지만 그다지 설득력이 있지는 않았다. 왜냐하면, 체포된 고등관 중에는 대부분이 '학생시대 사회주의에 심취했던' 전과가 있었기 때문이었다. 그러나 만약 이것이 특고경찰이 그들을 체포하는 이유라면 당시 일본의 젊은 관료들은 대부분 체포되어야 할 지경이었다.

이 '기획원 사건'은 실상 특고경찰이 조작한 것이었다. 게다가 이들이 모두 고등관이어서 함부로 대할 수도 없어 단지 가두어두기만 하고 어떠한 가혹행위도 없었다. 이들은 전후 1945년 9월에야 무죄로 석방되었는데 석방 후 이들은 다시 일본의 전후 부흥운동에 매진한다.

이들 관료들이 생각한 것은 단지 국가사회주의 또는 국가자본주의 경제구조일 뿐 '적색분자'와는 아무런 관련이 없었다. 그리고 이들 '통제파 경제관료'라고 불리는 혁신관료들의 생각은 완전한 공상이 아니라 호시노와 기시가 이미 '만주국'에서 시행하였거나 시행하는 정책들이었다. 그들은 단지 이러한 정책들을 일본 본토에 들여오려 한 것뿐이었다. 중요한 점은, 호시노와 기시가 '만주국'에서 시행한 것들은 모두 통치자인 관동군의 지지를 받았다는 점이다. 이를 국내에서 시행하려 할때 황도파 군인들과 재벌들의 반대에 부딪치는 것은 당연했다.

도조 히데키가 관동군 참모장이 된 후 이 관료들은 그야말로 물을 만난 고기와 같이 만주국에서 적극적으로 자신들의 정책을 시행하였다. 참모장이 바뀔 때 기시 노부스케를 비롯한 관료들은 새로 온 참모장이 이전 이타가키 참모장과 자기들 사이의 약정을 지키지 않고 경제업무에 간섭하지 않을까 다소 걱정하였지만 신임 참모장 도조는 그들의 기대를 전혀 저버리지 않았다. 기시는 회고록에서 '도조는 본래 군인이 될 사람이 아니라 관료가 되었어야 할 사람'이라고 회고하고 있다.

당시 기시는 거의 열흘 간격으로 도쿄를 방문하였는데 이타가키 참모장 시절에는 아무도 기시가 도쿄에 가서 무엇을 하는지 일절 관여하지 않았다. 그러나 도조가 온 이후에는 기시에게 도쿄로 가는 목적이 무엇이며, 누구를 만나고, 무슨 문제를 해결하려 하는지를 꼼꼼히 묻고는 자신의 노트에 일일이 기록하였다가 기시가 돌아오면 자기가 기록한 노트를 들고, 도쿄에서 누구를 만났으며, 그 문제에 대한 답변은 어떠했는지 등 하나하나 확인했다. 이렇게 되자 본래 관료출신인 기시도 깜짝 놀라지 않을 수 없었다. 과연 도조는 소문대로 '면도날'이었다.

일본 기업에 근무한 경험이 있는 사람은 아마 모두 출장가기 전 '출장보고서'를 작성하였을 것이다. 이 출장보고서와 사후 대조 검사하는 방식은 바로 도조가 만들어낸 것이다. 기시 노부스케와 마쓰오카 요스케는 이러한 일련의 방법을 만주국 행정기관과 만철에 도입하였고 후일 이 사람들이 일본에 돌아가자 이러한 방법들이 만주국으로부터 거꾸로 일본 본토에 들어온 것이다.

1939년 도조는 관동군을 떠나 일본 본토에 돌아와 육군 차관과 육군 대신을 거쳐 마침내 총리대신의 자리에 오른다. 호시노 나오키와 기시 노부스케 그리고 마쓰오카 요스케 역시 이 즈음 만주국을 떠나 일본에 귀국하는데 호시노는 도조 내각에서 내각 서기관장이 되고, 기시는 상공성으로 돌아가서 상공차관을 거쳐 도조 내각에서 상공대신이 되었다.

예산 편성의 천재
가야 오키노리

　호시노와 기시는 도조 내각에서 대신이 되기 전 모두 '기획원 사건'에 연루되어 사직한 바가 있다. 이를 보면 태평양전쟁 전 일본 국내에서 국가사회주의에 저항하는 세력이 매우 강하였음을 알 수 있다. 호시노와 기시는 도조 내각이 태평양전쟁을 일으킨 후에 비로소 자기들이 만주국에서 추진하였던 정책들, 예를 들면 국가명의의 독점과 자유경쟁을 금지하는 국가사회주의 정책들을 문제없이 일본 본토에서 추진할 수 있었다.

　그러나 일본은 막 자본주의에 진입하였기 때문에 무슨 일을 추진하건 항상 자금부족에 시달렸다. 이런 고문조 관료들의 어떠한 정책도 자금이 뒷받침되지 않으면 모두가 공염불에 지나지 않았기에 어떻게 자금부족 문제를 해결하느냐 하는 것이 가장 큰 문제였다. 대장성이 정부 부처 내에서 늘 한 계급 위인 것은 그들이 돈 금고를 장악하고 있는 점 이외에, 자금을 조달하는 방법을 강구할 수 있음은 물론 자금을 꼭 필요로 하는 요긴한 곳에 사용할 수 있기 때문이었다.

현대 국가가 업무를 수행하는 데 가장 크게 의지하는 재정수입은 곧 조세여서 각국의 재정부 내에서 가장 발언권이 센 부문은 바로 세수부문이다. 그러나 일본은 이와 다르다. 일본의 대장성(지금은 재무성으로 개명)에서는 '주세국'이 세수를 관장하지만 주세국의 지위는 그다지 높지 않다. 지위가 가장 높은 곳은 예산을 편성하는 주계국인데 이를 보면 일본의 발전과정을 알 수 있다.

메이지 이후 일본인들은 늘 일본은 가난한 나라이기 때문에 세금을 걷어 봐야 얼마 되지 않는다고 생각하였다. 즉, 갖은 방법을 다 동원해서 가렴주구苛斂誅求를 해봐야 얼마 되지 않는다는 것이다. 그리고 어느 국가든 가렴주구에만 의지할 수 없고, 또한 세금 징수에도 원가 문제가 있기에 일정한 수준 이상을 초과하면 징세 원가가 징세 수입보다 높게 되어 징세 세수가 징세 공무원 급여를 충당하지 못하고 만다.

그래서 선진국에서도 기본적으로 작은 거래에는 알고도 모르는 척하여 넘어가는 경우가 많다. 그러나 중국에서는 역대로 이러한 작은 거래에도 징수를 하였는데 이는 세수 원가를 고려하기보다 징수 공무원이 자기 자신의 이익을 취하려 했기 때문이었다.

일본인들은 징세에 치중하는 것보다 힘들게 징수한 세금을 아주 요긴한 곳에 쓰도록 예산을 편성하는 데 중점을 두는 것이 사회 전체에 더 큰 효율을 가져온다고 생각한다. 그래서 대장성에서 제일 유능한 인재들이 주로 예산 편성을 주관하는 주계국에 몰려 있다. 대장성이 힘 있는 부서요, 대장성 관료가 타 부처보다 한 계급 높다는 말은 주계국에 해당되는 말이다. 정부의 어느 부처라도 무슨 일을 추진하려 할 때, 주계국에서 그 일이 (다른 일에 비해) 중요하지 않다고 판단하여 예산을 편성하지 않으면 방법이 없는 것이다.

• 가야 오키노리

다시 말하자면, 상공성의 혁신관료들이 무엇을 생각하든 돈이 뒷받침되지 않으면 아무것도 할 수 없었다. 전전戰前, 일본이 국가대사를 결정하는 가장 권위 있는 회의는 '5상회의'였는데 상공성은 여기에 참여조차 하지 못하였다. 태평양전쟁 시기의 장상이 바로 가야 오키노리였고 그 때문에 그는 전후 A급 전범이 되었다.

전전의 '제국 고등문관'이나 현재의 '고급공무원'이나 그들의 최고 정점은 차관이다. 현재의 일본은 정당 정치이기 때문에 중의원의 다수당이 내각을 구성한다. 따라서 대신들의 절대 다수가 자기들 정당의 정치가, 즉 선출된 의원들이다. 그러나 전전에는 그러한 규정이 없었다. 전전의 '대일본제국 헌법'에 의하면 수상과 각 대신은 일왕이 지명한다. 그러나 헌법에는 일왕이 어떻게 지명하는지에 관한 규정이 없어, 실지로 집행할 때에는 원로들과 중신들이 의논하여 수상을 정하고 그 후 수상이 각 방면과 상의하여 대신들을 인선하였다. 그때는 반드시 의원이어야 대신이 될 수 있다는 규정이 없었기 때문에 고등문관들도 나중에 대신이나 심지어 수상까지 오를 수가 있었다.

가야 오키노리가 바로 관료로서 대신이 된 사람들 중의 하나이다. 절대 다수의 고등문관들과 마찬가지로 가야의 경력은 매우 간단하다. 제일고등학교와 도쿄제대를 나와 고문고시 통과 후 대장성 제국 고등문관이 되었다. 그는 주계국 출신으로 예산 편성의 전문가였다. 그가 전문가라는 말은 괜한 말이 아니었으니, 그가 A급 전범으로 스가모 감옥에 있을 때에도 대장성이 예산을 편성하는 것을 도와줬으니 가히 예산의 전문가라 할 만하다 하겠다.

전범들이 미군 관할에서 일본정부 관할로 넘어가자 급식의 질이 당장 형편없이 나빠졌다. 이에 그들이 항의하였지만 일본정부는 "돈이 없어서 대장성이 (급식) 예산을 편성하지 않는다"라고 답변하였다. 그러자 가야가 직접 대장성과 교섭하였지만 마찬가지로 정말 돈이 없어서 (급식) 예산을 편성할 수 없다는 대답을 듣게 되었다. 화가 난 가야는 그러면 자기가 한번 봐 줄 터이니 예산안을 갖고 오라고 하였다. 그러자 대장성은 정말로 이전 대신이 예산안을 점검하도록 예산안을 스가모 감옥으로 갖고 왔다. 결과적으로 가야는 죄수의 신분으로 감옥에서 대장성이 예산을 편성하는 것을 도와준 셈이었다.

가야는 돈을 조달하는 데 타고난 재능을 가진 사람이었다. 1923년 9월 관동關東 대지진이 일어났을 때 재난구조 작업에 자금이 급히 필요하였다. 그때 가야는 막 제국대학을 졸업하고 대장성에 갓 들어온 신참이었지만 놀랍게도 돈을 조달하는 방법을 찾아내었다.

그때의 전화는 사치품이었다. 고문을 통과한 고등관의 초임 연봉이 6백 엔 정도일 때 전화 한 대의 설치비가 암시장에서 3천 엔에 달할 정도였다. 가야의 계산에 의하면, 도쿄에서 전화 한 대를 증설하는 데 1,800엔도 채 들어가지 않았다. 그래서 그는 전화를 설치하는 데 현금으로 지불하는 것으로 바꿀 것을 제의하였다. 마침 그때는 재난구조를 위한 건설용 토목공사가 한창이라 동시에 전화설치 공정을 진행하고 수납한 자금으로 전화교환기를 수입하는 한편 남는 돈으로 재난구조에 투입하여 일거양득을 꾀할 수 있었다.

일본에서는 사회적 또는 조직의 하급자가 자기의 주장이 옳다고 믿을 경우 절대로 손쉽게 타협하지 않는다. 어떻게 보면 이러한 '하극상'은 일본 문화의 일부분을 이루고 있다고 볼 수 있다. 군대의 소장파 군인들이 이러하고 정부의 소장파 관료들 역시 그러하다. 관료의 경우 그들은 무기가 없기 때문에 정변을 일으킬 수 없다는 점만 다르다고 할 수 있다. 당시 가야는 자신이 대장성에서 아직 미미한 존재이고 발언권도 없음을 잘 알았기에 전신을 관장하는 체신성을 찾아가 그들의 전적인 찬동을 얻었다.

체신성의 보고가 대장성에 도착하자 대장성 대신은 대노하여 이 안을 제의한 가야를 불러 크게 꾸짖었다. 말인즉슨, 구미 각국의 전화란 본래 사회복리의 한 부분인데 너는 도대체 어떻게 해서 거액을 받고 전화를 설치해준다는 생각을 하게 되었느냐? 이렇게 하고 어떻게 남의 비웃음을 받지 않겠느냐는 것이었다. 가야는 이에 지지 않고 논리적으로 끝까지 자기주장을 굽히지 않았다.

즉, 지진 이전 암시장에서 전화설치 비용이 이미 3천 엔에 달했는데 자기의 안은 단지 1,800엔만 받는 것이니 당연히 가입자에게도 유리한 조건이고, 또 이 방법을 쓰지 않아 정부가 전화를 설치할 돈을 마련하지 못하게 되면 암시장 가격이 1만 엔을 넘어갈 수도 있을 텐데, 그러면 그 돈은 국고로 들어가는지 아니면 중간 브로커에게 넘어가는지? 이렇게 되면 과연 어느 쪽이 비웃음을 받을 것인가 하고 따져들었다. 결과적으로는 가야의 안이 결국 채택되었는데 이것이 바로 일본에 전화가 보편적으로 보급되는 단초가 되었다.

예산편성을 위한 노력

　가야가 처음으로 예산을 다루기 시작할 때에는 해군 예산을 담당하였다. 그는 1927년 제네바 해군 군축회의와 1929년 런던 해군 군축회의에 대장성의 수행원으로 모두 참석하였다. 자금 조달의 어려움을 잘 아는 가야로서는 당연히 일본이 영·미가 제안한 군축방안을 받아들이기를 희망하였지만 해군성 차석 대표인 야마모토 이소로쿠 소장에게 한대 쥐어박혀 코피를 흘리던 가야는 야마모토가 "다시 한 번 주둥이를 함부로 놀리면 해군 군관 전부를 불러 쥐어박겠다"고 위협하자 아예 입을 다물고 잠자코 있을 수밖에 없었다.

　그러나 다행히도 해군대신 다카라베 다케시財部彪가 마지막에 협정서에 서명하여 일본은 몇 년간 다소 숨을 돌리게 되었다.

　당시 일본은 상하를 막론하고 자유경제, 통제경제 가운데 어느 것을 채택해야 할지 논쟁이 그치지 않았다. 마치 중국의 개혁개방 초기에 사회주의냐 자본주의냐 논쟁하였던 것과 비슷한 상황이었다. 군부와 혁신관료, 그리고 일부의 평론가들은 통제경제를 옹호하였고 대부분의 주류도 전쟁 중에는 통화팽창을 억제하고 물자결핍을 해결하기 위해서 일정한 통제수법을 사용하되 기타의 경우에는 그래도 자유경제를 채택해야 한다는 데 동의하였다.

그렇지만 이에 그치지 않고 모리 히데오토는 고노에 후미마로 수상에게 거시경제정책뿐이 아니라 국민의 소비도 국가가 통제하도록 건의하였다. 이러한 '통제'는 당시 이미 시작되었던 배급에 의한 공급과는 또 다른 정책이었다. 배급에 의한 공급은 물자가 궁핍할 때 사회질서를 유지하기 위한 일종의 방법이었다.

그런데 모리가 건의한 방법은 국가가 나서서 관련 법률을 제정하여 국민의 소비를 상세하게 규정하자는 것이었다. 여러 분야에 견문이 넓었던 고노에 수상은 이렇게 대담한 새로운 건의에 깜짝 놀라, "이 발상은 소련보다도 더 빨갱이 같은 '관료공산주의'이다"라고 일갈하였다.

그러나 가야는 이러한 논쟁이 쓸데없는 헛소리라고 여겼다. 왜냐하면 그가 보기에 당시의 일본은 근본적으로 통제경제를 시행할 능력이 없었다. 가야는 대장성 주계과 직원에서 주계국장까지 전후 16년간 육해군은 물론 각 부처의 예산을 주관하여 왔다. 예산을 주관한다는 것은 각 부처에서 제출한 예산이 정치목적, 행정목적, 법률관계에 합당한지, 그리고 기술적으로 가능한지 등 여러 방면에서 그 합리성을 심사하는 것이다. 가야는 각 부처에서 예산을 설명하기 위해서 온 관리들의 인식과 능력이 통제경제를 수행할 능력이 근본적으로 없는 것은 차치하고라도 통제받을 능력조차도 없다고 생각하였다.

가야의 이러한 생각은 대장성 관료의 교만에서만 나온 것이 아니었다. 1937년 6월 제 1차 고노에 내각이 성립되었을 때 대장성 차관이었던 가야는 대장성 대신으로 입각하였다. 가야는 입각 후 이후 '가야 재정경제 3원칙'이라 불리게 된 3가지 포인트를 강조하였는데 그 내용은 ① 국제수지의 균형, ② 물자의 수급 균형, ③ 생산력 향상 등이었다.

이 3개 조항은 너무도 당연한 말인데도 불구하고 '3원칙'이라는 거창한 제목으로 내각회의에서 수상과 전체 각료의 승인을 받아 정부 각 부처에 하달되었다. 이를 보면 당시의 일본 경제가 이미 붕괴되기 직전까지 갔지만 군부를 비롯한 정부 각 부처는 현실을 제대로 파악하지 못했거나 아니면 현실 자체를 알고 싶어 하지 않았음을 알 수 있다. 이러한 상황에서 이른바 통제경제 운운하는 것은 목소리를 높여 불량품을 판매하는 것이나 마찬가지인 셈이었다.

러일전쟁 때에 알다시피 일본은 구미 금융시장에서 국채를 발행하여 자금을 조달하였다. 그러니 이번에 영·미와 개전하려 하자 혹자는 가야에게 왜 하루 빨리 외국에 나가 국채를 팔아 자금을 조달하지 않느냐고 독촉하였다. 가야는 웃지도 울지도 못하였다. 그들은 전쟁에는 돈이 필수적이라는 것은 알면서도 어찌해서 도대체 누가 일본의 국채를 사줄 수 있는지에 대해서는 알지 못하는가? 영·미를 제외하고는 누가 전쟁에 필요한 돈을 빌려 줄 수 있을까? 이번에는 바로 그 영·미와 전쟁을 하려는 것이 아닌가?

전후 〈일본경제신문〉의 기자가 가야를 인터뷰하면서 다음과 같이 물었다. "일본의 국가 예산이 1941년의 86억 엔에서 1945년에는 235억 엔으로 크게 증가하였는데 대체 어디서 돈을 조달하여 이 예산을 편성할 수 있었는가?"

가야는 이 질문에 아주 태연하게 답변하였다. "돈이 어디서 오다니? 찍어내는 것이지. 인쇄기만 고장 나지 않으면 돈이야 얼마든지 찍어내는 거지.”

"그러면 악성 통화팽창을 야기하는 것이 아닌가?"

그런데 이상하게도 가야가 대장대신으로 재임하던 기간에는 악성 통화팽창 현상이 나타나지 않았다. '통화팽창'은 현실적으로는 물가상승으로 나타난다. 이론적으로 말하자면, 통화를 남발하고 동시에 물자가품귀현상이 일어나면 통화팽창을 피할 수 없게 마련이다. 그러나 통제경제의 조건하에서는 물가상승을 억제하는 것은 매우 간단하다. 곧 소비자의 수중에 돈이 없도록 하면 되는 것이다. 통화가 없으면 팽창도없게 되는 법, 단지 남발한 그 많은 지폐를 회수하면 되는 것이다.

이를 위해 어떤 이는 조세징수를 강화하여 발행한 지폐를 다시 강제로 회수하도록 제의하였지만 가야는 심리학적 관점에서, 이 방법은 사실 약탈이나 마찬가지인 만큼 민심이 동요할 우려가 있다고 생각하여이 방법에 찬성하지 않았다. 가야가 택한 방법은 '애국저축운동'을 전개, 각자 남은 돈을 모두 은행에 저축하도록 하여 '대동아 성전'을 지원하는 데 동참하도록 하였다. 이렇게 되면 각자는 돈을 가지고 있다는만족감을 가지는 동시에 국가를 돕는다는 자긍심을 갖게 되는 것이다.그리고 가장 중요한 점은 이 돈들이 시장에서 사라졌기 때문에 더 이상통화팽창에 대해 걱정할 필요가 없다는 것이다.

그러나 문제는 이렇게 국민저축에 의해 시장의 통화총량을 감소시키는 방법은 사실 통화를 근본적으로 감소시키는 것은 결코 아니고 잠시시장에서 사라지게 한 것인 만큼 어느 때에는 다시 시장으로 돌아올 것이라는 데 있었다. 그러면 그때는 이제 어떻게 할 것인가?

가야의 회고록에 있는 이 문제에 대한 그의 답안을 보면 실로 깜짝 놀라지 않을 수 없다.

나는 1942년경 대충 계산을 해보았다. 전쟁이 끝났을 때 일본의 국채 총액은 상상을 초월한 액수에 달할 것이고, 이는 도저히 일본정부가 상환할 방법이 없는 금액이었다. 그러나 전쟁에는 결국 어떤 결과가 있을 것이다. 만약 일본이 승리하면 전쟁배상금을 청구할 수 있을 것이고, 만약 일본이 패배하면, 그때는 전체국민이 모두 다 같이 균등하게 책임을 나눠 부담해야 할 것이다.

이러한 사고방식은 대단히 전형적인 일본식 사고방식이다. 다시 말하면, 전혀 '죄'의식이 없고, 단지 모든 것이 당시 가능하냐 하지 않느냐 하는 실리를 전제로 하는 사고방식이다.

세수의 문제를 해결하기 위하여 가야는 나치 독일로부터 '소득세 원천징수방식'을 도입하였다. 이 방식은 나치 독일이 징세인원을 증가하지 않으면서 개인소득세 탈루를 방지하기 위해 고안해낸 방법이었다. 이 방법에 의하면, 고용주가 고용원의 월급에서 소득세 부분을 공제하여 세무서에 납부하고 연말에 가서 마지막 월급에서 고용원의 1년간 정확한 실소득을 다시 계산하여 그달의 소득세에서 정산하는 방식이다. 즉, 정산 결과 원천 공제하였던 액수가 더 많으면 차액을 돌려주고 모자라면 차액을 더 납부하되, 돌려줄 액수가 모자라면 고용주가 먼저 지급하고 다음 해 납부하는 세금에서 다시 보전해준다.

이렇게 하면 세무서의 업무량은 크게 줄고 정산 후 차액을 보전하는 일도 모두 고용주가 한다. 또한 세무서가 개인 소득세 납부현황을 감독하고 싶으면 고용주만 랜덤으로 조사하면 되는 등, 징세 원가를 높이지 않으면서 개인 소득세 탈루를 감소시킬 수 있었다.

가야가 독일에서 도입한 이 방법은 독일은 물론이고 일본에서도 현재까지 계속해서 사용되고 있다.

4

일본주식회사
CEO는
관료?

점령군 사령관 맥아더

자본주의이든 국가사회주의이든, 급속도로 진행된 자본주의는 아무래도 많은 문제가 있기 마련이고, 고등문관들과 엘리트 참모들이 아무리 발버둥쳐도 역사는 자기 논리에 따라 자기가 가야 할 길을 스스로 가게 마련이다.

1945년 8월 30일 오후 2시 5분, 옥수숫대 파이프를 입에 문 더글러스 맥아더 5성 장군이 탑승한 '바단호'가 가나가와神奈川 현 아쓰기厚木 해군 비행장에 내렸다. 맥아더의 얼굴에는 태양처럼 찬란한 승리자의 미소가 가득하였다.

과연 당시의 맥아더의 마음속에는 승리자의 희열만 있었을까? 사실 맥아더는 멀리서 고개를 숙여 숨죽이던 대일본제국 대본영의 엘리트 참모들 못지않게 심정이 복잡하고 불안하였음이 틀림없다. 왜냐하면 당시 주일 연합군 총사령관의 어깨에 지워진 군사적 책임은 거의 무시해도 좋았지만 정치적 책임이 막중하였기 때문이다.

맥아더는 일본의 항복을 접수하기 위해서만 온 것이 아니라, 그는 이

호전적인 제국을 평화로운 민주국가로 개조할 책임을 지닌 것이었다. 과거에 쓰던 표현으로 말하자면 맥아더는 곧 일본의 식민총독이었다. 그러나 이곳은 그가 이전에 총독을 지냈던 필리핀이 아니었다.

어떻게 이 나라의 호전적인 본성을 제거하여 불원간 닥칠 소련과의 경쟁과정에서 미합중국의 맹방으로 변화시키느냐 하는 것이야말로 맥아더의 진정한 임무였다. 그리고 이 엄청난 임무는 맥아더의 정치적 수완에 대한 시험대이기도 하였다.

묘하게도 맥아더가 일본 사회의 권력집단을 분류한 것은 이 책의 서두에서 언급하였던 기사카 준이치로의 분류와 같다. 아마 기사카가 맥아더가 취한 조처 중에서 이러한 분류를 눈여겨보았다가 정식으로 이를 발표한 것인지도 모른다.

맥아더는 점령군 중에서 변호사 출신의 젊은 군인들로 하여금 이른바 '평화 헌법'이라 불리는 헌법을 기초하도록 하였다. 이 헌법은 바로 젊은 군인들의 국가 존재방식에 대한 정치사상을 반영한 것이었다. 맥아더는 어느 정도 무력을 배경으로 한 압력을 가하여 일본이 속칭 '메이지 헌법'이라 부르던 '대일본제국 헌법'을 철폐하고 이 새로운 헌법을 받아들이도록 하였다.

이 헌법은 맥아더가 머릿속에서 그리는 일본 사회의 형상을 제시하고 있었다. 그리고 이 목적을 달성하기 위해서는 당연히 구체적인 조치가 필요하였다. 어떻게 보면, 맥아더가 일본을 개조하는 과정은 일본 사회의 6개 권력집단에 대해 각각 다른 조치를 취해 그들의 역량을 와해시키거나 소멸시키는 과정이다.

맥아더가 취한 첫 번째 조치는 일본의 군사무장을 해제하는 것이었

• 더글러스 맥아더

다. 이것은 '포츠담 선언'에서 이미 확인된 조건이었으므로 맥아더는 아무런 군사저항을 받지 않았다. 연합국 점령군사령부(GHQ)의 명령에 의해 일본 제국의 대본영은 1945년 9월 13일자로 폐지되고 그 중심인 참모본부와 군령부는 10월 30일 정식으로 사라졌으며, 육군성과 해군성도 12월 1일 폐지되었다. 이로써 지난 반세기 동안 아시아와 태평양 지역 사람들에게 악몽 그 자체였던 일본 군부가 마침내 역사의 무대에서 사라졌다.

그 다음 맥아더가 궁정집단에 대해 취한 조치는 일왕으로 하여금 스스로 이른바 '인간선언'을 발표하도록 하여 여태까지의 '현인신'現人神의 위치에서 내려오도록 하였다. 이렇게 되자 궁정집단은 존재의 이유를 잃어 이후 다시는 '천왕에 대한 충성'이라는 구호 아래 민심을 미혹시키고 소란을 선동하는 일이 없도록 하였다.

맥아더는 물론 미쓰비시三菱, 미쓰이三井, 스미토모住友와 야스다安田의 4대 재벌을 위시한 일본 재벌집단이 일본 군벌이 대외로 확장하는 과정에 중요한 역할을 하였다는 것과 또 그들이 사실상 국가권력의 상당한 부분을 장악했다는 사실을 잘 알았다. 맥아더는 이들에 대해 점령군의 막강한 무력을 배경으로 '재벌 해체'의 조치를 취해 방대하고 복잡한 콘체른과 신디케이트를 개개 기업으로 분할하여 다시는 국가시책에 영향을 미칠 수 없는 보통기업으로 만들었다.

전전 일본 농촌은 부자들에 의한 토지 병탄이 극심하여 땅을 잃은 농민이 크게 늘어났고, 이것이 또 한편으로는 일본이 대외로 확장하는 빌미가 되기도 했다. 이 문제를 해결하기 위하여 맥아더는 아무런 망설임도 없이 지주로부터 토지를 몰수하여 땅이 없는 농민에게 나누어줌으로써 농촌을 안정시켰다.

또한 정치범 석방, 민주선거 실시, 노동조합설립 장려, 여성참정 추진 등의 정책수단을 통해 맥아더는 일본에서 미국식 민주자유의 사상을 고취하고 새로운 정당정치를 확립하는 한편 동시에 과거 정권과 관련된 사람들을 공직에서 추방하는 방법으로 과거의 정치구조를 파괴하였다.

비록 한국전쟁 때문에 많은 조치들이 중단되거나 변질되었지만 전체적인 방향은 바뀌지 않았다. 만약 한국전쟁이 없었다면 철저한 반공주의자인 맥아더가 궁극적으로 일본을 어떠한 나라로 변화시켰을까 하는 것은 일본에서 끊임없이 제기되는 화두이기도 하다.

그러면 군부, 재벌, 지주, 정당, 궁정 등 과거의 권력집단들을 모두 와해시키고 나서 이제 남은 일본제국 관료집단에 대해서 맥아더는 어떠한 조치를 취하였는가?

맥아더는 일본인들에게 '주권재민'의 사상을 가르쳐 이제 이 나라는 더 이상 '천왕의 신국神國'이 아니었다. 그러나 과거의 일왕이 스스로 권력을 관장할 수 없었던 것과 같이 아무리 '주권재민'이라 하더라도 민중들 역시 자신들이 직접 권력을 사용할 수는 없기는 마찬가지여서 그들 역시 과거와 같이 자신들을 대표한 관료를 통해 권력을 행사할 수밖에 없었다. 그렇지만, 천왕을 위해 복무하여 '천왕의 관리'라고 불리던 구 문관집단이 이제 국민을 위해 복무하는 '공복'(*public servant*, 이 말도 맥아더가 소개한 신어이다)이 되어 국민을 위해 계속해서 일할 수 있을까? 만약 계속해서 그들을 사용할 수 없다면, 이미 '민주일본'의 프레임을 만든 맥아더는 이제 어디 가서 이 나라를 실제로 움직일 행정관원들을 구해 온단 말인가?

GHQ는 '제국 고등문관'들에 대해 다음과 같이 평가했다.

> 이들 관료, 즉 고등문관의 대부분은 도쿄제국대학 법학부 출신이다. 그들은 대학에서 완벽한 법률훈련을 받았으며, 일왕과 동료에게 충성하도록 교육받았을 뿐 아니라 심지어 담판하는 방법과 흥정하는 교육도 받았다. 그러나 도쿄제국대학 법학부의 과정 중에 행정학은 단지 선택과목에 불과했다. 게다가 고등문관 고시에 한 번도 행정학 문제가 출제된 적이 없어 아무도 이 과목을 선택하지 않았다.

이것이 그들에 대한 맥아더의 평가였다. 맥아더는 그들의 일왕에 대한 충성심을 잘 알았지만 그는 그것이 그리 큰 문제라고 생각하지 않았다. 맥아더는 "세계 어느 나라의 관료집단을 불문하고 그 본능은 자기들에게 봉급을 주는 사람을 위해 일하는 것이다"라고 말하였다. 다시 말하면, 특정 관료 개인은 의식형태상 문제가 있을 수 있지만 전체 관료집단으로 말하자면, '젖을 주는 사람이 곧 어머니'라는 것이 그 본능이라는 것이다.

  사실 맥아더로서는 이들 관료집단 이외에는 다른 선택의 여지가 없었다. 적어도 일본에서는 그들을 대체할 수 있는 다른 사람들을 찾을 수가 없었다. 이들 기존 엘리트 이외에는 그들과 같은 능력과 자격을 갖춘 사람이 없다는 것이 곧 지나친 엘리트화가 가져온 폐단이었다.

관료의 황금시대

　맥아더는 전쟁범죄 혐의자들을 체포하고 심판하는 한편, 일본제국의 기타 중요한 자리에 있던 사람들에 대해서는 '공직 추방'이라는 방법으로 다시는 공직에 발을 들여놓지 못하도록 조치하였다. 여기에 해당하는 사람들은 대략 21만 명이었다. 이들 중 대다수는 군인이었고 기타 일부 정치가와 문인들이 포함되었는데 이들 중 대부분이 나중에 공직을 회복한다. 그러니 '추방'이라는 것도 그저 아주 단기간에 불과하였다. 그러나 전쟁에 전심전력으로 참여하였던 방대한 수의 관료집단에 대해서는 이러한 '단기 추방'조차도 적용하지 않았다.

　이렇게 추방처분을 받은 관료는 단지 1,800여 명으로 전체 추방자의 0.9%에 불과하였는데, 일설에 의하면 그나마도 719명에 지나지 않아 그렇게 되면 결국 0.4%밖에 되지 않는 셈이다. 게다가 추방처분을 받은 관리들은 대부분이 내무성 특고경찰과 관련된 자들이고 기타 부처는 기본적으로 아무런 영향을 받지 않았다. 예를 들면 대장성 전체에서 추방된 사람은 겨우 5명으로, 다시 말하자면 고등문관들의 상처는 기껏해야 그저 찰과상 정도에 불과한 셈이었다.

그러나 찰과상을 입은 고등문관들은 마음속으로 무슨 생각을 하였을까? 크게 상심하였을까? 그들은 '미국 놈들이 의도적으로 일본인들의 마음에 상처를 준다'고 생각하였다.

예를 들면, 센다이仙臺의 지방 명사들이 맥아더 다음 제 2인자인 미 8군 사령관 아이클버거 중장이 온다는 소식에 그를 환영하기 위해 기차역에서 기다리고 있었다. 그들은 그러나 역에 도착한 기차를 보고는 하마터면 화가 나서 집단적으로 할복자살할 뻔하였다. 놀랍게도 중장 각하가 거만하게도 국화菊花문장이 그대로 있는 천왕폐하의 어용열차를 타고 도착했기 때문이었다. 사실 이것은 그다지 큰일은 아니었다. 중국식으로 말하자면 아Q(阿Q) 정신을 발휘하여, "저것들은 그냥 강도들이야"라고 마음속으로 치부하면 그만이었다.

그러나 블레인 후버라는 자가 '합중국 인사행정고문단'이라는 대표단을 이끌고 와서, "천왕의 신분은 당연히 공무원이며 단지 특별공무원일 뿐"이라고 발표하자 일본인들은 거의 정신줄을 놓을 지경이 되었다. 그래서 일본인들은 '미국 귀축鬼畜들'의 심보가 아주 되어먹지 않았다고 생각하였다.

메이지 유신 이래, 관료집단은 일본의 정치에서 줄곧 중요한 역량의 하나이기는 했지만, 맥아더가 갈파한 바와 같이, 관료는 결코 하나의 독립적인 역량이 아니라, 통치세력에 의지해야만 존재할 수 있는 속성에서 벗어날 수가 없었다. 관료들은 비록 그들이 원래 의지하였던 제국이 멸망한 것에 대해 크게 가슴 아파했지만, 그래도 그들 중 아무도 새로운 주인에 대해 저항하려고 생각하지는 않았다. 심지어 새로운 주인이 등장하기도 전에 관료들은 이미 그에 대한 준비를 완료하였다.

즉, 상공성은 전쟁 중 '군수성'으로 개명하였지만 전후 즉각 원래의 '상공성'으로 이름을 다시 바꾸었다. 이것은 맥아더와 무관하게 일왕이 포츠담 선언을 받아들인 후 10일이 지난 1945년 8월 26일, 기시 노부스케의 측근이며 당시 군수성 차관이었던 시이나 에스사부로가 패전 후의 혼란 속에서 추진하였던 것이다.

이로써 관료들은 아직 일본에 도착하지도 않은 맥아더에게 실제 행동으로 자신들의 태도를 표명한 셈이었다. 부처의 이름을 바꾸는 것이 작은 일이 아닌데 10일 만에 그 일을 완료하였다는 것은 일본인들이 얼마나 일을 효율적으로 처리하는지를 — 패전 후에도 마찬가지로 — 잘 보여준다 하겠다.

전쟁에는 패하였고, '귀축' 점령군이 일본을 점령하였으니 총검하에서 살아가는 것 같이 생각되지만, 일본 관료들은 오히려 그때가 그들의 진정한 황금시대였다고 회고한다.

나치독일의 경우 독자적인 정부가 완전히 소멸되었던 것과는 달리 미국 점령군은 일본에서는 간접통치를 실시하였다. 일본은 시종 자신들의 정부가 있었으며, 미국은 절대 일본국민과 직접 교통하지 않고 오로지 이 일본정부를 통해서 일본을 통치하였다. 표면상으로는 GHQ에 민정부(*civilian department*)가 있어서, 이 부문이 일본정부에 대해 지시를 내리면 일본정부가 이 지시를 집행하도록 되어 있었다.

그러나 민정부의 직업군인이나 군복을 입은 젊은 학자들은 모두 행정을 주관해본 현실경험이 없었기 때문에 실제로는 민정부가 지시를 내리기 전에 먼저 일본정부 관리들과 상의하는 것이 일반적이었다. 그들은 일본의 고급문관들과 교통하는 과정에서 고급문관들이 바보가 아니라 매우 총명하고 실지경험이 아주 풍부한 집단임을 즉각 알았기에, 지시를 하고 지도의견을 제시하는 입장에서 오히려 보고를 주로 청취하는 입장으로 자연스럽게 바뀌었다.

미국은 1922년 워싱턴 회의 때부터 초강대국으로 등장하였지만 그러나 완전히 전 세계가 공인하는 초강대국이 된 것은 2차 대전 이후부터였다. 대일對日위원회 호주 대표였던 맥마흔 폴은 일본에서 미국인과 호주인이 각각 일본인에게 대하는 태도를 보고 미국인은 천생적으로 초강대국 국민의 의식을 갖고 있는 것이 틀림없다고 말한 바 있다. 그는 아주 놀랍게도 미국 사병들은 이제 막 죽기 살기로 전쟁을 치른 후의 악감정이나 증오심이라고는 전혀 보이지 않고 아주 자연스럽게 일본 국민들과 어울리는 반면에, 일본에 진주한 호주군 사병들은 감정상 일본인들과의 왕래를 한사코 거절하는 것을 목도하였다.

그래서 폴은 그것이 곧 '초강대국의 국민의식'이라고 말하였던 것이다. 말하자면 이러한 초강대국 국민의식이 점령군 민정부가 패전국민의 의견을 그 자리에서 배척하지 않고 오히려 긍정적인 자세로 받아들일 수 있도록 한 것이라고 볼 수 있다.

이들 제국 고등문관들은 지난날에는 '천왕의 관리'였고 이제는 이른바 '공복'이었지만 어쨌건 그때나 지금이나 모두 군인들의 말을 들어야 하기는 마찬가지여서 실제로는 큰 차이가 있는 것이 아니었다. 단지 일본군인에서 미국군인으로 바뀌었을 뿐이었다. 그러나 이전과 크게 다른 점이 있었으니, 미군은 일본군과 달리 군도를 짚고 서서 군화로 바닥을 차지 않았고, 또 걸핏하면 뺨을 올려 부치지도 않았다는 점이었다. 사실 미군은 멀리서 왔기 때문에 모든 것이 낯설고 말도 통하지 않아 이들 제국 고등문관들의 도움이 없이는 아무것도 할 수 없었다.

당시 일본에는 '통역 정치'라는 말이 널리 회자되었는데, 이는 일본의 정치를 장악한 것이 점령군이나 일본 의회 또는 정당이나 내각이 아니라 점령군과 일본 의회, 정당과 각료 사이에 의견을 전달하는 통역 관료의 손이라는 말이다. 군인들을 이용하는 것은 사실 일본 관료의 타고난 기술이었다. 그들은 과거에는 군부의 권위를 이용하여 대신들을 꼭두각시처럼 조종하였고, 이제는 일본 군부 대신 단지 점령군을 이용하게 된 것뿐이다.

당시의 일본 관료는 거의 자기들 원하는 대로 모든 것을 처리할 수 있었다. 그들은 "이것이 바로 점령군의 뜻이다"라고 국민들에게 발표하고는 적당한 이유로 미군을 속이기만 하면 되었다. 그들에게는 내각 대신들도 안중에 없었고 이제 관료의 '통역 정치'는 더 나아가 '관료 독재'로까지 변질했다.

당시 운수차관이었던 사토 에이사쿠는 기자회견에서 국영철도의 은행대출 문제에 대한 질문에 답변하면서, "일개 비료회사 출신이 어떻게 국유기업의 재무문제를 이해하겠느냐?"고 공개적으로 발언하였다. 이 '비료회사 출신'이란 놀랍게도 닛산화학 사장을 역임한 바로 자기의 직속상관인 운수대신 도마베치 기조苦米地義三를 지칭하는 것이었다.

'적화' 파업을 불허하다

육군성과 해군성이 없어지고 내무성 역시 해체된 후 인사원, 노동성, 건설성, 경제기획청과 행정관리청 등 여태까지 들어보지 못한 이름의 새로운 관청이 생겨났다. 그리고 기존 관청에도 커다란 변화가 있었으니 예를 들면 수상 직속의 내각법제국은 과거 모든 법률과 법령의 입안과 심사를 관장하였기에 그들이 반대하면 어떠한 법률이나 법령도 통과될 수 없었다. 따라서 법제국은 원래 대장성 주계국보다도 오히려 더 높은 지위의 국이었다. 그러나 맥아더는 법제국은 단지 법률과 법령의 심사와 해석만 담당하고 입안의 권한은 각 부처에서 담당하도록 조정하였다.

물자가 이전보다 귀해서 일상생활에 다소 문제가 있는 것을 제외하고는 실제로는 관료의 힘은 갈수록 세어졌고 관료들은 정신적으로 말하면 이전보다 훨씬 더 좋아졌다. 미국인들이 자유의 개념을 가져온 결과, 투옥되었던 일본 공산당 지도자 도쿠다 규이치德田球—도 석방되었다. 이에 감격한 도쿠다는 점령군을 '해방군'이라 칭하면서 매일 아침

점령군 총사령부를 방문하여 인사를 하고 나서 곳곳을 다니면서 노동조합을 조직하고 파업을 조장하였다. 일왕이 거주하는 궁 앞의 광장은 '인민광장'으로 개명되었다. 1946년 5월 1일, 인민광장에는 5·1 국제노동절을 기념하기 위해 50만 명이 운집했는데 참가자들 중에는 당시의 제국 고등문관들도 적지 않았다.

고등문관들도 공산당과 마찬가지로 해방된 기분으로 가득 찼다. 그들 역시 다소간의 차이는 있지만 모두들 마르크스주의의 영향을 받았었기 때문에 이러한 노동조합 운동에 매우 열성적이었다. 마지막 도쿄제국대학 출신 내각총리인 미야자와 기이치宮澤喜一는 그때 외무성 관료였는데 그 역시 '통역 정치'의 대표적 인물 중 한 명이었다. 그의 기억에 의하면 당시 외무성의 젊은 관료들은 매일 저녁 야간 연장근무 후 값싼 소주병을 들고서 한편으로는 소주를 마시면서, 또 한편으로는 〈공산주의 국제가〉를 부르면서 귀가하곤 하였다고 한다.

그러나 미국이 추진했던 것은 미국식 자유가치관이었지 '적화'를 용인하는 것은 결코 아니었다. 당연히 이러한 파업문제에서 맥아더의 생각은 일본인들과 크게 달랐다. 맥아더는 일반 민간기업 근로자들의 파업요구에 대해서는 간섭하지 않았지만 몇 차례 구체적인 경우에는 적극적으로 반대하였다.

1947년 '2·1 총파업' 당시 미군은 일본 공산당이 이끌던 '전 관공서 공동투쟁위원회' 위원장 리 야시로伊井彌四郎를 방송국으로 압송한 후 총으로 위협하여 파업중지 명령을 발표하도록 강요하였다. 20세기 1940년대 후반부터 1950년대 초기까지 일본에는 파업금지 자체가 없었지만 공무원에 대해서는 그렇지 않았다. 본래 일본의 관료에 대해 심기가 편하지 않았던 맥아더는 공무원의 파업을 금지하는 것이 공무원 개혁에 매우 중요하다고 생각하였다.

공무원 개혁의 또 다른 내용은 원래의 친임관, 칙임관, 주임관, 판임관, 고원과 용인의 구별을 폐지하는 것이었다. 이로써 '문관 임용령'에 기초한 일본 관료제도는 이제 종말을 고하게 되었다. 민주와 평등을 강조하는 미국인이 보기에 일본 관료의 그와 같은 등급의 개념은 받아들이기 힘들었다.

그러나 이 조처는 전범으로 잡히거나 공직에서 추방되는 것보다도 더 관료들을 불안하게 하는 결과를 가져왔다. 사실 칙임관 이상의 관료라 할지라도 단지 고용주가 일왕일 뿐 결국은 역시 피고용인일 뿐이었다. 그리고 그들 중 절대 다수는 전쟁범죄와 관련이 없었기에 공직추방 등에 대해서도 그다지 두려워하지 않았다. 그러나 친임관에서 용인에 이르는 구별을 폐지하는 것은 다른 얘기였다. 그동안 누려왔던 자신들만의 자만과 남들보다 우월하다는 자부심이 모두 사라지는 것이다.

일본의 고문조(고등문관고시 출신) 관료들은 이러한 자부심에 따른 '겉치레'를 특히 중시하였다. 현재의 재무성 건물 안에는 전전의 대장성 시절부터 있었던 두 개의 커피점이 있는데, 들어가서 오른쪽에 있는 것이 '테사리나'이고, 왼쪽에 있는 것이 '사보텡'이다. 당시에는 '사보텡'은 판임관이 가는 곳이고, 주임관 이상의 고등관들은 '테사리나'에서 커피를 마셨기 때문에 '테사리나'는 일명 '장교구락부'라고도 불렀다. 판임관이 '테사리나'에 갔다가는 큰 낭패를 당했다. 요즘엔 그러한 차별이 없어졌지만 '테사리나'의 홍목으로 된 벽과 아름다운 샹들리에가 아직도 당시 고문조들 집합소의 풍취를 느끼게 한다.

맥아더는 미국의 공무원제도를 일본에 이식하려 했지만 결과적으로 성공하지 못하였다. career라는 말은 오늘날 일본에서는 상급 갑종국가공무원 고시를 통과한 사람들을 말하는데, 바로 전쟁 전 '제국 고등문관'이라 불렸던 사람들과 다를 바 없다. 이를 보면 일본의 관료제도는 전쟁 전과 비교해서 겉으로는 큰 변화가 없다.

일본인들이 우스개로 '맥아더 천황'이라 불렀던 맥아더도 전지전능한 사람은 아니었다. 일본 관료제도를 개혁하겠다는 그의 생각은 일본 관료들의 완강한 저항으로 완전히 실패로 끝나고 말았다. 아니, 실제로는 일본 관료들이 맥아더를 갖고 놀았다고 하는 것이 더 정확한 표현일 것이다.

맥아더는 '삼위일체'의 개혁을 통해서 일본의 관료체계를 개혁하려 하였다. 즉, 우선 1947년 10월 21일 '국가공무원법'을 제정하였고, 그 다음으로 11월 1일 전문적으로 공무원을 관리하는 인사원을 설립하여 일본에서 직계제職階制(position classification)를 추진하려 하였다. 이른바 직계제는 직무분류제도라고도 부르는데, 기본 개념은 동일한 업무내용의 동일한 등급의 직위는 동일한 급여를 지급하고 동일한 자격을 갖춰야 하며, 또한 승급이나 직위의 교체는 이러한 자격을 취득하는 시험을 통해야만 한다는 것이다.

그러나 이렇게 누가 봐도 당연한 도리가 당시 일본 관계를 지배하던 도쿄제대 출신의 학벌족들에게는 도무지 맞지가 않았다. 사실 맥아더가 가장 이해할 수 없었던 것이 바로 도쿄제대 학벌의 문제였다. 미국에는 도쿄제대처럼 언제나 타 대학보다 한 등급 위인 대학도 없을 뿐 아니라 졸업한 학교의 학력으로 모든 것이 통하는 경우가 없었기 때문이다.

또 하나, 맥아더가 보기에 공무원이란 것이 무슨 신성불가침한 존재가 아니었다. 미국의 고급관료는 '완전 엽관제'完全獵官制로서, 대통령이 바뀌면 정부 각 부문의 국장들까지 대부분이 신임 대통령이 데리고 온 사람들로 바뀌었다. 대통령은 실지로 모든 행정사무를 총괄하며, 나머지 공무원들이란 긴요하지 않은 기본적인 사무를 담당하는 사람들이어서 맥아더는 특별히 뛰어난 인재들이 공무원집단에 모여들 이유가 없다고 생각하였다. 맥아더가 가장 먼저 제정한 '국가공무원법'은 국가공무원의 책임과 권력을 진지하게 규정하여 제국 고등문관들을 정말로 진정한 근로자가 될 수 있도록 하기 위한 것이었다.

맥아더는 처음부터 목표를 이러한 도쿄제대 학벌의 와해에 두고 게이오慶應대학의 아사이 기요시淺井淸末 교수를 인사원의 초대 총재로 기용하였다. 게이오와 와세다 이 두 사립대학과 제국대학의 대립은 오쿠마 시게노부가 정부에서 실각한 이른바 '1881년 정변'까지 거슬러 올라간다. 이제 아사이가 등장한 것은 실로 60여 년의 오래된 빚을 청산하게 된 셈이었다.

그리하여 인사원은 처음부터 도쿄제대 출신을 배제하고 거의 모두 각 사립대학 출신들을 기용하였고 꼭 필요한 경우에도 교토京都제대까지만 기용하였다. 특히 새롭게 설립된 부처에서 인원을 선발할 때에는 더욱 더 도쿄제대 출신을 기용하지 않도록 강조하여 도쿄제대의 학벌 독점을 타파하려 하였다.

실패로 끝난 후버 개혁

　무릇 무슨 일을 추진할 때 단지 의지만 가지고는 되지 않는다. 고급 문관 집단 내에서 도쿄제대 출신들이 막강한 세력을 형성하고 있는 것은 엄연한 현실인데 이를 무시하고 단순히 '도쿄제대 출신 불기용'이라는 구호에만 의지하여 그 파벌을 타파하려는 것은 애초부터 불가능한 일이었다.

　도쿄제대에는 전 일본의 수재들이 모여 들었다. 특히 법률이나 경제학 등 문과 계통에는 도쿄제대의 교수진이 전국 최고 수준이었을 뿐 아니라, 학생들로서도 법률과 경제 분야에서 남보다 뛰어나기 위해서는 도쿄제대에 진학하는 것 이외에는 다른 선택의 여지가 없었다. 그래서 전국에서 가장 우수한 인재들이 도쿄제대에 몰려들었다.

　'도쿄제대 출신 불기용' 정책은 얼마 가지 않아 폐지되었다. 도쿄제대 출신을 쓰지 않으면 쓸 만한 다른 인재가 없었기 때문이었다.

　맥아더 휘하의 미 육군은 전쟁 중에도 그랬지만 그 후에도 인재가 넘쳐났다. 당시 미국은 전시징병제여서 하버드, 예일, 스탠퍼드의 정치,

법률, 경제학 석사와 박사가 그의 예하 부대 내에 수두룩하였다. 그래서 맥아더도 처음에는 일본의 고등문관들을 대수롭지 않게 생각하였지만 그 많은 자기 부하 인재들 중 실제 업무 경험을 가진 사람들은 몇 사람 되지 않음을 곧 깨달았다.

맥아더는 미국으로부터 블레인 후버(Blaine Hoover)를 초빙하여 일본의 공무원 개혁을 추진하여 미국식 직계제를 일본에 도입하려 하였다. 맥아더는 미국식 직계제로 각자가 재능을 발휘하도록 널리 기회를 마련해주면 도쿄제대 학벌의 독점이라는 비정상적인 현상을 고칠 것이라 보았다. 고문조들은 당연히 맥아더의 이러한 의도를 꿰뚫고는 후버의 개혁에 대해 겉으로는 순종하는 척하면서 암암리에 이 개혁을 고사시키려 하였다.

직계제는 먼저 모든 업무가 필요로 하는 지식과 기능을 통계에 의해 추출한 다음 이를 다시 분류하여 서로 동일한 점과 서로 상이한 점을 찾아낸 후 각 부서의 업무가 궁극적으로 어떤 지식과 기능을 필요로 하는지를 명확히 하는 것이 가장 기본이다. 그렇지 않으면 직계를 정할 방법이 없는 것이다. 이렇게 하나의 복잡한 계통을 몇 개의 간단한 하위계통으로 분해하는, 이른바 수리통계분석적인 방법은 미국 문화의 정수라 하겠지만 문화가 다른 나라에서는 그 효과를 달성하기가 매우 어렵다. 특히 일본의 문화처럼 '체면'이나 '이심전심' 등을 중시하는 동방 문화권에서는 더더욱 그러하다 하겠다.

결과적으로 4개월이 지난 후 겨우 두 개의 표준 — 5개 등급으로 나뉜 자동차 운전기사의 표준과 2개 등급으로 나뉜 엘리베이터 운행기사의 표준 — 을 완료하였다. 용인의 표준을 제정하는 것이 이렇게 어렵다면 고원 이상 친임관에 이르기까지의 표준은 대체 어느 세월에 마칠 수 있을지 그 누구도 몰랐다.

개혁은 개혁이고 일상 업무는 중단할 수가 없는지라 각 부처에 부족한 인원은 계속해서 충원하여야 했다. 그러면 어떻게 충원해야 할까? 과거의 고문고시는 없어졌으니 무슨 방법으로 충원할까? 실제로는 전후에도 1947년 4월과 12월 두 차례에 걸쳐서 고문고시를 실시하여 각각 173명과 189명의 고등문관을 채용하였는데 그 후로는 후버의 방식에 따라 인원을 선발하기로 하였다고 한다. 그러나 결과적으로 후버는 철저하게 일본의 고문조에게 농락당하고 말았다.

후버는 전술한 바와 같이 용인, 고원, 판임관, 주임관, 칙임관과 친임관의 구별을 폐지하고 통합고시를 통과하면 어느 직급이라도 다 가능하도록 하였다. 그래서 이전의 각종 시험을 폐지하고 다시 시험을 통해 인재를 선발하되 응시자격에 아무런 제한을 두지 않으면 모두들 아무런 반대가 없을 것이라고 생각하였다. 그러나 이러한 생각은 그 자체 커다란 문제가 있었다. 즉, 현재의 이익집단이 자기의 기득권과 이익을 타파하기 위해 스스로 혁명을 단행한다는 것은 그 자체가 황당하고 순진한 생각에 지나지 않는 것이었다.

1950년 1월의 유명한 'S1 고시'가 바로 그 좋은 예이다.

이른바 'S'는 supervisor, 곧 관리자를 의미하였다. 그래서 당시 전체 관리자의 직위를 모두 해제하고 고시를 통해 다시 자리를 부여하는 어마어마한 규모의 전대미문의 시험으로 전 일본사회를 뒤흔든 사건이었다. 중앙정부의 각 성과 청은 전체 국장의 자리를 대상으로 모두 공개경쟁 시험을 실시하였다. 점령군에 의해 공직에서 추방된 사람들을 제외하고는 응시자격에 아무런 제한이 없어 현재의 직위가 과장이든 아니면 국장이든 상관없이 누구든지 시험에 합격하기만 하면 그 자리에 오를 수 있었다. 만약 이 시험을 통과하지 못하면 그대로 집으로 돌아가야 하니 실로 엄청나게 큰 새 판짜기였다.

물론 시험에 떨어지면 체면이 깎일까 두려워하여 미리 사표를 제출한 국장과 과장들도 있었지만 절대다수의 고문조들은 아주 편안한 마음으로 이 시험에 참가하였다. 그들은 '이심전심'의 문화전통에 의해 다 같은 고문조 출신인 시험기획자들이 결코 그들에게 불이익을 주지 않으리라고 굳게 믿었기 때문이었다.

시험의 결과는 과연 그들이 예상한 대로였다. 아무것도 모르고 이 기회를 틈타 조그만 자리라도 차지하려던 비고문조들은 시험결과에 크게 실망하였다. 시험에 응시한 사람은 모두 12, 206명이었는데 최종 합격한 사람은 놀랍게도 8, 489명으로 69. 5%의 합격률이었다.

그럴 수밖에 없는 것이, 세상에서 이 시험처럼 자유분방한 고사장은 유례가 없을 정도로, 시간제한도 없고, 어떤 규칙도 없었으며, 심지어 시험장 뒤편에 '찻집'도 있어 시험을 보다가 피곤하면 찻집에 가서 차도 마시고 도시락도 먹을 수 있었다. 응시자들 중에는 적지 않은 수의 국장들이 있었기 때문이었다.

그러면 시험문제는 또 어떠했는가? 국장 어르신께서 틀림없이 대답하실 수 있는 문제, 예를 들면, "여자 용인이 차를 날라 오면서 부주의하여 당신 옷에 차를 쏟았을 때 당신이 취해야 하는 행동은 다음 중 어느 것인가?" 등이었다! 이런 시험이었으니 합격률이 당연히 그렇게 높을 수밖에 없었다.

합격률이 이렇게 높으니 이제 어떻게 해야 할까? 당연히 아무 문제가 없었다. 본래 '합격'은 반드시 '채용'을 의미하지는 않았다. 물론 모두를 다 채용하지 않은 것은 아니고 몇몇은 채용하기도 하였지만 원칙적으

로는, 합격은 했지만 채용준비가 안 된 사람들은 자발적으로 물러나도
록 조치하였다.

이 사실을 안 후버는 진노했고 그 '공무원 고시'의 결과를 받아들일
수 없었다. 그래, 후버 당신이 시험결과를 받아들일 수 없다면 그것은
어디까지나 당신의 자유이니 그러면 다시 문제를 내서 재시험을 치르
면 될 것이다. 그렇지만 합격한 '외부 참가자'(즉, 본래 국장이나 과장 등
이 아닌 순진한 순수 응시자)는 어떻게 할 것인가? 만약 이 사람들은 받아
들이고 다른 사람들은 받아들이지 않는다면 행정법상 문제가 있을 수
있었다.

이렇게 되자 눈물을 머금고 분을 삭일 수밖에 없었던 후버는 결국 평
계를 대고는 미국으로 휴가를 떠나고 말았다. 일본에는 "귀신이 없을
때 빨래를 한다"는 말이 있다. 중국에도 비슷한 표현으로 "생쌀이 이미
밥이 다 되고 말았다"라는 말이 있는데, 이번에 골치 아픈 후버가 없는
틈을 타 고문조들은 재빨리 행동을 개시하여 빨래를 신속히 완료하였
다. 놀랍게도 후버가 돌아와서 보니 이미 "밥이 다 되어 있었다". 결과
적으로 온 세상을 떠들썩하게 했던 '후버 공무원 개혁'은 이렇게 흐지부
지 끝나고 말았다.

고시의 명칭이 바뀌다

그러나 후버의 개혁이 전혀 아무런 성과도 없었던 것은 아니었다. 최소한 오늘날 일본에서 고급공무원을 'career'(직업관료)라고 부르게 된 것은 바로 미국에서 도입한 것이다. 정력이 넘치게 활발한 미국인들은 평생 한 직장에서 근무하는 경우가 드물고 쉽게 직장을 바꾸는 데 반해, 미국에서도 안정적인 공무원은 그렇지 않기 때문에 본래 '생애, 직업'의 뜻을 가진 career가 바로 공무원과 동의어가 되었다.

시간이 흐르면서 본래는 당연히 'career officer'라고 하여야 하는 것이 'career'로 단순화되었고 여기다가 일본인들은 이 말에 상대되는 'non-officer'라는 말을 만들어 정부 부문에서 일하는 다른 사람들을 지칭하게 되었다.

전술한 'S1고시'는 점령군을 비웃는 말이 되어버렸지만 실제는 일본인들도 역시 진지하게 고시의 방법에 대해 여러 가지로 생각을 하였다.

전전에는 주임관 이상의 고등관은 반드시 '고등문관 고시'를 통과해야 하고 판임관은 '보통문관 고시'를 통과해야 함은 이미 전술한 바 있다. 그러나 이제 전쟁은 패했고 어느 각도에서 보더라도 최소한 명칭은 바꿀 필요가 있었다. 또한 전전의 '고원'과 '용인'은 각 부처의 임시공이 었기에 필요하면 뽑고 필요 없으면 해고하면 그만이었지만 이제 모두 가 민주의 시대인지라 그렇게 할 수가 없었다. 그들을 위해서도 최소한 무슨 규정이 있어야 했다.

1948년 3월, 고등고시를 중지하는 정령이 발표되었고, 고등고시의 근 거 법률인 '고등고시령'과 '문관 임용령'은 7월에 '국가공무원법'이 시행되 면서 정식으로 폐지되었다. 이로써 메이지 연간에 시작된 고등문관제도 도 정식으로 종언을 고하게 되었다. 그러나 정확하게 말하자면, 실제로 는 '고등문관'과 '고등문관 고시'라는 명칭만 사라졌다.

1948년 이후 '6급직 고시', '5급직 고시'와 '4급직 고시'라는 명칭이 등 장하였다. '6급직 고시'는 과거의 고등문관 고시에, 그리고 '5급직 고시' 는 과거의 보통문관 고시에 각각 해당하였는데 '4급직 고시'를 신설하여 과거 각 부처의 고원과 용인을 모집하던 고시를 통일하여 규정하였다.

이른바 '대일본제국'은 이제 없어졌기에 당연히 '제국문관'이라는 호 칭도 사라지고 점령군은 그 대신 '공무원'이라는 호칭을 도입하였다. 그 때는 아직 '고급공무원'이라는 분류가 등장하기 전이라 정부는 상기 각 고시의 모집인원의 교육수준에 따라 각 고시를 구분하였다.

당시 일본 공무원의 급여체계는 '15등급제'였는데, 고등학교를 졸업 하고 들어가면 4급부터 시작하고, 전문대학 출신은 5급, 대학 졸업자 는 6급부터 시작하였기에 각 고시의 명칭도 이를 따라 정한 것이었다. 그러나 여기서 말하는 교육수준은 '그에 상당한' 정도를 말하는 것이지 반드시 학력을 요구하는 것은 아니었다. 바꾸어 말하자면, 해당 고시 를 통과하기만 하면 되는 것이지 졸업장을 반드시 필요로 하는 것은 아니었다. 흥미로운 것은 사실 오늘의 일본은 이미 기본적으로 4년제 대학교육이 보편화되었는데도 이렇게 교육정도에 따라 고시를 구분하는 방법이 오늘날까지 계속해서 시행된다는 점이다.

이렇게 6급직이 대학 졸업 상당의 수준을 요구하면 전쟁 전 고문고시가 도쿄제대와 법학과 위주였던 것과 같은 현상이 사라질 것인가? 점령군이 관료 중에 도쿄제대 법학과 출신이 압도적인 것에 불만을 품고 진행된 교육개혁에서 '제국대학' 제도를 아예 취소하지 않았는가?

6급직 고시가 과거 고문고시와 다른 점은 법률과 경제와 같은 '사무직' 이외에 16종의 전문직종을 신설하였다는 것이다. 이제 법과 위주의 현상은 사라질 것 같았지만 실제로는 그렇지 않았다. 1949년 11월 시행된 제2차 6급직 고시 합격자는 1,952명이었는데 각 부처에서 채용된 사람은 833명으로서 42.7%를 점하였다. 그런데 사무직이 517명으로 62.1%를 차지하였고 출신학교를 보면 아직도 도쿄대학을 위시한 구 제국대학 출신이 압도적 다수를 점하였다.

1957년부터 '6급직', '5급직', '4급직' 이런 고시의 명칭은 다시 '상급', '중급'과 '초급'의 국가공무원 고시로 바뀐다. 왜냐하면 그때 정부 각 부처는 이미 '15등급제'를 더 이상 사용하지 않았기 때문에 이제 '○등급직'이라는 명칭이 필요하지 않았다.

이렇게 이름을 바로잡는 것 이외에도 당시 일본의 사회경제적 상황 역시 고시의 명칭변화에 영향을 주었다. 1955년 이후 일본 경제의 부흥에 따라 모든 분야에서 사람이 필요하게 되자 공무원 지원자가 급감했다. 특히 고급공무원에서 그 현상이 더욱 두드러졌는데 우수한 인력은 대우가 훨씬 좋을 뿐 아니라 전망이 더 좋은 기업으로 빠져나가게 되었다. 예를 들면, 1957년 상급공무원 고시 응시자는 대략 2만 5천 명이었는데 4년 후인 1961년에는 12,637명으로 급감하였다.

어떻게 이 문제를 해결할 것인가? 이를 위해 일본정부는 다시 과거 '고등문관'의 신분으로 누렸던 자긍심과 자만심을 살리자는 구상을 하게 되어 1960년부터 '상급공무원 고시'를 '갑종'과 '을종'으로 구분한다. 이제 이른바 '상급 갑종'은 국가공무원 고시 중 최고의 수준이 되어 마침내 '상급 갑종'은 전전의 '고등문관 고시'와 이름만 다를 뿐 완전히 같은 고시가 되고 말았다. 이렇게 '상급 갑종'을 만든 목적은 '상급 갑종'을 통과한 사람에게 더 빠른 승진의 기회를 주기 위함이었다.

공무원의 승진은 마음대로 시키는 것이 아니라 '특별자격기준표' 중의 자격과 경력 및 재직기간 등의 규정에 따르도록 되어 있었다. 그러나 인사원 규칙 제20조에는 "근무성적이 특별히 뛰어난 직원은 '특별자격기준표'에서 규정한 연한의 80%를 채운 후 승진할 수 있다"는 규정이 있었다. 이러한 발탁승진의 규정은 본래 특별히 근무성적이 뛰어난 직원을 장려하기 위한 것이었지만 '근무성적이 특별히 뛰어난' 것에 대한 구체적인 정의가 명확하지 않았기에 아무도 이러한 발탁승진의 혜택을 받지 못하고 있었다. 그러나 이제 '상급 갑종 고시'가 생기자 그 구체적인 표준이 곧 '상급 갑종 고시'를 통과한 사람으로 정해졌다. 그래서 일본 공무원 사회에서 '8할 승진'이라는 말을 흔히 듣는데 이는 바로 '상급 갑종 고시'를 통과한 사람이 승진에서 규정기한의 8할만 채우고 동료들보다 먼저 승진한다는 말을 의미한다.

1985년 이후에는 '국가공무원 상급 갑종 고시'는 '상급 외교관 고시'와 합쳐서 '국가공무원 1종 고시'가 되고, '상급 을종 고시'는 '중급 국가공무원고시'와 합병하여 '국가공무원 2종 고시'로, 원래의 '초급 국가공무원고시'는 '국가공무원 3종 고시'로 바뀐다.

　이제 과거의 '고문조'가 진짜로 다시 돌아온 것이다.

달라진 것과 달라지지 않은 것

일본 공무원 사회에는 '8할 승진' 이외에 '6급 보좌'라는 말도 회자된다. 이것은 또 무슨 말인가?

1990년대 어느 조사에 의하면, '상급 갑종 고시'를 통해 각 부처에 들어간 직업관료들은 기본적으로 8년 안에 모두 '과장보좌'의 직위에 승진하는 이해할 수 없는 현상이 보편적이었다. 인사원 규칙 중 '행정직 봉급표(1)'의 급별 자격기준에 의하면 '과장보좌'는 7급에 해당되며 이 직급에 도달하기까지 최소한 10년 이상 11년이 소요되는 것으로 되어 있다. 이른바 '8할 승진'의 논리를 적용해도 도무지 맞지 않는다. 그러면 각 부처는 급별 승진기준을 무시하고 엘리트 관료들을 승진시키는가, 아니면 본래 외부 사람은 알 수 없는 어떤 내부규정이 있는가?

일본인들은 관료조직 내부는 말할 것도 없고 일반적으로 매사에 매우 기계적이어서 기준을 무시하고 마음대로 승진시키는 것은 있을 수 없다. 사실상 일본의 중앙관청에는 외부에서는 잘 모르는 규정이 있다. 인사원의 급별 자격기준 중 과장보좌는 7급에 해당한다는 것에 대한 해석에 의하면, 급별 자격기준은 모든 직무의 급별 표준이 결코 아니며 이 말이 나타내는 바와 같이 단지 각 급별에 해당하는 표준적 직무를 규정했을 뿐이라는 것이다.

다시 말하면, 그 기준은 단지 7급 중 '과장보좌'의 직위가 있다는 것이지 6급 중에서 과장보좌가 있을 수 없다는 말이 아니라는 것이다. 6급이 과장보좌가 될 수 있느냐 없느냐 하는 것은 우선 그 사람이 과거의 '상급 갑종 고시', 즉 현재의 '국가공무원 1종 고시'를 통과했느냐 여부에 달려 있다.

결국 일본의 관료제도는 몇 가지 명칭이 바뀐 것 이외 거의 아무것도 바뀌지 않은 셈이다. '천왕의 관리'는 '공무원'으로, '고등문관'은 '고급 국가공무원' 또는 '1종 국가공무원', 즉 속칭 '직업관료'(career, 관료)로, 그리고 '고문고시'가 '국가공무원 1종 고시'로 바뀐 것뿐이다.

물론 현재의 일본 직업관료제도가 과거의 제국 고등문관시스템과 비교하여 아무런 변화도 없다는 것은 아니다. 예를 들면, 현재의 일본 직업관료의 수입은 과거 제국 고등문관과는 비교할 수 없을 정도로 적을 뿐 아니라, 현재의 직업관료는 자기들 마음대로 급여를 올릴 수도 없다. 심지어 급여의 액수도 완전히 고정된 것이 아니다.

오늘날 관료의 급여는 매년 인사원의 '권고'에 근거한다. 국가공무원의 급여는 이 권고액보다 적어야 하니, 인사원의 '권고'는 말이 '권고'이지 실지로는 상한선을 정한 것이다. 이 기준은 지난 1년 동안 민간기업의 평균임금을 샘플 조사한 결과에 근거하여 당해 연도의 국가공무원 급여를 결정하므로 국가공무원의 급여는 경기반영 측면에서 민간기업보다 1년 늦게 반영된다. 이에 대해서는 이 책의 하반부에 자세히 설명할 것이다.

경기반영이 늦을 뿐 아니라 사실 일본의 직업관료의 수입은 일반 민간기업에 근무하는 동창생에 비해 훨씬 적다. 예를 들어 대장성 국장의 연봉은 2천만 엔이 조금 넘는 데 비해 은행 이사인 동창생은 5천만 엔이 넘는다. 그리고 중앙 부처의 고급공무원들은 상당수가 밤 12시 넘어서 귀가하지만 국가공무원은 규정상 초과근무를 해도 초과근무 수당을 받을 수 없다.

물론 매사에 예외는 있는 법, 대장성(현 재무성) 주계국은 초과근무 수당, 그것도 전액을 지급받는다. 주계국의 업무강도는 확실히 세긴 센 편이다. 특히 매년 예산 편성을 위한 몇 달 동안은 주말도 없고 휴일도 없이 거의 매일 새벽 2~3시 퇴근이 기본이다. 주계국 직원은 초과근무 수당만 매월 1백만 엔이 넘는다. 게다가 주계국은 자기 직원들뿐 아니라 예산 편성을 위해 주계국을 도우러 온 타 부처 직원에게도 예외적으로 초과수당을 지급한다.

또 하나, 직업관료의 지망생에도 어느 정도 변화가 일어나고 있다. 전후부터 시작하여 고급공무원 고시를 통과하는 사람들 중에서 도쿄대학 출신자의 비율이 전전의 90% 이상에서 80% 이하를 거쳐 계속적으로 감소하여 심지어 60% 정도까지 내려 왔다.

미야자와 기이치 내각 때에는 아예 도쿄대학 출신의 비율이 50%를 초과할 수 없도록 강제규정을 만들자는 안도 있었지만 결과적으로는 부결되었다. 이유는 임용할 때 고려하면 되지 굳이 명문으로 규정을 만들면 틀림없이 위헌이나 인권침해 등을 이유로 소송에 휘말릴 것이고, 국가가 그 소송에서 승소할 가능성이 거의 없기 때문이었다.

다른 변화는 중앙 관청 내에서 과거와 같은 노골적인 등급에 따른 차별이 없어졌다는 점이다. 전전의 고등관은 커피도 고원이나 용원과 함께 마시지 않았고, 판임관도 고등관과 동석할 자격이 없었다. 현재의 고급공무원은 승진속도와 지향하는 목표는 다른 보통공무원과 다르기는 하지만 관청 내 고급공무원을 위한 전용구역 같은 것은 없다.

물론 실제로는 고급공무원과 보통공무원의 사교범위는 아직도 서로 다르기 마련으로, 각자들이 주로 모이는 장소가 따로 있기는 하지만 이것은 어디까지나 자연스레 이뤄진 것이지 전쟁 전처럼 규정에 의한 것은 아니다.

그럼에도 불구하고 이러한 변화가 도쿄대학의 강력한 학벌집단에는 어떠한 영향도 미치지 못하였다. 일본 중앙 각 부처 과장 이상의 인사변동 사항은 모두 신문에 공표되는데 매일 각 신문의 제 2면에는 그날의 인사변동 명단과 경력이 소개된다. 이는 인사에서 매우 투명한 시스템이다.

고급관료 중 도쿄대학 이외 학교 출신을 찾기는 매우 힘들다. 이는 백년 이상의 역사를 가지고 형성된 학벌이 얼마나 강력한가를 증명하고 있다. 도쿄대학 출신의 학벌귀족들은 자기들 이외에는 모두 쓰레기라고 간주하므로 다른 사립대학은 물론이고 일본 제 2위의 교토대학 출신도 정부부처에서 견뎌내기가 무척 어려운 것이 사실이다.

다음의 예를 보면 도쿄대학 출신들이 어떤 생각을 하는지 잘 알 수 있다. 일본 텔레비전 방송에는 지식퀴즈 프로그램이 매우 높은 시청률을 자랑한다. 한번은 경제평론가 모리나가 다쿠로森永卓郎가 이 프로그램에 출연했는데 성적이 별로 좋지 않았다. 사회자가 이렇게 공부를 많이 한 유명한 경제학자가 어떻게 중도 탈락하게 되었는가를 묻자, 모리나가는 개의치 않는다는 듯이, "내가 참가한 이 프로그램은 내가 좋은 성적을 거둘 수가 없다. 이 프로그램은 와세다대학 출신이 우리 도쿄대학 출신을 물 먹이려고 만들었기 때문이다"라고 대답하였다. 물론 그의 대답은 조소를 모면하기 위한 변명이었지만 일본의 관료들이 왜 대중의 공격대상이 되는지를 잘 설명해주고 있다고 하겠다. 그리고 이는 도쿄대학 출신들의 오만함과 무관하다고 할 수 없다.

2008년 전 방위청 장관 모리야 다케마사가 부패에 연루되어 수감된 사건이 있었다. 그러나 관련된 금액이 너무 적어 모두들 의아하게 여겼는데 심지어 어떤 사람들은 모리야가 도호쿠東北대학 출신이라 이른바 '학벌투쟁'의 희생양이 되었다고 생각하였다.

2009년에는 후생성의 여성 과장이 장애인 혜택을 받을 자격이 없는 단체에 가짜 증명을 발급한 건으로 기소된 사건이 있었다. 이 안건은 후일 무고로 판명되었지만 이 과장의 이력이 알려지자 모두들 깜짝 놀라고 말았다. 그녀는 고치高知대학 출신이었는데 고치대학이 국립대학이기는 하지만 아무도 고치대학 출신이 중앙정부부처 과장 자리에 있으리라고는 상상도 못하였기 때문이다.

이 사건을 보면 오늘날 일본의 관료체계에 비 도쿄대학 출신들이 많아지고 있음을 알 수는 있지만, 또 한편으로는 아직도 도쿄대학 학벌이 얼마나 강한 영향력을 가졌나 하는 것을 나타낸다 하겠다.

어떻게 보면 일본의 관료기구는 메이지 연간에 시작된 전통과 조직, 그리고 사고방식을 아직도 고스란히 계승하고 있는 셈이다. 일본은 아직도 그때의 일본이고, 관료도 그때의 관료인 것이다. 일본인들은 과거 육해군의 경우 곧잘 "육사 ○○기", "해병 ○○기"라고 말하거나 문관은 부처에 들어간 연도를 기준으로 하여 "다이쇼大正 ○○년조年組" 또는 "쇼와昭和 ○○년조" 등으로 말함으로써 연공서열을 중시하곤 한다. 전후 육해군은 없어졌기에 육사나 해병 몇 기라고 하는 것은 사라졌지만 관료는 전전이나 전후의 구분 없이 아직도 ○○년조라고 말하는 것이 전통으로 남아 있다.

관청의 문은
공평하게 열려 있다

　일본의 역사학자들 중에는 전전의 일본사에 대해서 매우 흥미로운 평가를 하는 사람이 있다. 즉, 전전의 일본은 민주사회는 아니었지만 적어도 '육해군과 제국대학' 두 가지에서는 민주주의를 나름대로 실험하였다는 것이다.

　그에 따르면, 전전 일본 육해군과 제국대학은 물론 민주주의적인 조직은 아니었지만 이 두 조직은 '공정'이라는 점에서는 나무랄 데가 없었다. 그리고 공정이야말로 민주주의에 불가결한 요소임에 틀림없다.

　필자는 《대본영의 참모들》과 《드넓은 대양이 도박장 : 일본 해군사》에서 일본 육해군의 경직된 인사제도를 언급하였다. 그러나 이렇게 지나치게 경직된 인사제도는 다른 면에서 보면 공정을 중시한 것으로, 출신에 상관없이 육군대학이나 해군대학을 나오기만 하면 남보다 뛰어날 수 있다는 것이었다. 더군다나 육대나 해대를 막론하고 50여 년의 역사 속에서 '부정입학'한 학생이 단 한 명도 없었다.

　이는 제국대학에서도 마찬가지였다. '제국대학의 공정'이란 곧 '성적

앞에 누구나 평등하다'는 것을 의미하였다. 입학 시 성적에 의해 입학할 뿐 아니라 졸업 시에도 고등문관 등의 공인된 좋은 직업을 위해 성적으로 경쟁하였으니, 말 그대로 "관청의 문은 누구에게나 공평하게 열려있지만, 성적이 좋은 사람만이 들어올 수 있는 문"이었던 것이다.

일본의 관료조직은 전전 전후를 구분하지 않기 때문에 이러한 전통은 자연스럽게 그대로 계승되어 왔다.

일본에서는 '국가공무원 1종 고시'를 통과한 사람만이 고급 국가공무원이 될 수 있음은 이미 설명했다. 그리고 이 고시는 난도가 매우 높아도쿄대학이나 교토대학 같은 일류대학의 최우수 학생이라 할지라도 대학 2학년부터 전문적인 보수반에서 아주 치열하게 공부하여야만 합격할 수 있다.

한 집안에서 연속 몇 대가 도쿄대학을 나오는 경우는 매우 드물었다. 전 민주당 출신 수상 하토야마 유키오鳩山由紀夫의 집안은 그 부친 하토야마 이이치로鳩山威一郎까지 내리 3대가 도쿄대학 법과를 졸업하였다. 그러나 하토야마 유키오와 그 동생 하토야마 구니오鳩山邦夫에 와서는 다소 달라졌다. 동생 구니오는 도쿄대학 법과를 나왔으나 유키오는 도쿄대학의 이학부에 들어갔고 구니오의 아들은 아예 도쿄대학에 들어가지도 못하였다.

일본에서 부자 양대에 걸쳐서 고급공무원이 되는 경우가 있기는 하다. 현 황태자 나루히토德仁 친왕의 비 오와다 마사코小和田雅子는 출가전 직업이 외교관이었는데 마사코의 부친 오와다 히사시小和田恒도 외무성 사무차관을 역임했다. 현재 '국가공무원 1종 고시'로 통합된 외교관고시는 원래 독자적으로 진행되었는데 일본에서 가장 어려운 시험으로 알려져 있다.

일본 외무성에는 이상한 전통이 하나 있는데 그것은 가장 우수한 인재는 대학을 졸업하지 않은 사람이라는 것이다. 외무성은 입성한 후 일반적으로 외국 대학에 가서 유학하는 것이 보통이어서 — 마사코 역시 옥스퍼드와 하버드에서 수학하였다 — 시험에 합격한 사람은 다니던 대학을 중퇴하고 외무성에 먼저 출근하기 마련이다. 그래서 외무성 입성 때 나이가 적으면 적을수록 앞으로 출세할 가능성이 높다고 할 수 있다. 따라서 외무성은 대학을 졸업했느냐 여부를 굳이 따지지 않았다.

한 집안 3대에 걸쳐서 고급공무원이 되는 경우는 손가락으로 꼽을 정도로 적고 4대는 거의 없다고 할 수 있다. 도조 히데키 내각의 외상이며 후일 A급 전범인 도고 시게노리의 집안은 4대째 고급공무원 집안으로 알려져 있지만 자세히 들여다보면 양자로 들인 사위까지 계산에 넣은 결과이다. 그러나 일본 국회에는 4세 의원이 수두룩하다.

이렇게 공무원을 선발하니 자연히 세습을 방지하고 또 고급공무원이 된 사람들이 그 자리를 자랑스럽게 여기어 자연히 부패도 방지하게 되었다. 그러다 보니 고급공무원들이 하늘 높은 줄 모르게 콧대가 높아진 점도 부인할 수 없다.

매사 모두 양면성이 있는 법, 일본의 관료제도에서 원래 이 제도를 유지하기 위한 작은 원칙이 나중에는 아주 큰 문제로 변하게 된다.

필자의 《대본영의 참모들》과 《드넓은 대양이 도박장: 일본 해군사》를 읽은 독자는 일본 육해군에 군도조軍刀組와 해먹 넘버(*hammock number*, 일종의 군번)와 같은 석차의 문제가 있었음을 기억할 것이다. 일본인들은 석차를 좋아한다. 관료제도에서도 마찬가지로 가장 중요한 것은 고시 석차이다. 전전에는 고문의 석차가, 현재는 갑종 국가공무원고시의 석차가 가장 중요하다. 수험생들은 갑종 국가공무원 고시에 합격하면 합격통지서를 받는데 그 맨 위에 전체 합격자 중의 석차와 자기가 응시한 부처 중에서의 석차가 명기되어 있다. 그가 들어간 부처에서의 앞날은 대부분 이 석차에 의해 좌우된다고 말할 수 있다.

이렇게 하는 이유는 당연히 "배우고 남은 여력이 있으면 벼슬을 한다" 學而優則仕라는 유교사상에서 나오기도 했지만 또 하나는 아주 실용적인 이유, 즉 부정을 방지하기 위해서이다.

모든 시험에는 부정이 있기 마련이다. 그러나 시험의 권위와 수험생의 자존심을 유지하기 위해서는 당연히 부정을 막아야 한다. 이를 위해서는 과정을 투명하게 하여 만인환시萬人環視의 감독을 통함으로써 부정이 근본적으로 발생할 수 없도록 한다. 실제로 일본의 지방공무원이나 지방직원을 채용하는 경우에는 추문이 있었지만 전전의 고문고시에서 현재의 1종 고시에 이르기까지 100년 동안 시험부정에 관한 추문이 한 번도 발생한 적이 없다. 이는 시험석차까지도 모두 공표하는 것 같이 전체 과정을 투명하게 운영하기 때문이다.

부정을 배제하는 것은 다음 두 가지 경우를 모두 포함한다. 하나는 시험답안 작성에서 부정을 배제하는 것이다. 시험을 쳐본 사람은 알지만 시험 중 실수로 시험을 망치는 경우는 흔히 있지만, 자기 실력을 넘어서는 것은 쉽지 않기 마련이다. 더구나 수험생들이 모두 내로라하는 수재들인 경우 자기 실력을 넘어선 부정을 한다는 것은 불가능하다고 볼 수 있다.

또 하나는 채용 시 부정을 배제하는 것이다. 최초 몇 차례의 고문고시를 제외하고 이 시험은 모두 일종의 자격시험이어서 시험에 통과하였다고 반드시 채용됨을 보증하는 것은 아니다. 채용은 빈 자리가 있느냐에 달려 있고, 특히 이와 같이 장래 고관이 될 사람을 채용하는 것은 당연히 더욱 더 신중해야 하는 법이다. 따라서 각 부처는 채용 시 다소 자유재량을 갖게 되기 때문에 어느 정도 '정실 채용'의 여지가 있게 된다. 그러나 만약 공개석차에 의해 채용하게 되면 일반 관청은 석차를 고려하는 것 이외 다른 선택의 여지가 없게 되는 것이다.

일반적으로 권력은 반드시 부패하기 마련이지만, 일본 관료의 부패는 다른 나라 관료와 비교하여 비교적 양호하다고 볼 수 있다. 이는 일본이 관료집단에 들어가는 문턱을 높이는 방법으로 관료의 자존심을 자극함으로써 관료의 부패현상을 완화시켰기 때문이라고 할 수 있다.

일본 경제기적의 공은
누구에게

전후 일본의 경제기적은 과연 누구의 공인가? 이에 대해서는 일본 국내와 국외에서 모두 의견이 분분하다. 그리고 일본 국내와 국외의 생각이 완전히 다른 것도 흥미로운 일이다.

일본인들은 일관되게 그 원인을 '일본 민족의 근면성'에 있다고 생각한다. 그렇지만 현재의 일본인들이 어쨌거나 몇십 년 전에 비해 게을러진 것도 아닌데 경제가 살아날 조짐이 보이지 않는 것을 보면 이러한 생각은 설득력이 떨어진다.

외국에서도 적지 않은 사람들이 이 문제를 연구하였다. 그들 역시 일본인의 근면성을 부정하지는 않지만 세계에는 근면한 민족이 일본인만 있는 게 아니다. 근면을 통해 부를 축적하는 것은 듣기에는 괜찮은 구호이지만 사실 근면과 치부 사이에 어떤 논리적 관계가 있지는 않다. 그래서 외국 학자들은 일본의 경제정책 결정과정에 초점을 두고 연구한 결과 일본의 경제기적은 일본의 관료체계에 그 공이 있다는 결론을 내렸다.

하지만 정작 일본인들은 — 외국인들이 그렇게 칭찬하는 관료들까지 포함하여 — 그렇게 생각하지 않는다. 대장성 직업관료 출신의 유명한 작가 하타 이쿠히코秦郁彦 교수는 이 문제를 언급하면서 아주 흥미로운 예를 든 적이 있다. 그가 관료로 일할 때 외국에 출장가면 매번 외국인들이 그에게 존경을 표시하곤 하였는데 그의 생각에는 일본의 상사들이 외국에서 뛰어난 실적을 올렸기 때문에 세계 각국 사람들이 일본의 국력을 높이 평가하게 되었다는 것이었다. 그래서 그의 결론은 일본의 경제기적은 응당 상사들과 상사에 상품을 공급한 일본의 제조업에 그 공이 있다는 것이다.

그러나 상사에 근무하는 그의 친구는 그와 생각을 달리 하였다. 일본 정부의 제조업과 상사에 대한 지원이 없었다면 이러한 경제성장은 없었을 것이라는 것이다. 그가 사업을 위해 전 세계를 돌아다닐 때 모두들 일본 경제인의 배후에는 일본정부가 있음을 알기에 일본의 경제인들을 존중한다는 것이었다. 이러한 정부의 뒷받침 덕분에 일본의 경제인들이 세계 각지에서 고개를 쳐들고 활보하면서 시장을 개척할 수 있었다는 것이다.

물론 이 두 가지 생각은 모두 사실이다. 그러나 세계적으로 이름 높은 일본의 제조업과 '유도탄에서 연필까지' 무엇이나 내다 파는 일본 특유의 종합상사는 모두 일본정부의 강력한 정책지도하에 발전했음은 이론의 여지가 없다. 그리고 최근 일본 경제의 패퇴는 일본정부의 지도능력 부재에 그 원인이 있으며, 특히 그 근본 원인은 관료집단의 능력 저하와 관료들의 발언권 자체가 약해진 탓이라고 할 수 있다.

이렇게 볼 때 외국 학자들이 정확히 본 바와 같이 일본 경제기적의 공신은 일본의 관료인 것이다.

일본 경제와 기업경영에는 확실히 외국인이 보기에 이해할 수 없는 규율이 있다. 과거에는 적지 않은 사람들이 일본 경제의 성공은 바로 이 규율에 힘입은 바라고 했는데, 오늘날에는 역시 적잖은 사람들이 일본 경제의 실패는 또 이 규율 때문이라고 한다. 이 규율이 도대체 순기능을 하는지 역기능을 하는지는 차치하고, 이 규율의 유래를 자세히 고찰해보면 이 모든 것은 관료들의 작품임을 알게 된다. 또한 이러한 이상한 규율들은 모두 전전으로까지 거슬러 올라가는데, 당시에 이를 만든 것은 일본이 하루 속히 자본주의로 진입하기 위해서였다.

오늘날에 와서 이 규율이 이상하게 간주되는 것은 이제 일본이 이미 성숙한 자본주의로 진입하였기 때문이다. 그렇지만 일본 관료들은 아직 새로운 시대에 적합한 새로운 방법을 찾아내지 못한 탓에 일본이 지난 20여 년 동안 불경기에 시달리는 것이다.

이렇게 보면 일본 경제의 성공과 실패는 모두 일본의 관료에 달려 있는 셈이다.

일본인들은 일반적으로 매사에 융통성이 없다는 인상을 주지만 일본의 관료들은 그렇지 않다. 일본의 관료들은 미국의 영향을 많이 받아 일을 처리하는 데 매우 실용적이다. 이는 전후 미국의 영향을 받아 그런 것이 아니고 메이지 시대 관료제도가 시작될 때부터 그러하였다. 왜냐하면 메이지 초기의 유학생들이 주로 간 곳이 영국과 미국이었으며, 특히 미국에서 돌아온 유학생들이 그 후 일본 관료사회에서 주류를 이루었기 때문이다. 1920년 이후 각 부처의 친임관 중에는 미국 유학생이 다수를 차지하였기에 그들이 일본정부의 분위기에 많은 영향을 끼쳤다.

일본의 관료들은 제국 육해군 엘리트 참모들과는 달라도 한참 달랐다. 그들은 레이더와 같은 무기조차도 정치적으로 적합한지 여부를 먼저 구분하였다. 그들은 매사에 '정치적으로 적합'하다는 구실을 내세웠으니, 그들에게는 정치적으로 적합하지 않은 것은 있을 수 없었다. 만약에 그러한 것(정치적으로 적합하지 않은 것)이 있다면 그들은 먼저 정치의 정의를 수정할 것이었다.

전전의 혁신관료들도 그러하였고 전후의 일본 관료 역시 마찬가지였으니, 일본 관료의 일처리 방법에 따라 '전전'과 '전후'를 구분하는 것은 거의 의미가 없다.

일본은 패전하여 나라는 초토화되었으며, 게다가 적도에서 중국 내륙까지 태평양의 절반에 이르는 곳에 있는 수백만의 육해군 군인들은 귀국할 수 있을지 여부도 불명확하였고, 그렇게 호전적이던 군부도 입을 다물 수밖에 없는 형편이었다. 그들이 할 수 있는 것이라고는 기껏 일왕을 위해 할복하는 것뿐이었다.

하지만 관료들은 그렇지 않았다. 그들의 신상에는 아무런 문제가 없었기에 그들은 계속해서 진지하게, 어떤 면에서는 전시보다 더욱 더 노력하고 진지하게 일하였다. 왜냐하면 이제 족쇄처럼 자기들을 옭아매던 군부도 없어졌고 매일 허튼 소리나 하던 정치가들도 사라졌기에 그들은 그야말로 자유자재로 일을 처리할 수 있게 되었다. 이렇게 해서 일본의 관료는 완전 무無에서 출발하여 일본을 다시 부흥시킬 계획을 입안하고 실천하였던 것이다.

전전부터 전시까지 계속해서 일본 관료의 머리를 짓누르던 군부, 정치가, 재벌 등 3대 세력이 맥아더에 의해 무력화되자, 관료들은 마음껏 자신들의 포부를 실현할 수 있었다. 전후 최대의 변화는 일본정부가 관료에 의해 완전히 장악되었다는 점이다.

전후 제 1기 민선내각 수상 요시다 시게루부터 시작하여 근 30여 년간 일본의 수상은 거의 직업관료 출신들이었다. 전전 신체적 문제 때문에 크게 활약하지 못하였던 이케다 하야토池田勇人를 제외한 다른 사람들은 다소간의 차이는 있어도 모두 혁신관료와 관계가 있는 인물들이었다. 그중 기시 노부스케는 아예 혁신관료의 대표적 인물이었다. 그들은 세력을 장악한 후 일본을 다시 빠른 속도로 자본주의에 진입시키게 된다.

이제 전후 일본 경제의 발전과정에서 일본 관료들의 활약을 살펴보기로 하자.

토지개혁과 농업 집체화

많은 사람들이 토지개혁은 공산주의자의 전매특허라고 오해하지만 사실은 그렇지 않다. 아시아에서 가장 먼저 토지개혁을 실천한 나라는 일본이다. 맥아더가 일본을 지배하면서 남긴 가장 큰 공적은 그의 영도력으로 일본의 토지개혁을 실현한 것이다. 물론 토지개혁을 계획하고 실시한 것은 일본의 관료들이었지만 맥아더가 관료들을 무력으로 뒷받침해주지 않았다면 일본의 토지개혁은 결코 성공할 수 없었다.

그런데 일본에서 가장 일찍 토지개혁의 개념을 제의한 것은 사실 일본 군부였다.

전전 일본 농촌의 토지병탄 현상은 매우 심각한 수준으로, 농촌 인구의 1%도 안 되는 지주들이 70%가 넘는 농지를 차지하고 있었으며, 그들의 농지를 소작하는 소작농에 대한 착취가 도를 넘어 수확량의 절반 이상을 지주가 소작료로 가져가 농촌의 형편은 그야말로 비참하기 그지없었다.

일본의 쇼와시대에 적지 않은 문제의 근원이 당시 농촌의 참상에서 비롯된 것이었기에 관료들이 이 문제에 관심을 갖게 된 것은 너무나 자연스런 일이었다. 우선 이들 문무 관료들 중에는 농촌출신이 다수를 차지하였고, 이렇게 양호한 교육을 받은 문무 관료들은 기본적으로 지식 계층으로서 무엇보다도 평등을 중시하였다. 게다가 육해군의 군관들과 하급 사병들은 거의 전부 농촌 출신이어서 농촌의 참상은 직접적으로 군대의 사기에 영향을 미쳤다.

관료들이 농촌개혁에 대해 검토하는 단계에 있을 때 육군의 하급 군관들은 이미 실제 행동에 나섰던 것이다. 1936년 일어난 '2 · 26 사건'의 중요 원인 중 하나는 바로 농촌문제였다. 일본 영화 〈아! 해군〉을 본 사람은 이 점에 대해 깊은 인상을 받았을 것이다. 사정이 이러했기 때문에 군부 내에서는 토지개혁을 해야 한다는 목소리가 끊이지 않았다.

그러나 토지개혁은 하나의 혁명이나 마찬가지이며 그렇게 손쉽게 처리할 수 있는 문제가 아니었다.

1938년 '국가총동원법'이 도입된 후, 관료들은 토지개혁과 유사한 실험을 한 적이 있었다. 먼저 '소작료 통제령'이라는 법령을 만들어 소작료를 법률의 형식으로 규정하여 지주가 마음대로 올리지 못하게 하려 했다. 그러나 제국 의회의 대다수를 점한 지주들의 강력한 반대에 부딪쳐 이 법안은 결국 실행에 옮기지 못하였다.

1942년이 지나자 관료들은 또 다시 '식량관리법'이라는 법률을 만들어 농민은 생산한 쌀을 반드시 국가에만 판매하고 지주에게는 현금으로 소작료를 지불하도록 하였으며, 또한 소작료의 액수를 법률의 형식으로 규정하여 함부로 바꿀 수 없도록 하였다. 이때는 모든 것이 전쟁 위주였기 때문에 전시 식량생산을 확보하는 법률에 대해 의회도 감히 반대할 수 없었다. 이 법은 지주들에게는 매우 불리한 법이었다.

전시 인플레이션 때문에 실제 소작료는 1945년에 이미 종전 50. 5%에서 18. 3%로 줄어들었을 뿐 아니라, 동법은 '이중 곡가제'를 규정하여 국가가 양곡을 수매할 때 지주와 소작농에 대해 각각 다른 가격 ─ 물론 지주에 대한 가격이 소작농보다 낮았다 ─ 을 적용하도록 규정하였다. 이로써 에도江戸 시대 이래 지속된 일본의 소작제도는 전시에 이르러 이미 거의 유명무실하게 되었다.

1945년 10월 농림대신에 취임한 마쓰무라 겐조松村謙三는 취임 기자회견에서 "농정의 기본은 자경농自耕農"이라는 사실을 공개적으로 선언하였다. 이에 대해 당시 도착한 지 얼마 안 된 점령군은 농촌에 대해 큰 관심이 없었기 때문에 그대로 "No objection"이었다. 마쓰무라 겐조는 과거 '기획원 사건' 중 '적화'에 연루되어 특고경찰에 체포되었던 와다 히로오를 제일선에서 토지개혁을 추진할 인물로 선정하였다.

와다 히로오는 특고경찰에 체포된 경력 때문에 맥아더가 온 이후 오히려 승승장구하여 농림성 농림국장에 임명되었다. 그는 4일 만에 '농지조정법'이라는 법을 입안하였다. 이는 물론 그가 이전부터 구상했기에 가능한 일이었다. 그러나 이 법안은 의회에서 부결되고 말았다. 이유는 아주 간단하였다. 의회에는 아직도 지주들이 다수를 점하고 있었기 때문이었다.

와다 히로오는 GHQ에 구원을 요청하였고, 이제 정신을 차린 GHQ 역시 농촌문제의 중요성을 깨닫게 되었다. 맥아더는 철저한 반공주의자로서, 토지문제를 해결해야만 공산당의 선전에 넘어가지 않을 것이라고 판단하였다. 토지개혁이야말로 반공의 중요한 요소라고 보고 GHQ는 와다의 토지개혁을 전적으로 지지하였을 뿐 아니라 와다 법안의 미비한 점을 보완하도록 전폭적으로 지원하였다. GHQ의 지원하에 와다는 1947년~50년까지 3년에 걸쳐 일본의 토지개혁을 완성한다.

일본 토지개혁의 내용은, 국가가 부재지주의 토지 전부를 강제로 수매하고, 농촌에 사는 지주에 대해서는 홋카이도 지구는 4만㎡, 기타 지역은 1만㎡를 제외한 나머지 토지를 국가가 강제로 수매하여 토지가 없는 농민에게 매각하는 것이다. 일본정부는 252만 호의 지주들로부터 총경작지 면적의 35%에 해당하는 토지를 수매하여 토지가 없거나 적은 토지를 가진 420만 호의 농민들에게 매각하였다.

당연히 이것은 겉으로는 '수매'와 '매각'이었지만 실지는 '강탈'이나 다름없었다. 가격이 터무니없이 낮은 것은 물론, 급속한 인플레이션 때문에 이 가격은 거의 무시할 수 있을 정도였기 때문이다. 이에 따라 일본의 지주들은 지속적으로 토지개혁과 관련한 소송을 제기하였지만 맥아더에 의한 민주개혁은 이미 과거 지주들이 존재할 수 있었던 사회의 기본구조를 완전히 바꾸어 놓았기에 아무도 지주들의 원망에 대해서 관심을 기울이지 않았다. 비록 어느 정도 '보상'이 주어지긴 했지만 그 '보상'은 어디까지나 상징적인 차원에 지나지 않았다.

일본의 농림성 관료들은 토지개혁을 실천하였을 뿐 아니라 더욱 더 불가사의하게도 개별 경영의 일본 농민들을 집체화하였다. '집체화'라 하면 아마도 스탈린의 집단농장 — 강제에 기반한 행정조직 — 을 떠올리는 사람이 있을 것이다. 그러나 일본 농촌의 집체화는 그런 것이 아니고 흩어져 있는 개별 경영의 농민들을 '농업협동조합'이라는 형식으로 집체화한 일종의 경영합작 활동을 말한다.

일본 농민은 각자의 농토에서 생산활동을 하는 것을 제외하고는, 종자와 농기계 구매에서 농산품 판매에 이르기까지 나머지 경제활동을 모두 '농협'을 통해 진행한다. 농산품에 대한 등급 사정과 시장에 판매할 수 있는 등급의 결정, 그리고 농산품의 판매가격에 이르기까지 이 모든 것을 농협이 결정한다. 일정 등급 이하의 농산품은 자기 스스로 먹는 것 이외에는 모두 폐기 처분되어 시장에 유통할 수 없도록 하여 농산품의 가격체계를 유지하는 것이다.

이 '농협' 덕분에 십수 년 전 이상기후로 평년보다 서늘한 여름으로 쌀이 부족했던 때를 제외하고는 외국산 쌀이 한 톨도 일본 국내에 들어올 수가 없었다. 현재는 WTO 규정 때문에 쌀 수입을 금지할 수 없어 일본은 수입한 쌀을 창고에 보관하다가 몇 년이 지난 후 재난을 당한 외국 — 다행히(?) 세계 도처에 재난이 끊이지 않는다 — 에 원조 형태로 지원하고 있다.

농산품 시장을 개방해서는 안 되는 것에 대해 아직까지는 아무도 감히 불평불만을 제기하지 않는다.

황색(어용) 노동조합

일본의 노사관계에 대해서는 여러 사람들이 부러워한다. 어지간한 일본 기업에는 노동조합이 있는데 미국인들은 이러한 노동조합을 평가하면서 공공연히 '황색(어용) 노동조합'이라고 불렀다. 요즈음은 "Yellow Union"이라는 말 대신 "Company Union"이라고 하지만 실제로는 모두 같은 말이다.

전후 초기 일본에는 대규모의 노사충돌이 발생하였다. 1947년 맥아더에 의해 강제로 중지된 '2·1 대파업' 이외에도 1948년에는 미군 탱크와 장갑차가 출동하여 진압한 '도호東寶쟁의'가 발생하였다.

1949년에는 '시모야마下山사건'과 '미타카三鷹사건', 그리고 '마쓰카와松川사건' 등 유명한 '국철國鐵 3대 의혹사건'이 일어났으며 마지막에는 '도시바束芝쟁의'가 발생하였다.

이들 일련의 사건의 배경은 모두 동일하였다. 즉, 1948년 북한정권의 성립과 1949년 마오쩌둥의 중화인민공화국 성립에 의한 영향과, 또 하나는 1949년 2월 GHQ 경제고문의 자격으로 일본에 온 조셉 도지

(Joseph Dodge)가 제의한 긴축경제가 그 공통된 배경이었다.

도지는 일본정부의 이른바 '경사傾斜경제'(일종의 우대경제)는 사실상 '장대놀이 경제'로서, '장대' 하나는 미국의 원조이고 또 하나의 '장대'는 바로 정부보조금이라고 생각하였다. 미국은 그러나 지속적으로 일본의 '장대'가 될 수는 없기 때문에 일본 경제가 안정적이 되기 위해서는 반드시 긴축경제정책을 실시하여야 한다고 그는 생각하였다. 긴축경제는 곧 대량감원을 의미하였고, 그 결과 실업률이 크게 증가하여 사회가 혼란스러워지는 것은 당연한 귀결이었다.

도지가 실시한 경제조정이 궁극적으로 옳았는지 여부는 검증할 방법이 없다. 왜냐하면 도지의 정책 때문에 발생하였던 이른바 '도지 불황'은 얼마 되지 않아 일어난 한국전쟁 때문에 사라져 버렸기 때문이다.

그러나 일본의 경영자들은 이러한 사건들을 겪으면서 노동쟁의 문제를 중시하기 시작하였다. 그들은 한국전쟁으로 노동쟁의가 잠시 줄어들거나 없어졌지만 그래도 경계심을 늦추지 않고 '노사협조'의 노선을 찾아내고자 하였다.

가장 먼저 이러한 방법을 모색한 사람은 도시바東芝전기의 이시자카 다이조石坂泰三 사장이었다. 그는 원래 고문고시를 거친 관료 출신이었다. 1911년 도쿄제대 법과를 졸업한 이시자카는 체신성의 고문조였는데 후일 제일생명보험이 그를 스카우트하였다.

제 1차 세계대전 시 일본은 전쟁 특수를 맞아 민간기업의 대우가 아주 좋았기 때문에 제국대학을 졸업하고 바로 기업에 들어가거나 고급 문관이 민간기업으로 이직하는 경우가 적지 않았다. 이시자카 역시 그중의 한 사람으로 그는 후일 제일생명보험의 사장에까지 오르게 된다.

맥아더가 도착한 후 제일생명보험의 사무실 건물을 징발하자 그의 사무실이 곧 맥아더의 집무실이 되었다. 현재 그곳에 전시되어 있는 '맥아더 원수가 앉았던 의자'는 사실 본래 이시자키가 앉았던 의자이다.

전후 요시다 시게루가 그에게 대장상으로 입각하도록 요청하였지만 그는 도시바전기로 가서 '도시바 쟁의'를 처리하게 된다. 그 후 그의 주도하에 일본 기업들이 노사쟁의를 처리하면서 이른바 '노사협조'의 노선이 정립되었다.

듣기에 다소 이상한 이러한 노선은 당시 일본의 상황을 보면 어느 정도 이해가 간다. 원래 일본정부는 노동운동을 심각한 재앙으로 생각하여, 1919년 10월 10일 당시의 내무대신 도코나미 다케지로床次竹二郎는 노동운동을 진압하는 데 도박꾼들을 불러들이기까지 하였다. 일본 문화에서 '도박꾼'은 구제할 길 없는 사회의 쓰레기요, 큰 사회악으로 간주되었다. 메이지 정부도 도박을 반정부활동을 제외하고는 가장 엄중한 치안문제로 간주하여 '도박범 처분규칙'이라는 법률을 제정하여 도박행위를 관리하였다.

그런 상황에서 노동운동을 진압하려고 도박꾼들을 불러모은 것을 보면 정부가 노동운동을 얼마나 두려워하였는지 알 수 있다. 정부를 도와 노동운동을 진압한 도박꾼들은 오늘날 야마구치구미山口組의 폭력조직인 '대일본 국수회國粹會'의 창시자들이다.

그러나 전후 요시다 시게루 수상은 그러한 강제 진압을 좋아하지 않았을 뿐 아니라 기업 경영자들에게나 전체 사회 분위기에 일대 변화가 일어났다. 전전과 전쟁 중에 혁신관료들이 통제경제를 시행하면서 소유권과 경영권을 분리하도록 하였음은 전술한 바와 같다. 그 결과 대기업의 경영자들과 재벌가족 사이에 아무런 관계가 없게 되었다. 경영자들은 고급 월급쟁이이기는 하지만 결국에는 어디까지나 피고용자에 지나지 않게 된 것이다.

게다가 점령군은 재벌해체를 주도하여 재벌가족들을 기업에서 축출하였다. 따라서 경영자들은 원래의 재벌가족과 달리 노동조건 개선을 요구하는 노동자들에 대해 심각한 반감을 갖기보다는 같이 앉아서 담판할 수 있는 파트너라고 생각하였다.

일본의 노조는 다른 선진국에서와 같이 산업별 내지는 심지어 산업연대의 조직이 아니라 각개 기업 단위의 조직이다. 이는 처음부터 그러하였다. 이러한 조직형태는 사실 고문조 관료들이 시행한 전시 통제경제의 부산물이다.

1938년 내무성은 생산효율을 높이기 위하여 기업 내부에 '산업보국회'産業報國會라는 조직을 만들도록 제안하였다. 이른바 '산업보국회'는, 노사 쌍방이 자리를 함께하여, 노동자들의 복리를 증진하여 그들의 노동의식을 고취하는 방안을 토의하는 조직이다. 당시 반 이상의 기업들이 모두 이러한 조직을 갖고 있었는데, 이제 이시자카가 원래부터 존재하던 이 조직을 노조로 전환하도록 제의하자 모두들 찬동하였다. 이렇게 하여 기업의 노조는 자기가 속한 기업과 운명을 같이하는 공동운명체가 되었다.

이시자카의 구상은 어떻게 하여 정부는 물론 대다수 기업들로부터 폭넓은 지지를 받게 되었을까? 이시자카는 1956년부터 1968년까지 12년간 4번 연속 '일본 경제단체연합회'(게이단렌經團聯)의 회장을 지냈다. 그는 이 직위를 이용하여 정부와의 관계는 물론 각 대기업의 수뇌들과 연계하여 경영자들의 공동행동을 이끌어낼 수 있었다.

게이단렌의 성립 과정은 다음과 같다. 즉, 1945년 9월 13일 나카지마 치쿠헤이中島知久平 상공대신이 주요 4개 경제단체(일본 경제연맹회, 중요산업협의회, 일본 상공경제회, 상공조합 중앙회)에 대해 전후 처리방면에 대한 자문을 진행하여, 동년 9월 18일 상기 4개 단체가 경제단체 연합위원회를 결성하였고, 이어서 1946년 8월 16일에는 본 경제단체 연합위원회가 다시 '게이단렌'으로 개편하게 된다.

이 '게이단렌'은 재벌 해체 후 정식으로 정부와 기업 간의 연락을 도맡게 된다.

5

관료는
철밥통인가?

경사 (우대) 경제와 통화팽창

"만약 한국전쟁이 없었다면 일본의 경제부흥도 없었다"고 하는 의견이 있다. 이것은 완전히 맞는 말은 아니다. 전후 일본 경제의 부흥에 한국전쟁이 큰 공헌을 한 것은 부인할 수 없는 사실이지만 그러나 모든 원인이 한국전쟁에 귀결되는 것은 아니다. 한국전쟁이 발발한 것은 1950년인데, 전장이 비록 전 한반도에 걸치기는 했지만 만약 전쟁이 북한과만 상대하는 것이었다면 그 전쟁으로 인한 경제적 효과는 그리 크지 않았을 것이다. 왜냐하면 북한과 참전국 특히 미국과의 군사력 차이가 너무 컸기 때문이었다.

그런데 중국군이 참전하자 한국전쟁은 작은 국지전쟁에서 대국 간의 큰 전쟁으로 바뀌었고, 동시에 사회주의와 자본주의 양대 진영 간의 전쟁으로 확대되었다. 그 결과 일본은 막대한 경제적 효과를 누리게 된다. 1951년의 일이다.

일본이 이전에는 아무것도 없다가 한국전쟁이 발발하자 비로소 경제가 살아나기 시작했다는 것은 사실이 아니다. 한국전쟁이 일어나기 전에 일본의 광공업 생산은 이미 상당한 정도로 회복되었기 때문이다. 그렇지 않았다면 일본은 한국전쟁이 가지고 온 '전쟁특수'를 제대로 누릴 수가 없었을 것이다.

1946년 12월 27일 요시다 내각은 이른바 '경사 (우대) 경제'라고 불리는 정책을 입안하여 1947년부터 실행했다. 이 경제정책의 입안자는 전술한 마르크스주의자 오우치 효에 교수의 대제자 아리사와 히로미有澤廣巳였다.

'경사 (우대) 경제'는 계획경제와 케인즈주의를 같이 섞은 이상한 경제정책이었다. 당시 미국은 일본이 추운 겨울을 지낼 수 있도록 석유연료를 지원하였는데 일본은 이 연료를 모두 제철산업에 투입하였다.

일본은 자원이 부족하였지만 당시 철광석만큼은 부족하지 않았다. 전전과 전쟁 중 일본은 전쟁을 위해 대량의 철광석을 비축하였지만 미국의 폭격으로 제철소가 파괴되어 비축한 철광석이 그대로 남게 된 것이다. 일본은 이 철광석으로 철강을 생산하고, 이렇게 생산된 철강을 다시 석탄산업에 투입하였으며, 생산된 석탄은 또 다시 제철산업에 재투입함으로써 확대재생산에 전력투구하였다. 이후에는 식량과 비료산업 역시 마찬가지로 왕복순환 투자하여 전쟁에 의해 파괴된 산업과 경제가 점차 다시 살아나기 시작하였다.

이를 위해 정부는 전문적으로 자금을 대출하여 주는 '부흥금융금고'라는 은행과 유사한 금융기구를 설립하였는데 이것이 후일 일본 개발은행의 전신이다. 현재는 일본 정책투자은행이라 불린다. '정책투자'라는 말에서 보듯이 제철, 석탄, 전력, 해운 등에 대한 정책적 투자라는 당초의 목표를 잘 알 수 있다. 제철산업에 투입된 석탄의 가격은 원가보다도 낮게 공급되었고 마찬가지로 석탄산업에 투입된 철강 역시 원가 이하로 공급되었는데 그 차이는 모두 정부의 각종 보조금으로 충당되었다.

그러면 정부의 돈은 어디서 나온 것인가? 패전으로 인해 만신창이가 된 나라가 돈이 어디 있는가? 답은 간단하다. 당연히 전쟁 중과 마찬가지로 그냥 돈을 찍어내었을 뿐이었다. 그런데 전쟁 때와 다른 점은 이제는 민간저축을 강제할 방법이 없어 이렇게 찍어낸 돈들이 극심한 통화팽창을 유발하게 되었다는 점이었다. 태평양전쟁 전인 1941년의 일본 물가지수를 1이라 한다면, 전쟁이 끝난 1945년은 단지 2.13으로 결코 높지 않았다. 비록 전쟁 중 물가통제라는 요인이 있기는 했지만 가야 오키노리를 필두로 한 대장성 관료들은 방법이 다소 비열하기는 해도 통화팽창을 통제하는 데 어느 정도 성공하였다.

그러나 전후의 통화팽창의 규모는 완전히 그 차원이 달랐다. 1946년의 물가지수는 9.9였고, 1947년은 29.3, 1948년 78, 1949년에는 127.3에 달하게 되었다. 이에 비해 1955년의 일본 물가지수는 209.1이고 1960년에는 214.7이었다. 다시 말하면 일본의 통화팽창은 전후 최초 4년에 극심하였다.

일반적으로 독일이 제1차 대전에 패한 후 나타난 극심한 악성 통화팽창이 나치가 집권하는 데 중요한 원인이었다고 알려졌다. 그런데 이렇게 극심한 통화팽창이 어떻게 해서 일본에서는 군국주의를 다시 불러일으키지 않았을까? 사실 이론들이란 시간과 공간의 제약을 받는다. 즉, 통화팽창이 항상 나쁜 결과를 초래하지만은 않는다. 일본이 '경사(우대)경제' 정책을 집행하면서 나타난 통화팽창은 사실 일본정부가 의도적으로 기획한 것이었다. 이러한 통화팽창은 일본정부의 국채에 대한 채무부담을 경감하는 효과를 가져왔다.

일본정부가 발행한 국채의 총액은 전전의 1940년에 286억 엔에서 패전 시인 1945년 1,399억 엔으로 늘어났고, 이어 1950년 2,407억 엔, 1955년에는 무려 4,258억 엔에 달하였다. 겉보기에는 지속적으로 늘어났지만, 실제로 국가예산 대비 채무액은 1940년의 5배에서 1955년에는 25%로 줄어들었다.

물론 통화팽창은 당연히 정부의 채무부담을 경감시켰다. 하지만 국민들의 생활은 날이 갈수록 힘들게 되었다. 그런데 전후 초기 일본의 통화팽창은 아주 이상하게도 어떠한 사회적 혼란도 불러일으키지 않았고 오히려 사회는 더욱 안정되었다. 이는 이러한 통화팽창의 결과 사회가 더욱 평준화되었기 때문이었다.

'경사(우대)경제'는 가장 전형적인 국가독점 자본주의 경영방식이었다. 그러나 이 정책으로 수혜를 본 것은 국가와 독점자본만이 아니었다. 대기업들은 이러한 국가보조의 경영방식 과정에서 직접적인 이득을 보았고, 대규모의 통화팽창은 기업으로 하여금 투자에 대한 부담을 경감시켰다. 또한 대기업 종업원들은 급여가 올라가 첫 번째 파이에 대한 분배가 이뤄졌다. 전쟁 때문에 많은 타격을 받은 대다수 가족기업과 중소기업 경영자들은 손실을 보상받을 길은 없었지만 이러한 환경 하에서 여전히 생존해 나갈 수는 있었다.

그리고 일본에는 '부동산임대차법'이란 법이 있어 집주인이 함부로 세입자를 쫓아낼 수 없도록 규정한 것은 물론 심지어 세입자가 임차료를 제때 내지 않더라도 세입자를 내보내는 것이 아주 힘들도록 되어 있었다. 이것이 이른바 '거주보호권'이라는 것인데, 이 법은 전쟁 시기 제정되어, 징병나간 가정이 집주인에 의해 쫓겨나 거리에 나앉게 되는 것을 방지하기 위한 목적으로 도입되었다.

전후에도 일본정부는 이 법을 폐기하지 않은 것은 물론, 전후 최초 몇 년간은 오히려 고정 임대료 조항을 추가하기까지 하였다. 이렇게 하여 통화팽창하에서 본래 기업들에게 큰 부담이었던 임차료를 거의 무시해도 좋을 수준으로 만들어 대기업이 차츰 활력을 되찾게 되었다. 그 결과 낙수효과에 의해 대기업에 납품하는 중소기업들도 매우 힘들기는 하지만 그럭저럭 견뎌나갈 수 있었다.

그러면 이제 견디지 못한 사람들은 누구였던가? 이른바 귀족들과 지주들, 그리고 재벌가족 등 원래 토지의 지대수입으로 살아가는 계층들이었다. 일본어 중의 '자산가'는 소유한 토지와 부동산, 주식 또는 금융채권 등에 의지하여 생활하는 사람들을 의미한다.

관료들,
경제부흥의 기초를 다지다

맥아더의 재벌해체 조치는 기업 트러스트와 콘체른 등을 해산한 것뿐 아니라 대기업의 주식을 대량으로 소유한 재벌가족들에 대해 주식을 국채로 전환하도록 강제하는 것이었다. 이와 같이 주식을 국채로 전환하는 것이 지주들로부터 토지를 매입하는 토지개혁과 다른 점은 기본적으로 시장가격에 의해 주식을 매입하였다는 것이다. 재벌가족들의 입장에서 보면 더 이상 기업의 경영권은 없어졌지만 그래도 충분히 살아갈 수 있을 정도의 돈을 확보할 수 있었다.

표면상으로는 이러한 조치는 아주 인간적이고 합리적인 것처럼 보였다. 그러나 이어서 발생한 통화팽창의 결과, 재벌가족들은 이와 같이 '충분히 살아갈 수 있는 것'이 쉬운 것이 아님을 알게 되었다. 즉, 국채는 이제 거의 휴지나 다름없게 되었고 따라서 일본정부는 이렇게 천문학적인 채무를 어떻게 상환해야 할지에 대해 걱정할 필요가 없게 되었다.

다시 말하면, 일본 경제부흥은 일본정부가 노동계층들을 착취하기보다는 오히려 이러한 지주계층 내지는 지대地代 위주 생활자들을 희생시켜 달성한 것이라고 볼 수 있다. 이렇게 희생된 부산품이 바로 '구 귀족'이다. 재벌 가족들의 경제기초 역시 무너져 일본 정치에서의 발언권을 상실했고 이렇게 하여 전후 일본 사회는 유례없이 평균화 내지는 평준화되었다.

이 책의 주제와 상관없는 얘기를 몇 마디 하자.

일본정부가 기아문제를 해결할 농업보다 광공업 부흥을 우선 추진할 수 있었던 것은 그럴 만한 이유가 있었다. 당시의 일본은 배불리 먹지는 못했지만 큰 기근은 없었다. 계속된 전쟁 때문에 농촌인구가 대량으로 징집되어 전선으로 나가는 바람에 일본의 농업과 광공업은 노동력 부족으로 거덜이 났다. 그런데도 어떻게 큰 기근이 일어나지 않았을까? 바로 미국의 원조 덕분이었다.

미국은 1947년부터 1951년까지 점령지 구제 정부자금(GARIOA: Government Appropriation for Relief in Occupied Area Fund)과 점령지 경제부흥기금(EROA Fund: Economic Rehabilitation in Occupied Area Fund)을 통해 일본에 18억 달러에 달하는 경제지원을 제공하여 일본이 매우 힘들었던 시기를 무난하게 극복하도록 도와주었다.

맥아더는 일본에 도착하기 전부터 이미 일본의 기아문제라는 지극히 현실적인 문제를 인식하고 있었다. 그래서 그는 남태평양의 여러 섬에 비축해둔 350만 톤의 군량을 일본으로 옮기려 하였다. 미군의 군량으로 적국의 인민들을 먹여 살리려는 방안은 미국 의회의 강력한 비판에 부딪치게 되었다. 이에 대한 맥아더의 대답은 다음과 같았다.

현대 전쟁의 승리는 단순한 군사상의 승리만이 아니다. 전쟁을 일으키는 정신을 소멸시키는 정신개혁이 없다면 필연적으로 또다시 전쟁이 발발할 것이다. 이번의 승리를 통해 우리는 전체 일본인들을 전쟁포로로 받아들이게 되었다. 필리핀의 바단 반도에서 일본군은 우리의 장병들을 학대하였지만 우리는 똑같이 보복해서는 안 된다. 이제 전쟁은 끝났고, 전 세계가 우리가 어떻게 일본을 대하는지 지켜보고 있다. 점령지에서의 기아문제는 우리에게 매우 불리하게 작용할 것이다. 만약 내가 일본인들에게 식량을 제공하는 것을 의회가 동의하지 않는다면 차라리 총탄을 보내주기 바란다.

미·일 관계에서 일본이 왜 그렇게 미국에 고분고분한지 의아하게 여기는 사람들이 있다. 그러나 알고 보면 너무나 당연하다. 즉, 미·일 사이에 물론 군사력과 정치적 능력의 차이도 크지만 전쟁 직후 미국의 적극적인 원조가 없었다면 수백만 아니 천만이 넘는 일본인이 굶어 죽었을 것이다. 그러니 일본인들이 미국에게 감사하지 않을 수 없다.

이제 본래 주제로 돌아가자. 이러한 배경하에서 일본의 관료들은 허리띠를 졸라 매고 공업화 정책을 수행할 수 있었다. 그러나 미국인들이 보기에는 '경사(우대) 경제' 정책은 미친 짓에 지나지 않았다. 따라서 경제 고문인 조셉 도지가 이를 극력 반대하였다. 그러나 바로 이 시점에 한국전쟁이 발발하여 일본의 제조업은 주문이 넘쳐나는 특수를 누린다. '경사(우대) 경제' 정책에 의해 회복된 일본의 제조업은 이렇게 넘치는 주문을 소화할 능력을 갖게 되었고, 마침내 한국전쟁 특수를 제대로 누리게 된 것이다. 만약 '경사경제'가 없었더라면 일본의 제조업은 한국전쟁의 특수를 누리기는커녕 그 전에 이미 몰락하고 말았으리라.

결과론적으로 말하자면 일본 관료들의 생각이 매우 타당하였다. 한국전쟁이 가져온 이른바 '전쟁특수'는 일본의 공업 생산능력이 초기 회복단계를 지났을 때 발생하였고, 이로써 일본은 전쟁 상처를 완전히 극복하게 된다. 때로는 '무엇을 하느냐'보다 '무엇을 하지 않았느냐' 하는 것이 더 중요할 때가 있다. 일본이 재벌해체를 단행할 때, 관련된 기업의 숫자가 아주 극소수였을 뿐 아니라, 은행은 하나도 건드리지 않았다. 오늘날 일본의 기업집단은 다른 나라에서와는 달리 모두 은행을 그 중심으로 하는데 이는 바로 대장성 관료들이 그렇게 조정한 것이다.

자유주의 경제체제에서는 기업이 '직접금융'이라는 방식으로 주식과 회사채를 발행하여 자금을 조달할 수 있어 은행의 역할은 본래 그다지 크지 않다. 1931년의 경우 일본 기업은 직접금융 방식을 통해 86%의 자금을 조달하였고 은행을 통한 '간접금융'은 14%에 불과하였다. 그러나 혁신관료들이 보기에 이러한 '직접금융'은 효율이 낮은 방식이었다.

우선, 규모가 부단히 확대되는 전쟁은 산업생산이 더욱 더 빠른 속도로 성장할 것을 요구하였지만 미약한 일본의 자금시장은 이러한 기업의 자금요구를 만족시킬 수가 없었다. 그 다음으로, 주식이나 회사채는 모두 배당과 이자지급의 문제가 있었다. 본래 부족한 자금형편을 고려할 때 주주배당이나 이자지급을 통해 개인에게 자금이 흘러가서는 안 되었다. 그렇지만 이자의 형태로 자금이 은행으로 흘러가는 것은 별개의 문제였다. 그렇기 때문에 관료들은 기업이 직접 자금을 조달하는 것을 제한하여 1945년에 이르러서는 은행으로부터의 융자가 기업이 조달하는 자금의 93% 이상을 차지하였다.

대장성의 관료들은 이러한 방식으로 일본 자금시장의 효율을 제고하였을 뿐 아니라, 효율을 더 극대화하기 위하여 은행의 수도 조정하였다. 대장성의 '일현일행'一縣一行의 원칙에 따라 일본의 은행들은 1926년의 1,492개에서 1945년에는 61개로 줄어들었다. 제 2지방은행과 신탁은행을 제외하면 오늘날 일본의 은행은 모두 70개이니 종전과 큰 차이가 없다.

　일본의 관료들은 이렇게 맥아더의 총칼과 자신들이 만들어낸 의도적 통화팽창에 의거하여, 패전의 와중에서 황폐한 폐허 위에 비교적 공평한 사회기초를 다지기 시작하였고, 이러한 사회기초 위에서, 빈부차이를 키우지 않는 경제성장을 실현할 수 있었던 것이다.

허울뿐인 경제 민주화

일본의 관료들은 일관되게 전력을 다해 국가자본주의를 추진하였지만 그들이 제대로 성공한 것은 오히려 자유자본주의 국가인 미국의 점령과 비호 아래였다는 것은 실로 아이러니가 아닐 수 없다. 미국인들은 군국주의의 적국인 일본을 소련에 대항하는 자유세계의 최전선 보루로 개조하였다는 사실에 한동안 스스로 도취되었지만, 곧 이 나라의 경제 체계가 자기들 것과는 완전히 다르다는 사실을 알게 되었다.

일본 관료들은 '경제 민주화'를 전가의 보도처럼 사용한다. 이 말은 맥아더가 도입하였지만 그는 어디까지나 행정관료가 아닌 군인이었고, 경제학자는 더더구나 아니었기에 그가 말하는 '경제 민주화'라는 개념은 일본의 재벌을 해체하는 것 이외에는 다른 내용이 없었다. 그러니 이 단어의 개념에 대한 해석권은 전적으로 일본 관료의 손 안에 있었다. 미국인들이 민주를 좋아하니 경제도 민주화를 해야 한다고 생각했다. 일본에 대해 잘 아는 사람들은 일본인들의 조어와 해석 방면에 대한 열정과 창조성을 잘 알 것이다.

일본 엘리트 관료들이 만들어낸 괴상한 단어들은 미국인들을 헷갈리게 만들었고 나중에는 '경제 민주화'가 도대체 무슨 의미인지조차도 모르게 되었다. 결과적으로 통제파 관료들은 맥아더의 군대를 방패삼아, 원래 전전이나 전쟁 중에 실행하였던 정책들을 모두 다시 공고히 하였음은 물론, 과거에는 반대가 많아 실행할 수 없었던 것까지 모두 실천에 옮길 수 있게 되었다. 그들은 과거에는 '일왕의 관리'였지만 현재는 맥아더 본인이나 마찬가지였기 때문에 아무도 감히 반대할 수 없었다.

일본의 토지개혁을 주도한 와다 히로오는 '경제안정본부' 장관이 되었을 때 GHQ에 다음과 같이 명확하게 의견을 밝혔다.

> 경제는 반드시 민주화되어야 한다. 그러나 나는 일본 경제를 약화시키는 어떠한 기도에도 반대할 것이다. 만약 GHQ가 반독점을 강행한다면 나는 바로 사직할 것이다.

일본 관료들에게는, 재벌가족들에 의한 독점이 아니고 국가의 지도하에 독점이 이뤄지도록 한다면 독점은 결코 나쁜 것이 아니었다. 재벌해체도 통제경제의 새로운 수단의 하나인 만큼, 재벌해체가 반독점과 함께 연결된다면 그들은 당연히 재벌해체를 추진하지 않을 것이었다. 관료들의 지원하에 진행된 재벌해체 중 진짜 분할된 것은 니혼日本제철, 미쓰비시중공, 다이닛본大日本맥주와 오지王子제지 등 손에 꼽을 정도의 몇 개 기업에 불과했다. 다이닛본맥주가 아사히朝日맥주와 삿포로札幌맥주로 분할된 것을 빼고는 다른 기업들은 후일 다시 합쳐지고 말았다. 맥아더가 주관한 '재벌 해체' 조치는 재벌가족들을 기업집단에서 축출한 것 이외에는 실제로는 별 성과가 없었다.

고급관료들의 목적은 언제나 — 전전이나 전후나 — 명확하였다. 즉, 일본의 경제를 강화하는 것 바로 그것이었다. 전전에는 '부국강병'이었지만 패전 후에는 군대는 빼고 '부국'과 '부민'이 그 목표였다.

1950년 다무라 도시로田村敏郎라는 인물이 시베리아로부터 귀국하였다. 그는 본래 대장성 관료였다가 만주로 갔는데, 패전 시 소련에 억류되었다가 석방되어 일본으로 돌아온 것이었다. 일본에 도착한 다무라는 배에서 내린 직후 '이케다池田 대장대신'이라는 보도를 보고 혼자 말하듯이, "말도 안 돼! 이 대장대신이라는 사람이 설마 이케다 하야토일리는 없겠지?"라고 중얼거렸다.

그러나 그는 바로 그 이케다 하야토였다. 그러면 다무라는 왜 그렇게 놀랐을까?

이케다와 다무라는 고문고시 동기로서 함께 대장성에 들어간 사이였다. 이케다는 제일고등학교를 거쳐 도쿄제대를 졸업한 것이 아니고 제5고등학교와 교토제대를 졸업하였다. 그런데도 대장성에서 인정받았으니 그의 능력이 출중하였음을 알 수 있다. 1948년 대장성 차관이었던 이케다는 대장성을 사직하고 다음 해인 1949년 중의원 선거를 통해 정계에 진출하였고 요시다 시게루 내각의 대장대신이 되었다. 이후 그는 이시바시 탄잔石橋湛山 내각과 기시 노부스케 내각에서 각각 대장대신, 통산대신 등의 요직을 거쳤다. 마지막으로는 1960년에 자민당 총재가 되어 총리대신에 오르게 된다.

이케다는 전후 일본 총리들 중 대학을 아예 나오지 않은 우노 소스케宇野宗佑와 다나카 가쿠에이를 제외하고는 유일하게 도쿄제대가 아닌 대학 출신 총리이다.

자민당 내 대파벌 '고치카이'宏池會는 바로 이케다가 만든 파벌이다.

이 '고치카이'는 이케다 이외에도 오히라 마사요시大平正芳와 스즈키 요시노부鈴木善信, 그리고 미야자와 기이치 등 4명의 총리를 배출하였다. 이 4명 중 스즈키를 제외하고는 모두 고문고시를 통과한 관료 출신이다. 초기의 '고치카이'는 다시 말하면 관료출신의 자민당 파벌이었다.

이케다에게는 정치가들 이외 일단의 관료출신의 싱크 탱크가 있었는데 그 책임자가 바로 앞에서 언급한 다무라 도시로였다. 이케다의 유명한 '소득배증계획'所得倍增計劃은 일본 고도성장의 대표적 표지가 되었다. '소득배증계획'은 분배에 관한 계획이 아니라 일본 국가산업의 중심을 종래의 경공업에서 중공업으로 전환하는 산업전환의 거대한 계획이었다. 이 계획은 시작하자마자 커다란 논란을 불러 일으켰다. 무역의 비교우위 입장에서 보면, 이미 익숙한 경공업을 발전시키는 것이 수출을 통한 외화획득에 월등하게 유리하였지만, 단지 경공업에만 치중해서는 나라 전체의 파이를 키울 수가 없었다. 따라서 파이를 키우려면 중공업을 발전시켜야 했다.

이케다의 '소득배증계획'은 전임 기시 노부스케 수상의 개헌 논의가 더 이상 진전될 수 없도록 하였다. 기시가 정치생명을 희생하면서 얻어낸 미·일 안전보장이 있는데 일본이 무엇 때문에 헌법이나 국방문제에 집착할 필요가 있는가? 그저 전력을 다해 경제에 몰두하는 것이 좋지 않은가? 이것이 후일 일본의 보수파 정치가들이 이케다에 대해 반감을 갖게 된 원인이다.

그러나 이 '소득배증계획'은 전후 일본에서 벌어진 유일한 노선 논쟁이었다. 이후에는, 나카소네 야스히로의 행정개혁이든, 고이즈미 준이치로小泉純一郎의 우정사업 민영화이든, 모두가 진정한 의미에서 방향

노선에 대한 쟁론이 아니라 단지 '당쟁'에 지나지 않았다. 다시 말하면, 국가의 미래를 내다보는 방향 설정을 위한 쟁론이 아니라 단지 정당의 이익, 곧 선거에서의 표를 의식한 쟁론에 지나지 않았던 것이다.

통산성의 혁신관료

통산성 관료에 대해 얘기하자면 도무지 떼어낼 수 없는 '혁신관료'의 대표적 인물, 곧 기시 노부스케와 시이나 에스사부로, 이 두 사람부터 시작하지 않을 수 없다. 이 두 사람은 나중에 모두 정치가로 변신하여 기시는 수상에까지 오르고, 한편 시이나는 외상에 머물렀지만 그의 실제 영향력은 수상 못지않았다. 다나카 가쿠에이 수상이 물러나자 시이나가 미키 다케오三木武夫를 다음 수상으로 재정裁定하였는데, 이것이 유명한 이른바 '시이나 재정'이다. 이를 통해 당시 시이나의 영향력이 어떠했는지를 가늠할 수 있다.

줄곧 상공행정을 맡았던 시이나가 외상이 되자 언론은 그의 기상천외함을 이유로 처음에는 회의적이었지만, 결과적으로 '명외상'이라는 평판을 얻는다. 당시 야당이 미군 주둔 문제에 대해 추궁하였을 때, 시이나는 미주둔군은 '일본을 지켜주는 개'番犬라고 답변하였다. 그러자 야당은 꼬투리를 잡았다고 생각하여 벌떼같이 들고 일어나, "미군이 집을 지키는 개라고 하는 것은 우방의 군대를 모욕하는 것이 아니냐?"고

따져들었다. 그러자 시이나는, "그러면 방금 답변한 것을 수정하겠다. 그들은 집을 지켜주는 개양반들番犬樣이다"라고 답변하자 야당도 더 이상 문제제기를 하지 못하였다는 것은 일본 정계에서는 아주 유명한 일화이다.

패전 직후의 혼란스런 와중에 시이나는 군수성을 다시 상공성으로 개명하고자 하였다. 이 역시 아무나 할 수 있는 일은 아니었다. 더구나 그는 상공성으로 개명하면서, 혼란스러운 사정을 이용하여 '교역과'라는 당장 할 일도 없는 부서를 만들었다. 당시는 모두 그 의도를 몰랐지만 이것은 후일 모두를 깜짝 놀라게 할 선견지명을 가진 조처였다. 상공성의 명칭에 있는 '상'은 실제로는 '유통'을 말하지 '교역'(무역)을 의미하지는 않았다.

1945년 10월 점령군은 국제무역을 담당할 정부 부서 설립을 위한 준비를 한다. 당시 점령군과 사이가 좋았던 요시다 시게루 수상도 원래 외무관료 출신인 데다가, 미국의 대외무역 역시 국무부에 속해 있었기 때문에 무역을 주관할 새로운 부서는 외무성이 관장하는 것이 당연하였다.

그러나 시이나의 후임 통산대신이었던 도요타 마사타카豊田雅孝가 GHQ를 방문하여, 상공성에 이미 무역을 주관하는 부서가 있어서 바로 현업에 투입할 수 있기 때문에 외무성에 업무가 중복되는 새로운 부서를 설치할 필요가 없다고 주장하였다. 이렇게 하여 '교역과'는 상공성의 무역청으로 확대 개편되었고, 그 후 일본 경제의 부흥과 대외무역의 지속적인 증가에 따라 이 무역청은 다시 상공성과 재합병하여 '통상산업성'으로 개편되었다가 2001년에 와서 '경제산업성'으로 개칭한다.

기시와 시이나의 시대는 이른바 냉전의 시대였기 때문에 그들과 중국대륙과는 관계가 별로 없었지만, 그 대신 타이완과는 아주 밀접한 관계를 유지하였다. 그 후의 통산성은 기시와 시이나의 영향을 받아 타이완과 밀접한 관계를 유지했지만 중국대륙과는 그렇지 못하였다.

내막을 모르는 사람들은 중·일 간의 경제교역에서 일본의 통산대신이나 경제산업성 대신들이 중국대륙과 좋은 관계를 유지하였을 것으로 추론한다. 그러나 이것은 완전히 틀린 추론이다. 역대 통산대신들은 몇몇을 제외하고는 모두들 대 중국 초강경인사들이었는데 이러한 경향은 최근에도 별로 변화가 없다. 예를 들면, 최근의 통산대신인 나카가와 쇼이치中川昭一와 히라누마 다케오平沼糾夫는 모두 당시 자민당 내 대표적 우익 인사들이다. 현재의 경제산업성 대신인 에다노 유키오枝野幸男 역시 유명한 '혐화파'嫌華派 인물이다.

2010년 댜오위댜오釣魚島(일본명 센카쿠 열도尖角列島)에서 선박충돌사건이 발생했을 때 에다노는 사이타마埼玉 시에서 다음과 같이 공개적으로 연설하였다.

중국은 법치주의 국가가 아니기 때문에, 중국과 상호 신뢰할 수 있는 관계를 수립한다는 것 자체가 이상한 일이다. 어떻게 아직도 중국에 진출하는 일본 기업이 있을 수 있는지 정말 이해할 수가 없다. 이들이야말로 완전히 바보들이 아닌가?

통산성은 일본이 고도로 경제성장할 시기의 경제사령부로서 재정투자와 융자, 그리고 산업보조금 등의 수단으로 산업정책을 주관하였다. 일본의 중앙 각 부처 중, 통산성은 다른 부처에는 없는 '법령심사위원회'가 있는데 이 위원회의 존재야말로 통산관료의 특징을 아주 잘 설명해주고 있다.

통산관료는 기시와 시이나에서부터 시작되어 내려온 경제통제의 꿈에 사로잡힌 일단의 아주 특수한 관료들이다. 그러나 그들이 아무리 통제경제에 몰두해 있더라도, 일본은 전시를 제외하고는 — 전전이든, 전후이든 — 최소한 이론적으로는 시종일관 자유경제의 국가였다. 그렇기 때문에 통산성의 행정인가권과 보조금은 각 부처 중에서 가장 적었다.

일반적으로 돈이 곧 권력이어서 보조금이 없으면 그에 상응한 권력도 없게 마련이다. 그러나 잠시도 가만히 있지 못하는 통산관료들은 끊임없이 각종 정책과 법령을 제정하여 자신의 존재를 나타내고 동시에 자신들의 권력을 추구하였다. 그리고 이렇게 부단히 만들어진 정책과 법령은 대부분의 경우 확실히 일본 산업의 발전방향을 제시하였다.

그리고 통산성의 인사평가 기준도 일본의 다른 부처에 비해 역시 아주 특수하였다. 바로 '창발'創發이라 하여, 거의 반강제적으로 관료들에게 끊임없이 새로운 산업정책과 이 정책을 실행하기 위한 법령을 제출하도록 하는 요구와 그에 따른 평가 시스템이 바로 그것이다.

이 때문에 흔히 통산성을 '의견성'이라고 비꼬기도 하였다. 왜냐하면 통산성은 끊임없이 여러 의견들을 제의하였고 또 그 의견들이 다른 부처의 소관업무와 관계되었기에 항상 타 부처와 시비가 끊이지 않았다. 그래서 통산성은 심지어는 '시비성'이라는 별명도 얻게 되었다.

전술한 〈관료의 여름〉이라는 소설의 주인공은 통산성 기업국장 사하시 시게루(소설 중의 이름은 가자미 싱고風越信吾)는 '특정산업진흥임시조치법'이라는 법률을 만들어 일본의 자동차와 조선 및 기타 몇몇 산업을 강화하려 시도하였으나 결국 실패하고 만다. 소설의 제목이 너무나 적절하다. 여름이 가면 곧 가을이 오게 마련이다. 1960년대야말로 확실히 일본 관료들의 마지막 황금기, 곧 여름이었고, 그 후부터는 줄곧 내리막길로 내려가고 있다.

'전력사업법' 개정의 실례

　일본은 9개의 전력회사들이 전국의 전력사업을 독점하고 있다. 전력
산업은 다른 산업과 달리 발전發電, 공전供電, 용전用電 분야가 아주 긴
밀하게 불가분의 관계를 맺고 있기에 제 3자가 이 산업에 뛰어들 수 없
게 돼 있다. 그러나 동시에 바로 이 삼위일체적인 특징 때문에 경제적
효과와 수익을 추구하기가 쉽지 않고, 또한 고객의 요구를 만족시키기
도 어려운 면이 있다. 이래서 대량의 전력을 소비하면서 정전의 위험이
있어서는 안 되는 기업들은 모두 자체 발전을 통해 자신들의 일부 수요
를 감당하려 한다. 해당 기업의 자가발전 규모는 작은 규모도 아니고,
또 경제적인 효과와 수익 및 편리성 등을 고려할 때 정전 이외인 평시에
도 자가발전을 선호했다. 이는 당연히 전문 전력회사들의 이익과 충돌
하게 마련이었다.

　경제자유화의 추세에 따라 전력회사들도 할 수 없이 독점을 어느 정
도 완화하지 않을 수 없었다. 즉, 이렇게 자체 사용 후 남는 자가발전
전력을 전력망에 가입하도록 하여 다른 고객들이 사용할 수 있도록 해

야 한다는 목소리가 점차 높아지게 되었으니 이것이 이른바 '전력자유화' 요구이다.

1993년 무렵 통산성은 이러한 추세에 따라 '전력사업법'을 개정해야 하는지 여부에 대한 논의를 시작하였다. 일본의 전력회사들은 모두 민간기업이어서 정부가 직접 관리할 수는 없었지만, 정부는 각종 법률과 규정을 제정하거나 개정하여 전력회사들을 감독하고 제어함으로써 전력산업을 관리할 수 있었다.

전력산업에 관한 주요한 법이 바로 이 '전력사업법'이었고, 전력사업에 관한 법규는 모두 통산성의 공익사업부가 주관하였다. 이 부서는 10개 과, 8개 실室이 있고, 전력산업 이외에 가스산업도 관장하였다. 이 부서의 중심은 부서 전체의 예산과 인사 및 정책의 검사와 결정권을 가진 계획과였다. 따라서 법률의 개정 업무도 당연히 계획과에서 시작하도록 되어 있었다.

통산성에는 '창발'에 의한 인사평가 기준이 있었다는 것은 이미 전술한 바 있다. 통산성 내 일부 관료들은 당시 일본의 전기료가 너무나 비싼 것에 착안, 미국의 경험을 도입하여 효율적으로 기업의 자가발전 능력을 이용함으로써 기존 전력회사들과의 경쟁을 통해 전력 요금을 낮추려 하였다.

'전력사업법' 개정의 구상은 공익사업부 내, 과의 구분 없이 모여서 토론하는 자유학습회에서 맨 처음 제안된 아이디어였다. 통산성에는 이러한 자유학습회가 여럿 있었는데, 누구라도 새로운 아이디어가 있으면 관심이 있는 사람들을 규합하여 함께 연구할 수 있는 제도였다. 이러한 학습회는 주로 각자들이 여유시간을 이용하여 함께 모여 국내외 상황을 연구하고 개혁의 전망에 대해 의논을 나누면서, 개혁의 방향을 제의하거나 개혁의 성과를 예측하기도 하였다. 이렇게 하여 만약 그 제안이 채택되어 성과가 좋으면 향후 인사평가에 좋은 영향을 미칠 수 있었기 때문에 젊은 사람들이 이러한 자유학습회에 참여하려는 열정이 대단하였다.

일본정부 각 부처는 이러한 이른바 '밑으로부터'의 정책결정과정 때문에 젊은 공무원들이 매우 적극적으로 참여하였고, 이는 또한 일본 관료들의 자존심이 강한 이유 중 하나이기도 하였다. 일본의 관료들은 "비록 급여는 민간기업 사람들보다 결코 높지 않지만, 그래도 나는 이 나라를 관리하고 있다"라는 말과 같이, 이렇게 실질적으로 정책을 제정하거나 개정하는 과정에의 직간접적인 참여를 통해 그 사실을 충분히 실감한다.

이번의 학습회는 공익사업부 내 각 과의 과장대리와 몇몇 계장들로 구성된 모임이었다. 그러니 그들이 이 문제에 대해 의견을 모으면 그것이 바로 공익사업부의 방침이나 마찬가지였다. 그 다음 공익사업부의 방침이 전체 통산성 차원으로 확대될 수 있느냐 여부는 그들이 자원 에너지청 관방官房과 통산성 관방官房을 설득하여 동의를 얻어내느냐 여부에 달려 있었다.

이 '관방'은 일본 관료 조직 중 막강한 권력을 가진 부문인데, 말하자면 상기 두 부문에 십수 명의 담당 책임자가 있지만, 이 문제를 관장하는 사람은 실제로는 자원 에너지 관방과 통산성 관방 내 법령심사위원 두 사람이다. 그들은 통상 공익사업부 계획과장보다 1~2년 정도 고참으로 기본적으로 동시대인에 속해 서로 간의 관계도 비교적 좋기 마련이었다. 따라서 계획과장이 올린 방안에 대해 반대하는 경우가 거의 없었다. 또한 이 두 사람이 동의하면 통산성 내 다른 사람들 역시 일반적으로 반대할 가능성은 거의 없다고 봐야 한다.

계획과장이 방안을 위로 올리는 과정은 일본에서는 '품의'稟議라고 한다. 즉, 계획과장이 제출한 방안은 '품의서'라고 부르며, 유관 부문의 책임자들이 동의하면 이 품의서상에 도장을 찍는다. 이 경우에는 운이 좋게도 정기 인사조정에서 자원 에너지청 관방과 통산성 관방의 법령 심사위원이 모두 공익사업부 출신 사람들이 그 자리를 차지하게 되었다. 이 두 사람은 처음부터 공익사업부의 '전력사업법' 개정 과정에 참여하였기에 이들이 품의서에 동의한다는 도장을 찍는 것은 너무나 당연한 일이었다. 그리고 이 두 사람이 도장을 찍은 이상 다른 사람들은 굳이 이 품의서를 반대할 이유를 찾을 수 없었다. 이렇게 하여 통산성 내부의 의견은 일치를 보았고 다음 단계는 통산성 외부의 동의를 받는 일이 남아 있었다.

이 방안의 경우 통산성 외부의 동의를 받기가 쉽지 않았다. 일반적으로, 산업 전체 또는 일부분에 유리한 점이 명백한 방안은 그 이해와 지지를 받기가 쉽게 마련이다. 그러나 이 방안의 목적은 독점을 타파하여 경쟁구도를 도입하여 전력 가격을 내리자는 것이어서 관련 산업의 지지를 얻는 것은 불가능한 일이었다. 그래서 행정감찰 수단과 일련의 청문회 등을 통해 산업 외부의 이해와 지지를 얻는 수밖에 없었다.

이른바 '행정감찰'이란 것은 정부부처와 해당 기업 간 의견이 달라서 산업계의 지지를 얻지 못할 경우 사용하는 전가의 보도이다. 일본의 중앙 및 지방 정부에는 관련 행정행위에 대해 합법성과 효율성 등의 평가를 진행하는 전문조직이 있다. 그리고 평가의 결과는 각 주관 대신과 지방정부 책임자에게 '권고'의 형식으로 전달하는데, 주관 대신이나 지방정부 책임자는 이 '권고'에 따라 재량권을 발휘하여 개선을 해야 하는지 여부를 결정한다.

이 전력사업법 개정을 위해 통산성은 할 수 없이 이 전가의 보도를 사용하여 총무청에 전력과 가스에 대한 행정감찰을 요청한다. 그 결과 총무청은 1993년 7월 30일 '에너지 문제 행정감찰 보고'를 작성하여, 전기 판매상의 자격을 인정하는 수속을 개정할 필요가 있음을 확인하였다.

이어서 여러 청문회가 뒤따랐다. 1994년 겨울, 전기사업제도 심의실을 설치하여 전문적으로 이 수정법안에 대한 토의를 진행하였다. 이리하여 통산성은 1995년 2월 내각의 심의를 거쳐 국회에 '전력사업법 개정안'을 제출하였고, 그 법안은 원래의 120개 조항 중 90개 조항을 개정하여 1995년 7월에 마침내 국회를 통과하였다.

정치가들의 권토중래

일반적으로 '행정관리'라는 것은 기존의 법률과 규정에 의거하여 각종 행정업무를 수행하는 단순한 과정이라고 이해하기 쉽다. 행정관리를 하는 사람의 직위가 아무리 높다고 해도 직접 입법업무를 행하지 않으므로 행정관리는 '적극적이고 능동적'인 것과는 거리가 멀다고 인식된다. 그러나 일본의 관료들은 전전의 '혁신관료' 시대부터 시작하여 대체적으로 '적극적이고 능동적'으로 행정관리를 진행하는 것을 좋아하였다. 필자의 《대본영의 참모들》과 《드넓은 대양이 도박장: 일본 해군사》를 읽은 독자는 일본 군대 내의 이상할 정도로 적극적이고 능동적인 참모들에 대해 깊은 인상을 가졌을 것이다. 마찬가지로 일본의 고급공무원들도 군대의 참모들처럼 정부의 정책결정과정에 지대한 영향을 미치는 역할을 하였으며, 항상 정책결정 과정, 즉 법률의 제정과 개정 과정에 주도적으로 참여하였다.

앞에서 소개한 '전력사업법' 개정에 관한 예는 법률 제정이 아닌 법률 개정의 경우이다. 이 예를 든 이유는 현재의 일본 관료들은 법률 제정에 참여하는 기회가 거의 없기 때문이다. 아무리 상상력이 뛰어나고 포부가 큰 관료라 할지라도 이제는 기존 법률의 개정을 통해서만 자기의 뜻을 표현할 수 있을 뿐이다. 어느 면에서 보면, 지난 20여 년간 일본이 종래의 활력을 잃은 것은 일본 관료들이 활력을 잃었기 때문이라고 볼 수 있다.

일본 관료의 지위가 떨어진 이유는 여러 가지가 있다. 그 하나는 일본의 산업과 사회경제제도가 모두 성숙기에 진입해 제도 중 혁명적으로 변혁을 진행하여야 할 부문이 점점 적어졌기 때문이다. 이제는 기껏해야 부분적인 수정이나 미세 조정이 있을 뿐이다. 이렇게 되자 관료들은 변혁의 추진력을 잃고 점점 낡은 것을 그대로 답습하게 되어, 그야말로 '원래 의미'의 관료계층이 되고 말았다.

또한 국제환경의 변화 역시 이전과는 달라졌다. 1970년대 이후, 미국이 주창한 '무역 자유화'와 '금융 자유화'는 날이 갈수록 국제적 추세가 되었고, 따라서 일본 국내에서도 자유화를 요구하는 목소리가 점차 커지고 있다. 도요타, 소니, 마쓰시타 등이 대표하는 새로운 세대의 일본 대기업들은 자신들이 부딪치는 문제들을 자신들의 역량만으로 능히 해결할 수 있다고 생각하였기에 더 이상 정부의 간섭을 원하지 않거나 심지어는 싫어하였다.

이 새로운 세대의 일본 대기업들은 제철, 전력, 해운 등의 전통적인 산업과 달리 대부분의 문제들이 국제시장에서 발생하였기에 '경제참모본부'로서의 정부 기능은 이제 더 이상 필요가 없게 되었다. 더욱이 국제정치상 발언권이 약한 일본정부로서는 이러한 문제들에 대해 도움을 줄 능력이 없었다. 이렇게 되자 자연히 경제활동 중 정부의 발언권이 줄어들기 시작한 것이다.

• 일본 국회 의사당

   또 하나의 이유는, 먹고사는 문제가 해결되고 나자, 국회의원들이 다시 자신들의 권력을 되찾기 위해 나섰기 때문이다. 1980년대 말부터 지금까지 지속적으로 일본의 정치가들은 각종 미디어를 이용해 관료들에 대한 공격을 늦추지 않아 관료들을 일반 국민들의 공적公敵으로 만들었다.

   이 과정은 따지고 보면 미국인들이 시작한 것이었다. 미국인들은 종전 후 기술적으로 일본의 관료와 관료제도를 개조하려 시도하였으나, 일본 관료들의 완강한 저항에 부딪쳐 실패하고 말았다. 물론 일본의 관료가 미국도 어찌할 바가 없도록 할 만큼 강력했던 것은 결코 아니었다. 실제 미국이 중시한 것은 이것이 아니었다. 관료의 조직과 제도는 당연히 중요하지만, 결국에는 일종의 도구에 지나지 않는 것이다. 동일한 조직과 제도라 하더라도 사회 환경이 변화하면 그에 따라 움직이게 마련이다.

표면적으로 일본 관료제도는 거의 아무것도 변한 것이 없는 것처럼 보인다. 조직도 변하지 않았고 인원도 변하지 않았기 때문에 관료들의 생각 역시 변하지 않았을 것이라고 생각하기 쉽지만, 미국인들은 이른 바 '평화적인 변화와 발전'의 방법을 통해 마침내 일본 관료들이 자기 자신도 잘 알지 못하는 사이에 변화되도록 하였던 것이다.

　당시 미국인들이 가장 골치 아팠던 것은 바로 이렇게 야심만만하고 총명하며 게다가 항상 '우국우민'憂國憂民의 생각으로 가득 찬 이른바 '혁신관료'들이었다. 미국인들이 보기에 혁신관료들이 고안해낸 정책들은 기본적으로 '적화' 혐의가 있거나 최소한 분홍색 정도의 혐의가 있는 것들이었다. 그렇지만 그들은 공산주의자는 아니었고, 더욱이 능력이 뛰어났기 때문에 미국으로서는 일본을 통치하기 위해서는 그들을 배제하기보다는 오히려 이용하는 수밖에 없었다. 그렇다면 어떻게 이들을 이용할 것인가? 미국인들은 현명하게도 '외부조건을 개선하는' 방법을 택하였다.

　미국은 일본에서 민주개혁을 추진하고 보통선거를 실시하였으며, 동시에 선거부정을 방지함으로써 공정한 선거를 보증하여 아무도 선거결과에 의혹을 갖지 않도록 하였고, 결과적으로 의회민주주의가 확고하게 뿌리를 내리도록 하였다. 이렇게 되자 일본에서는 이제 '민의'民意가 최고 최상의 가치가 되었다.

　미국이 제 2차 대전 중 보여준 국력 때문에 일본인들은 더 이상 반미에 나서지 않았을 뿐 아니라 미국식 의식형태를 가장 적극적으로 받아들이는 민족이 되었다. 이렇게 하여 일본인들은 민선 정치가가 무엇보다 우선한다는 미국식 사고방식을 아주 자연스럽게 받아들이게 되었고 나아가서는 일본인들의 고정관념으로 자리 잡게 되었다. 이런 환경에서 이제 정치가들이 관료를 압도하려는 사건이 발생한다.

'민의지상'의 기치 아래, 보통선거를 통해 당선된 각급 의회 의원과 현지사와 시장 등의 지방행정 책임자들은 곧 민의의 대표자가 되어 정치적으로 선험적인 타당성을 부여받았다. 그들과 관료 사이에 충돌이 일어나면 대중들은 당연히 '정치가'들의 편에 서게 되고, 이렇게 되자 관료의 권력은 이제 강력한 견제를 받게 되었다.

그뿐만 아니라 관료들이 수중에 장악한 자원과 이러한 자원을 이용하는 방법에도 변화가 발생하였다. 일본이 자본주의로 급속히 진입하는 과정에서, 관료들은 항상 어디에서 자금을 조달할지에 대해 고민하였다. 왜냐하면, 해야 할 일들은 많고 도처에서 자금을 필요로 하였기 때문이었다. 그런데 이제 사정이 반대로 바뀌어, 정부의 주기능이 '어떻게 자금을 모으느냐'에서 '어떻게 자금을 배분하느냐'로 변한 것이다. 주지하는 바와 같이, 일본 경제가 지속적으로 발전하자, 정부의 세수 역시 지속적으로 증가하였다. 이 세수는 '교부금'의 형식으로 각급 지방 정부에 교부하는 것을 제외하고는 중앙정부의 각 부처가 '지원금'의 형식으로 각 산업에 분배하였다.

이것은 상당히 중요한 의미를 가진 변화였다. 이 변화 이후 일본의 정치가와 관료는 모두 국가의 발전 정도에 반비례하여 해가 갈수록 변해 간다. 그리고 정치가의 변질이 관료의 변질에 선행하였다.

전후 초기의 일본 수상은 모두 직업관료 출신이었기 때문에 직업관료들과 사고방식이 크게 다르지 않았다. 게다가 당시의 국회의원 중 고문고시 출신들이 상당히 많아 정치가와 관료 사이에 그다지 큰 충돌은

없었다. 전쟁 전 정치가와 관료의 충돌은 어느 면에서 보면 아주 추상
적이거나 혹은 자아만족을 위한 행정권력을 둘러싼 것이었지만, 1960
년대 이후에는 적나라한 금전적 이익을 둘러싼 것으로 변질되었다. 행
정업무가 이미 '돈을 배분하는' 것의 대명사가 되었기에 정치가들은 더
욱 더 행정업무에 개입하게 된다.

직업관료에 대한
'불공평한' 특혜

정치가와 직업관료 사이의 충돌에서 정치가들은 질 수 없는 싸움을 하는 입장이다. 정치가는 아무 거리낌 없이 관료를 비판해도 관료는 정치가를 직접 비판할 수 없다. 왜냐하면 유권자들은 일반적으로 자기들이 선출한 정치가에 대한 공격을 용인하지 않기 때문이다.

현재 일본 관료에 대한 비판의 핵심은 우선 관료제도가 명백하게 '불공평'하다는 것이다. 공평이야말로 어느 제도가 성립할 수 있는 근본인 만큼, 달리 말하자면 오늘날 일본 관료제도에 대한 비판은 이미 몇몇 작은 문제에 국한된 것이 아니라는 것이다.

지난 백년 좀 넘은 시간 중, 일본은 세계에 대해 두 번에 걸쳐서 괄목할 만한 등장을 시현하였다. 처음은 일개 낙후된 섬나라에서 출발하였고, 또 한 번은 패전의 폐허 위에서 출발하였다. 두 번 다 30여 년의 시간 내에 이룩하였으니 그 모두가 일본 관료의 우수성을 말해주는 증거라고 할 것이다.

우수한 관료는 우수한 관료제도에서 나온다는 것 역시 거의 더 이상 말할 필요도 없이 자명한 일이다. 일본 관료제도의 진수는 바로 매우 어렵지만 또한 매우 공평하면서 최고의 권위를 가진 '국가공무원 1종 고시'(전전에는 '제국 고등문관 고시')이다. 일반적으로 중앙 관청의 과장 이상은 거의 틀림없이 이러한 고시를 통해 선발된 사람들이다. 이 제도는 정실과 혈연에 의한 임용을 원천적으로 차단하였을 뿐 아니라, 우수한 관료의 확보와 그리고 이러한 관료집단이 운영하는 행정기구가 효율적으로 운영되도록 담보하여, 자존심으로 관료들의 사기를 드높이고 또한 저급한 부패와 부정 안건을 방지하는 데 크게 기여하였다.

과거의 '제국 고등문관 고시'이든, 현재의 '국가공무원 1종 고시'든 간에 모두 여러 기회를 통하여 그 공정성에 대하여 서술하였는데 어떻게 아직도 공평에 대해 의문을 가지는 사람이 있단 말인가? 게다가 어떻게 그 공평에 대한 의혹에 공감하는 사람들이 있는가?

'공정'과 '공평'은 사실 둘 다 두 개의 차원에 의한 뜻이 있다. 하나는 경쟁 과정 중의 공정과 공평이고, 또 하나는 경쟁결과에 대한 공정과 공평이다. 오늘날 일본인들이 관료계통의 '불공정'을 비판하는 것은 실제로는 이 두 종류의 공평과 공정 사이의 구별을 의도적으로 혼동하는 것 같다. 사실 결과의 공평은 근본적으로 실현할 수가 없는 것이다.

이제 경찰계통을 해부하여 문제가 어디 있는지 알아보도록 하자. 일본에서 경찰이 되는 방법은 3가지가 있다. 첫 번째는 '1종 고시'를 통해 경찰청에 들어가서 이른바 직업관료가 되는 길이다. 그 다음은 '2종 고시'를 통해 경찰청에 들어가 이른바 준직업관료가 되는 것이다. 마지막은 각 지방정부의 인사위원회가 실시하는 '3종 고시'를 통해 각 지방정부의 경찰서에 들어가는 길이 있다.

경찰청에 근무하는 사람들은 모두 국가공무원이거나 최소한 준직업 관료이다. 그러나 경시청에 근무하는 사람들은 지방공무원일 뿐이다. 경찰서와 그 하부의 파출소에는 일반경찰만 있다. 그러나 '경시정' 급 이상이 되면 근무처에 관계없이 모두 국가공무원이다.

그러면 '경시정'은 어느 정도 되는 직급인가? 일본 경찰은 9개 등급으로 나눠져 있다. 맨 하위직인 순사부터 시작하여 부장, 경부보, 경부, 경시, 경시정, 경시장, 경시감 및 경시총감으로 올라간다. 고등학교 졸업 후 각 지방의 경찰관 임용고시에 합격하면 순사가 된다. 매 계급 승진에는 필수적으로 3년간 현장업무 경험을 쌓아야 한다. 물론 승진을 위해서는 근무성적에 대한 인사고과와 규정에 의한 진급시험이 있다. 일반적으로 30세 전후에 순사부장이 되면 상당히 괜찮은 편이다. 일평생 순사로 마치는 사람도 있지만 보통 순사부장으로 퇴직하는 경찰이 대다수이다.

그렇지만 '1종 고시'를 통해 경찰청에 들어 온 고급공무원은 '경부보'부터 시작하고 '2종 고시'를 통해 들어온 준직업관료는 순사부장으로 시작하는데 직업관료들은 15년, 준직업관료들도 10년의 시간을 일반경찰보다 혜택을 보는 셈이니 이 차이는 사실 엄청난 차이인 것이다.

그러나 '1종 고시'나 '2종 고시' 출신이 남보다 출발점이 빠른 것은 사실 큰 문제가 아니다. 왜냐하면 본래 각종 고시의 목적 자체가 바로 거기에 있기 때문이다. 정작 문제는 '1종 고시'가 한평생을 결정짓는 유일한 시험으로, 합격하기만 하면 출세가 보장되고, 그렇지 않으면 영원히 승진의 가망이 제한된다는 것이 많은 사람들이 이해하기 힘든 부분이다.

그리고 자세히 분석해보면, 이와 같이 "단 한 번의 시험이 일생을 좌우한다"는 것은 사실 법률상 근거에 의한 것이 아니라 단지 관행일 뿐이다. 일본의 '국가공무원법' 제 33조 제 1항은 명확히 다음과 같이 규정하고 있다.

> 모든 직원의 임용은 반드시 본 법과 인사원 규칙에 의거, 고시성적과 근무성적 및 기타 능력에 대한 실증에 근거하여 진행되어야 한다.

아직도 이 말이 잘 이해되지 않으면 제 36조를 보면 된다.

> 직원의 채용은 경쟁고시의 성적에 근거하여 진행한다. 단 인사원의 규정에 의한 특수관직은 인사원의 승인을 득한 후 경쟁고시 이외의 능력검증 방식을 사용할 수 있다.

마지막으로 제 37조에는 "직원의 승진은 당해 직위 하급자 중에서 경쟁고시를 통해 결정한다"는 규정도 있다.

다시 말하면, 모든 직위에 대해 반드시 고시의 방법을 사용해야 한다는 것이다. 직업관료들은 단지 출발점이 다소 앞서 있을 뿐 그들 역시 고시를 통해 승진해야 한다는 점은 다 마찬가지라는 것이다.

그러나 현실에서는 직업관료는 한 번 고시에 합격해서 관리가 된 후에는 승진을 위한 별도의 고시가 한 번도 없었던 것이 사실이고, 이래서 '공평'의 문제가 제기되게 된 것이다.

직계제

그러면 현행 일본의 이러한 관료체제가 실제로는 위법인가? 물론 그럴 리가 없다. 일본의 중앙관청이 집중된 도쿄 가스미가 세키霞關는 도쿄대학 법학부가 대부분의 요직을 차지하고 있는 곳이다. 당연히 공개적으로 대규모 위법현상이 일어날 수가 없다. 현실과 '국가공무원법'의 규정 사이에 저촉되는 일이 일어나면 틀림없이 직업관료들이 무언가 조치를 취하게 마련이다.

현행 일본 '국가공무원법'은 1947년 10월 21일 '법률 제 120호'로 발효되었는데, 같은 날 '국가공무원법 적용 전 관원임면에 관한 법률'이 '법률 제 121호'로 함께 발효되었다. 이 법률은 단지 1조 2항으로만 구성된 매우 간단한 법이었는데 전문은 다음과 같다.

제 1항: 관리와 기타 정부직원의 임면, 진급, 휴직, 복직 징계 등 신분에 관한 사항과 급여, 보조금 등 수입에 관한 사항은 당해 관직의 규정에 관한 국가공무원법이 충분히 적용되기 전에는 전례를 계속해서 사용

한다. 단, 법률 또는 인사원 규칙에 기타 규정이 있을 때에는 기타 규정을 따른다.

제 2항: 전항의 '기타 규정'은 반드시 국가공무원법을 따라야 한다.

겉으로 보기에 이 법률은 별로 이상한 점이 없어 보인다. 그런데 일본이 지금까지 이전처럼 전전의 고등문관 제도를 유지시킬 수 있었던 것은 바로 이 법률에 의거한 것이다. 그들 구 제국 고등문관들은 바로 이 법률에 의거하여 맥아더가 크게 희망을 걸었던 '국가공무원법'을 무력화시키고 말았다.

표면상, '국가공무원법'이 집행되어 공무원은 모두 고시를 통해서만 임용되고, 고시의 성적은 투명하게 관리되며, 그 파일은 공개되어 사람들이 열람할 수 있게 되었다. '국가공무원법'은 당해 직위를 위해 경쟁한 사람 중에서 상위 5명 이내만 임용하도록 명문으로 규정하고 있다. 이렇게 함으로써 임용의 공정성을 보증하고 정실에 의한 임용과 혈연에 의한 임용을 방지할 수 있게 된다. 이를 위해서는 고시 성적과 석차를 공개하는 것 이외 다른 방법이 없었다.

그러나 '국가공무원법'의 진정한 의의는 이것이 아니었다. 이렇게 혈연과 정실에 의한 임용을 방지하는 방법은 고문시대에도 이미 존재하고 있었다. 전후 미국이 일본에게 강요한 '국가공무원법'의 핵심은 바로 '직계제'였는데, 이것이야말로 구 '제국 고등문관 제도'와 근본적으로 다른 제도였다. 전전의 이른바 '고문조'高文組의 전통을 이어받은 제국 고등문관들의 후버 개혁에 대한 가장 큰 불만이 바로 이 점이었다. 그들 고등문관들로 말하면, 수입이 다소 줄어드는 것은 능히 받아들일 수 있어도 직계제가 진짜로 실행되어 모든 직위가 경쟁에 의해 정해진 다면 여태까지 누려왔던 '고문조'라는 귀족신분이 사라지고 다른 용인 들과 마찬가지가 된다는 것이니, 이는 고문조로서는 도저히 받아들이 기 힘든 심리적인 일대 타격이었다. 고문조들은 어떻게 해서라도 이것 을 막아야 했다.

고문조의 저항방법은 실로 매우 교묘했다. 그들은 '국가공무원법'에 후버의 사상과 개념을 모두 받아들이면서 점령군에게 아주 간단한 사 실을 통보하였다. 즉, '직계제'는 '직계'가 정해지기 전에는 적용할 방법 이 없다는 것이었다. 이른바 '직계'는 모든 정부부처의 관직을 그 복잡 도와 부담할 책임 및 필수적인 훈련의 정도에 대한 비교를 진행한 후 그 결과에 따라 분류하는 것이다.

간단한 예를 들자면, 아무도 살지 않는 무인도를 관장하는 국토교통 성의 과장은 지금 현재 외국인과 담판 중인 외무성 과장에 비해 그 책임 이 훨씬 가볍다는 것은 누구나 다 알 수 있다. 외무성 과장의 담판은 자 칫 잘못하면 한바탕 전쟁으로 치달을 수도 있지만, 국토성의 과장은 기 껏해야 돈을 다소 낭비하는 것에 그친다. 이것은 간단하지만 대부분의 경우 이와 같은 비교는 그리 쉬운 것이 아니라 막대한 시간과 인력을 들 여야 하는 문제이다. 정부의 행정관리 기능은 그러나 중지할 수 없기 때문에 현재 직위에 있는 관료들은 계속 일을 해야만 하며, 그들의 급 여도 종전과 같이 지급해야 하기 때문에 바로 그 '법률 제 121호'가 등장 한 것이다. 원래 이 법의 목적은 완전한 직계제로 가는 과도기에 우선 과거 제국 고등문관과 같은 방법으로 진행한다는 것이었다.

본래 '직계'라는 개념이 없는 국가에서 '직계제'를 실행하기 위해서는 확실히 시간이 필요한 것이 사실이었기 때문에 점령군은 고문조의 이러한 제의에 반대할 수가 없었다. 더구나 이 법은 단지 잠시 동안 고등 문관의 방법으로 진행하자는 것일 뿐, 일단 '직계제'가 성숙되면 사라질 것이었다.

그러나 '샌프란시스코 조약'이 체결되어 일본이 완전히 독립하게 되자 점령군은 더 이상 일본에 간섭할 수가 없게 되었고, 이제 아무도 무슨 '직계제'를 실행해야 한다는 생각을 하지 않았다. 그래서 1947년의 '법률 제 121호'는 현재까지도 유효하며 본래 '잠시'에 불과했던 것이 60 몇 년이 되었을 뿐 아니라 앞으로도 영원히 계속될 것으로 보인다.

'고문조 정신은 영원불멸'이란 말의 진정한 이론적 근거는 사실 바로 이 법률이며, 이를 볼 때 그들 고문조의 법률전문가들에게 경건하게 머리를 숙이지 않을 수 없다.

'고문조 정신은 영원불멸'하므로 현재의 '1종 고시'를 통해 들어온 사람들은 이상하게도 '직업관료'와 '비직업관료'로 나누어진다. 원래의 고문고시는 단지 법률고시였기에 고문고시를 통과한 사람들은 모두 법률을 전공하였었다. 그러나 전후의 '갑종 공무원고시'에는 행정, 법률, 경제 이외 물리, 수학에서 사방, 수산에 이르기까지 대학에 있는 전공은 거의 다 망라하다시피 하여 총 28개 전공이 있었다. 그러다 2001년부터 관련 전공을 병합하여 13개의 전공이 남게 되었다.

그러나 실제에는 행정, 법률, 경제 등 3개 전공으로 고시를 통과한 사람들만 '직업관료'라고 간주하고 기타 전공자는 모두 '기술관료'라 하여 그다지 높게 승진할 기회가 없다. 관료의 정점인 사무차관의 자리는 기술관료에게는 아무 관련이 없는 그림의 떡이다.

그러나 이러한 관행에도 예외가 있다. 하나는 구 과기청으로 그곳의 차관은 줄곧 기술관료가 담당하였다. 나머지 두 곳은 구 홋카이도 개발청과 구 건설성인데, 이 두 성의 차관은 직업관료와 기술관료가 교대로 차지하였다. 이들 예외는 모두 전전, 특히 기시 노부스케가 '만주국'으로부터 가져온 관행이었는데 전후에도 그대로 답습되었다. 그러나 2001년의 부처 개편에 의해 구 과기청과 구 문부성이 합병되어 문부과학성이 되고, 구 홋카이도 개발청과 구 건설성 및 구 운수성이 합쳐져 국토교통성이 되었다. 이렇게 되자 예외마저 사라져 기술관료들이 차관 자리에 오를 수 있는 가능성은 완전히 사라지고 말았다.

이것 이외에도 일본 관료 계통이 크게 비판받는 문제는 바로 관료들의 민간부문으로의 이직현상이다.

관료들의 이직 – 아마쿠다리

　최근 일본의 언론과 야당이 일관되게 비판하는 문제 중에 '관료의 이직'(아마쿠다리)天下り 문제가 있다. 이는 직업관료들이 여러 가지 원인으로 관직을 떠나 다른 곳에 취직하는 것을 말한다. 옛날에 일본인들은 관을 '오카미'お上라 하여 하늘같이 높은 신과 같은 존재라고 여겼다. 그래서 관리를 그만두고 민간기업에 가는 것을 '아마쿠다리'天下り라 하여 하늘에서 속세에 내려가는 것이라 불렀다.

　앞에서 언급했듯이, 일본인들은 혈연주의와 정실임용을 방지하기 위하여 고시의 석차를 공개하는 방법을 통해 시험과 임용 시의 부정을 막았다. 그러나 이 방법은 역시 그 나름대로 부작용이 있었다. 즉, 직업관료가 시험성적에 의해 임용되지만, 사람의 능력을 단 한 차례의 시험성적에 의해 측정할 수는 없는 것이다. 실제로 공무원의 정상인 사무차관이 되는 것은 반드시 석차 1위가 아니다. 이렇게 되자 본래 생각하지 못하였던 문제가 발생하게 되었다.

　'해먹 넘버'를 극도로 중시하였던 구 일본 해군에는 동기 중 한 사람이 대장으로 승진하면 '해먹 넘버'가 앞서지만 대장으로 승진하지 못한 동기들은 모두 예비역으로 편입되는 불문율이 있었다. 그럴 수밖에 없는 것이, 본래 동기들 중 '선임'이 되는 것, 즉 누가 누구를 지휘할 것인가는 바로 이 '해먹 넘버'에 의해 결정되었기 때문이다. 이렇게 후임이 선임이 되면 원래의 선임은 더 이상 계속해서 군에 남아 있을 체면이 없게 된다.

일본의 관료사회에도 마찬가지로 이와 같은 이상한 불문율이 있었다. 사무차관은 당해 부처의 최고참이고, 동기들 중 한 사람만이 될 수 있었다. 따라서 나머지 사람들은 모두 그의 후배들이다. 신임 사무차관이 탄생하게 되면 신임 사무차관과 동기인 사람들은 모두 자동적으로 사직한다. 대학교수가 되기도 하고, 민간기업에 취직하기도 하며, 때로는 그 부처와 관계있는 산업협회로 가기도 한다. 어느 경우에라도 그 자리에서 물러나야 한다.

왜 이렇게 되었는지는 명확하지는 않지만, 아마 동기가 부하직원이 되면 지휘하기가 곤란하기 때문일 것이다. 사무차관들 입장에서 보면 막 들어온 젊은 관료들 앞에서는 권위를 세울 수 있겠지만 서로가 속속들이 알고 있는 동기들 앞에서는 문제가 다를 것이다.

이제 이렇게 관직을 떠나도록 강요받은 직업관료들은 정부부처 바깥으로 나갈 수밖에 없다. "매 기수마다 한 명의 사무차관이 나온다"는 말은 뒤집어 보면 "매 기수마다 모두 한 명의 사무차관이 나와야 한다"는 말이다. 다시 말하자면, 사무차관의 임기는 단 1년에 불과하며, 1년 후에는 그도 그 부처를 떠나 바깥으로 가야 한다는 말이다.

본래 이러한 불문율은, 부처 내에 영향을 미치는 '원로'세력이 형성되지 않도록 하여 신임 사무차관이 소신껏 업무를 추진할 수 있도록 하기 위한 긍정적인 의도에서 출발한 것이었다.

마르크스는 일찍이 '이화'異化(혹은 소외疏外; *alienation*) 이론을 설파하였는데, 대강의 뜻은 인류가 만든 모든 것들은 끝에 가서는 창조주가 본래 의도하였던 것과 반대로 변화 발전한다. 이러한 이화현상의 과정은 암이 발전하는 과정과 같이 쉽게 발견되지 않지만, 일단 발견되면 이미 바로잡기가 무척 어렵다.

일본의 관료제도가 바로 그러하다. 일본 근대화 초기, 엘리트 관료들이 근대화에 막대한 공헌을 한 것도 사실이고, 전후 일본을 다시 부흥시키는 데 역시 관료들이 많은 역할을 한 것도 사실이지만, 오늘날 일본의 관료제도에 커다란 문제가 있다는 것도 부인할 수 없는 사실이다. 이 관료들의 민간부문으로의 이직 문제도 그중 하나이며, 이 문제 역시 하나의 '이화'과정이다.

이 이직의 문제는 그 근원을 찾자면 역시 맥아더 시절로 올라간다. 전전의 고문조들에게는 당연히 이직이란 개념이 없었다. 관료들이 민간부문으로 가게 된 것은 맥아더가 일본에 온 이후부터이다. 맥아더가 이른바 '공직 추방'을 실행할 때 적지 않은 관료들이 해고되었는데 특히 내무성 관료들이 많았다. 이렇게 실직한 고문조들은 기본적으로 모두 원래 관계가 있던 민간기업으로 가게 되었다.

그러나 당시 이렇게 '관'에서 '민'으로 간 것은 부득이한 경우였지만 오늘날의 공무원 이직문제는 일상적으로 일어나는 현상이 되었다. 그러면 왜 이런 현상이 일어나게 되었을까?

제 1차 세계대전 기간 중 일본의 제조업은 호경기를 누리게 되었고 따라서 대기업에 취직하면 매우 높은 급여를 받을 수 있었다. 이 때문에 그 당시 고문조는 별로 인기가 없었으며, 심지어는 제국문관 중에는 관직을 사직하고 재벌기업으로 가는 사람도 있게 되었다. 그러나 전체적으로 보면, 메이지 유신부터 시작하여 일본이 태평양전쟁에 패할 때까지 대부분의 제국 고급문관들의 급여는 매우 높은 편에 속하였다.

그러나 전후, 맥아더의 공무원 개혁은 비록 뛰어난 성과를 거두지는 못했지만 고급공무원의 급여를 낮추는 데 성공하였다. 현재 일본 고급 국가공무원의 급여는 기본적으로 기업에 근무하는 동기들보다 낮다. 현재 재무성으로 개명한 대장성 과장급의 연봉은 3천만 엔을 넘지 않는데 비해, 은행에 근무하는 동기들은 기본적으로 임원의 자리에 올라 연봉이 5천만 엔에 달한다. 그리고 직급이 더 높을수록 이 차이는 더욱 더 커지게 된다.

급여가 높아야 청렴이 보장된다고 주장하는 사람들은 이렇게 관료와 민간기업 간 급여의 차이가 나면 관료들이 부패할 위험이 있다고 주장하지만, 일본정부가 관료들의 급여를 전혀 상향조정할 조치를 취하지 않아도 일본의 관료들은 마찬가지로 부정을 저지르지 않는 편이다. 관료들이 부정을 저지르지 않는 것은 국가를 위해 최선을 다하겠다는 자존심이 그 원인 중 하나이겠지만, 또 하나, 바로 이와 같은 관료들의 민간부문으로의 이직제도를 통해 원칙적으로 관료에 대한 금전적인 보조를 해줌으로써 고급관료들이 일평생을 통해서 보면 수입이 민간기업에서의 수입보다 결코 적지 않도록 보장해주고 있기 때문이다.

이는 어떻게 보면 전 사회가 연합하여 관료들이 최소한 큰 손실이 없도록 도와줌으로써, 고급공무원들이 다른 생각 없이 자기 직책에 충실하도록 하고 또한 부정부패의 유혹에 빠지지 않도록 하는 것이다. 이러한 공무원의 민간부문으로의 이직은 관민 사이의 일종의 묵계 같은 것으로 처음에는 부패와 관련이 없었다. 그뿐이 아니라 오히려 아주 효율적인 부패방지 조치의 하나였다. 왜냐하면 장래 얻을 수 있는 보상이 있다는 것을 알기 때문에 관료들은 재직 시 소탐대실하지 않기 때문이었다.

그러나 오늘날 이 공무원의 민간부문으로의 이직문제는 일본 관료 부패의 상징이 되었다. 오늘날에 이르러 이러한 이직은 단지 생계를 유지하기 위해 민간기업에 취직하는 그런 간단한 문제가 아니다. 직업관료들, 특히 고급 직업관료들이 가는 기업은 모두 대기업이거나 전국적인 산업별협회이고, 맡는 직무도 상무, 전무 심지어 부사장, 부회장, 사장이나 회장 등 연봉이 매우 높은 요직이 대부분이다. 더구나 연봉 이외에 엄청난 퇴직금이 또 있다. 고급관료들은 민간부문으로 이직한 후, 고액의 퇴직금을 타기 위해서 2~3년 단위로 직장을 옮기기도 한다.

시대도 변하고 사회 역시 변하여 원래 좋은 취지였던 공무원의 민간부문으로의 이직이 가지고 있던 최초의 좋은 생각과 그 결과 역시 변하게 되어, 결과적으로 일종의 부패와 연관되고 만 것이다.

직업관료의 급여

　공무원 이직 문제와 관련된 또 하나의 문제는 일본 국가공무원의 급여는 대체 어떻게 결정되는가 하는 문제이다. 그들의 급여가 민간기업에 취직한 동기생들보다 낮다는 것은 어디에 근거한 것인가?

　일본에서 급여가 제일 높은 국가공무원은 내각 총리대신과 최고재판소장이며, 이어서 중의원과 참의원 의장, 그 다음에는 각 대신, 제 4위는 부대신, 제 5위는 대신정무관 및 도쿄대학과 교토대학 총장 등이다.

　그러나 이런 사람들은 모두 '특별직 국가간부공무원'이지, 우리가 여기서 토의하고자 하는 '1종 고시' 출신의 직업관료는 아니다. 직업관료들의 급여 등급은 '급여표'에 의해 정하는데, 급여표상 국가공무원은 11개 등급으로 나뉘어져 있으며, 매 등급마다 근속연수에 따라 약간의 '호봉'이 있다. 가장 낮은 급여는 1급 1호봉이며 가장 높은 급여는 11급 15호봉이다. 높은 호봉의 낮은 등급은 높은 등급의 낮은 호봉보다 급여가 높을 수도 있지만 그러나 동등 호봉의 높은 등급과는 비교가 되지 않는다. 같은 등급에서는 근속연수에 따라 호봉이 올라가는데, 큰 잘못

이 없으면 매년 호봉이 올라가지만 등급이 바뀌는 진급은 다른 사안이다. 일본 직업관료들의 진급은 명실상부하게 급여표상 등급이 올라가는 것이다.

그러면 이러한 추상적인 등급과 호봉의 구체적인 급여가 얼마인지, 그리고 누가 무슨 기준에 의해 정하는가?

일본 헌법 제73조는 "내각은 법률이 규정한 기준에 의거하여 관리에 관한 사항을 관장한다"고 규정하고 있으며, 내각에서 직접 국가공무원 사무를 관장하는 곳은 바로 인사원이다. 인사원은 관료들의 급여를 어떻게 계산하고, 얼마가 되는지를 결정한다. 이는 실제로 인사원의 최대 권력이라고 볼 수 있다. 일본 언론에 자주 등장하는 말 중에 '인사원 권고'라는 것이 있는데, 이 권고(*recommendation*)는 바로 인사원이 당해 연도 국가공무원 급여의 계산근거를 공개 발표하는 것이다.

이것은 단지 '권고'일 뿐, 법률도 아니기 때문에 내각은 이를 받아들일 수도 있고 받아들이지 않을 수도 있지만, 실제적으로는 이 권고가 원칙적으로 법률에 상당할 만큼 그 무게가 대단하다.

우선 이 권고가 나오게 되는 과정이 간단하지 않다. '국가공무원법'에 의하면, 국가공무원의 급여는 "생계비용, 민간의 급여 수준과 기타 인사원이 결정한 적합한 사항을 고려하여 결정"한다. 그중 가장 중요한 것이 바로 '민간의 급여 수준'이다. 공무원도 봉급생활자이며 당연히 급여를 받아야 하지만, 문제는 얼마나 받아야 하는가이다.

국가공무원은 기본적으로 모두 행정관원으로 막강한 권한을 소유하고 있으며, 그들의 급여는 세금으로 지급된다. 약간만 부주의해도 공무원의 급여가 과도하게 높아져 전전의 '제국 고등문관'의 경우와 같아지게 되기 쉽다. 그런데 절대 다수 공무원의 업무는 시장원리에 의해 파악할 수 없기 때문에 기업의 방식을 사용할 수 없다. 그래서 '민간의 급여 수준'을 단지 참고만 하는 것이다.

그러면 민간기업의 급여 수준은 어떻게 정하는가? 본래 후생성에는 '급여구조 기본통계조사'가 있고, 국세청에는 '민간급여실태 통계조사' 가 있다. 그러나 이 두 가지 조사결과를 통해서는 단지 일반 민간기업 의 급여 수준이 어떠한지만 알 수 있을 뿐, 각기 다른 업무내용에 따라 분류된 자료가 없어 공무원과 대비를 진행할 방법이 없다.

인사원은 따로 '각기 다른 직종의 민간급여 조사'와 '국가공무원급여 등 실태 조사'라고 불리는 전문적인 조사를 실시한다. 앞의 조사는 민 간과 공무원의 유사 직종 사람들의 당해 연도 4월분 급여를 조사한 후, 두 번째 조사를 통해 얻은 국가공무원의 당해 연도 4월분 급여 수입과 비교한다. 이러한 조사의 규모는 무척 커서, 시간적으로는 매년 5월 1 일부터 시작해서 대략 두 달 정도, 조사의 범위는 50인 이상의 기업 단 위 중, 지역과 산업, 그리고 규모를 각각 달리하여 임의로 개별인원을 표본 추출한다.

2009년 실시한 조사의 경우, 50,232개 기업 단위 중에서 지역과 산 업, 그리고 규모를 달리하여 910개 종류로 분류하여, 다시 그중에서 11,100개 기업을 추출하였다. 조사 대상의 개별 샘플은 78종의 각기 다 른 직업과 463,712명에 달하는 개인을 포함하였다. 이 조사는 민간기 업 60% 이상의 근로자를 포함하였기 때문에 정확도가 매우 높았다.

조사에 의해 취득한 데이터는 동일한 직종, 동일한 연령, 동등학력 및 동일한 지역이라는 전제하에, '국가공무원 급여 등 실태조사'에 의해 확보한 국가공무원의 급여수준과 비교를 진행하여 마침내 '금년도 급여 수준은 작년과 대비하여 O%의 증가 혹은 감소'라는 권고를 내리는 것이다.

　앞에서 일본의 국가공무원은 파업권이 없다고 하였는데 실제는 예외
들이 있다. 일본 국유기업의 고용원은 국가공무원이지만 그들은 파업
권이 있다. 원래의 국유철도가 여기에 해당한다. 현재의 농림수산성
산하에 대략 5천여 명의 고용원이 있는 '국유림 사업'이 있는데 그들도
파업권이 있다. 그 밖에 각 성에는 몇몇 '특정행정법인'이 있어 다 합하
면 5만 명 정도가 되는데 그들 역시 파업권이 있다. 파업권이 있다는 것
은 급여와 대우에 관한 조건을 교섭할 수 있다는 것을 의미한다.

　전혀 파업권이 없는 공무원은 국가공무원 고시를 통해 각 부처에 들
어온 사람들과, 거기에 대신, 법관, 검찰관과 자위대원 등 대략 30만
명 정도다. 이 사람들의 급여는 전적으로 '인사원 권고'에 의거한다.

　'인사원 권고'의 영향력은 국가공무원에만 국한되는 것이 아니고, 지
방공무원의 급여 수준을 결정할 때는 물론 심지어 민간기업도 인사원
권고를 참고하는 곳이 있다. 예를 들면, 민간병원의 의사와 간호원, 그
리고 사립대학이 교수 이외 직원의 급여수준을 정할 때 인사원 권고를
참고하는 곳이 적지 않다. 우선 이들의 업무가 공무원의 업무와 유사할
뿐 아니라 이런 곳은 일반적으로 노조가 없기 때문에 그 급여수준을 일
정 수준 이상 유지하기 위해서는 인사원 권고를 기준으로 하는 것이 가
장 타당한 선택이 될 수 있다.

　그러나 이상에서 볼 때, '인사원 권고'에는 한 가지 문제가 잠복하고
있다. 인사원 권고의 목적은 국가공무원이 자신이 가진 행정권력을 이
용하여 자기를 위해 마음대로 급여를 올리지 못하도록 보장하는 동시

에, 고급 국가공무원들로 하여금 경제적 유혹에 빠지지 않도록 하는 것이다. 하지만 전후의 몇 년을 제외하고는 일본 경제가 시종일관 상승하는 추세에 있어 실업률도 낮고 그 결과 민간기업의 급여도 따라서 상당히 높아졌다.

그런데 이 '인사원 권고'는 국가공무원의 급여가 전국 최고수준이 되지 않도록 했을 뿐 아니라 국가공무원의 급여인상이 민간기업보다 뒤늦게 결정되도록 하고 있다. 이렇게 되면, 경제가 부단히 성장하는 경우에는 국가공무원들에게 다소 불공평하게 마련이다. 그 결과 전국적으로 가장 우수한 인재들이 여러 조건상 민간기업으로 가게 되어 공무원 지원자들의 수준이 저하될 가능성이 있다는 것이다. 그리고 '높은 급여가 부패를 방지한다'는 이론을 주장하는 사람들이 주장하는 대로 '낮은 급여가 공무원을 쉽게 부정부패의 유혹에 빠지게' 할 가능성이 상존하는 것이다.

6

봄날은
간다

공무원의 민간부문으로
이직(아마쿠다리)에 따른 문제

일본인들은 위의 문제를 해결하기 위해 직업관료들의 민간부문으로의 이직(아마쿠다리)이라는 방법을 고안하였다. 즉, 이들 직업관료들이 정부부처를 떠난 후 민간기업이나 산업별 협회 등에 가서 이사장, 부이사장 혹은 고문 등을 맡도록 한 것이다. 당연히 급여도 적지 않지만, 문제는 이 급여에 있는 것이 아니라, 이렇게 이직한 관료들은 한자리에 오래 있지 않고 2~3년 만에 자리를 옮기면서 두둑한 퇴직금을 챙긴다는 데 있다. 이렇게 몇 번 자리를 옮기면 민간기업에 취직한 사람들과의 수입차이 문제는 전부 해결되고 만다.

직업관료들을 위해 이렇게 민간부문으로 이직할 수 있는 기회를 준 것은 원래는 창의적인 아이디어였다고 할 수 있다. 이렇게 함으로써 우선, 직업관료들이 나라를 위해 최선을 다한다는 동기부여와 달리 수입이 비교적 적다는 현실 사이의 모순을 해결해줌으로써, 관료들이 민간기업 간부들보다 수입이 적어도 안심하고 직무에 충실할 수 있도록 하여 효과적으로 관료들의 부정부패에 대한 충동을 억제할 수 있도록 하였기 때문이다.

왜냐하면, 사람은 장래에 합리적이고 합법적인 금전적 보상이 있다는 약속이 있다면 일반적으로 불공정하고 불법적인 재물을 택하지 않는 법이다. 게다가 이러한 불공정과 불법이 폭로되면 여태까지 쌓아온 명성이 땅에 떨어지는 것은 물론, 지금까지 모든 노력이 하루아침에 물거품이 되기 때문에 일본의 관료들이 부정부패에 연루되는 경우가 비교적 적은 편이다.

관료들의 민간부문으로의 이직은 급여에서의 차이를 해결하는 것 이외에, 매우 이상한 현실문제가 하나 더 있는데, 바로 일본의 연금제도 때문이다. 현재의 정년퇴직은 60세인데 연금수령은 65세부터 시작하니 5년 동안은 수입이 없게 된다. 그렇다고 이 5년 동안 굶을 수는 없는 것이니 퇴직 후 5년을 더 일해야 하는 것이다. 일반 사람들은 보통 원래의 회사에서 임시직으로 계속 일을 하게 되지만, 고급공무원은 앞서 말한 불문율 때문에 원래의 관청에 계속 남아 있을 수가 없다. 그러니 부득이 민간부문으로 이직하지 않을 수 없다.

오늘날 일본에서는 모두들 직업관료가 민간부문으로 이직하는 이 제도가 모든 악의 근원이라고 비판하지만, 그 근원을 따져 보면 이 제도는 그 당시에는 상당히 긍정적인 의미를 가진 제도였다. 20년 전까지만 해도 일본 국내외에서 매우 효과적인 제도라고 모두들 칭송하였던 제도이다.

그러나 세상에 결코 변하지 않고 영원히 진보하기만 하는 것은 없다. 아무리 좋은 제도라 할지라도 시간이 흐름에 따라 변화가 일어나게 마련이다. 하물며 이 제도는 본래 일종의 특권이 아닌가? 이 제도는 관료들에게 퇴직 후 일종의 특권을 약속함으로써, 관료들이 퇴직 전에 집요하게 특권을 추구하지 않도록 바꿔치기한 것에 지나지 않는 것이다.

이 세상에 공짜 점심은 없는 법, 기업이 이직하는 관료를 그렇게 큰 비용을 지불하고 받아들이는 이유는 무엇일까? 이 기업은 그 후 직접 관납官納을 성사시킬 수도 있고, 간접적으로 정책상의 혜택을 받기도 하는 등, 음으로 양으로 이 관료의 도움을 받는 것이다. 그러므로 이렇게 이직하는 관료를 받아들이는 것은 사실상 합법적으로 커미션을 제공하는 것이나 마찬가지이다.

이렇게 되자 관청과 기업의 관계에도 변화가 일어나게 되었다. 관료들은 이러한 기업들이 장래 자기가 취직할 가능성이 큰 곳이기 때문에 자기도 모르게 이 기업들을 '자기 사람'이라고 생각하게 된다. 따라서 업무를 처리할 때 공정한 입장에 서야 할 관료들이 종전처럼 공정한 입장을 유지하는 것이 어려워진다. 이런 현상이 계속되자 오늘날 모두가 비난하는 이른바 '정경유착'政經癒着이 등장한다.

그런데 대기업의 수는 본래 제한되어 있고, 대기업 중에서도 이러한 관료들을 위한 자리를 제공할 수 있는 기업은 더욱 더 제한적일 수밖에 없다. 게다가 문부성이나 농림수산성과 같은 부처는 기업과의 관계가 많지 않거나 거의 없는 편인데, 이곳 출신 관료들은 어떻게 할 것인가? 이들은 할 수 없이 자기 스스로 반관반민半官半民의 기구를 만들어 이직한다.

일본에는 각종 반관반민의 산업별 협회단체가 무척 많다. 그들의 배후에는 정부부처가 있기 때문에 매 단체는 모두 무슨 규정이나 제한, 혹은 인가를 받아야 하는 자격 등을 만들어낸다. 그리고 그들의 인가를 받지 않으면 사업을 못하도록 하는 것이다. 이런 산업별 협회단체는 기본적으로 이직 관료들이 운영하는데, 이러한 협회단체의 존재이유가 바로 이직하는 관료들을 받아들이기 위한 것이다.

　이러한 협회단체의 난립현상은 더욱 더 진화하여 나중에는 협회 이외에 국영기업과 유사한 실제 산업을 영위하는 법인을 만들어 이직하는 관료들을 받아들이기까지 하게 된다. 심지어 당해 부처의 내부 업무를 바로 외주外注의 형식으로 분리하기도 한다.

　실제로 이러한 관료들의 민간부문으로의 이직이 불러온 병폐는 현재에 와서 생긴 것은 아니다. 그러나 사람들의 주의를 끌고 여론과 언론의 비난을 받게 된 것은 바로 최근 십수 년 사이이다. 가장 중요한 원인은 지난 십수 년 사이, 일본 사회에 커다란 변화가 일어났기 때문이다. 과거 그렇게 기세등등하게 전 세계를 석권하여 막대한 수익을 내던 일본 기업들이 오늘에 와서는 세계 곳곳에서 고전을 면치 못하고 있다. 찬란했던 영화는 어제의 꿈일 뿐, 야마이치山一증권과 홋카이도北海道 척식은행과 같은 일본 굴지의 대기업이 파산할 지경이니 다른 산업은 더 말할 필요도 없다.

　일본의 기업들은 이미 더 이상 과거처럼 해고도 없고 수익이 계속 증가하기만 하는 기업들이 아니다. 일본 민간기업은 평균 급여가 해마다 줄어드는 데다가, 파산의 위험에 처해 있다. 이제 원래의 "직업관료들의 생애수입이 민간기업 간부보다 적다"는 말은 더 이상 사실이 아니며, 오히려 공무원이라는 직업이 갖고 있는 안정성이 ─ 수입까지 포함해서─ 이 사회 전반의 주목을 끌게 되었다.

　실제로 오늘날 공무원은 젊은 사람들이 가장 선호하는 직업이다. 여기서 말하는 '공무원'이라는 개념은 우리가 지금까지 논의한 '고급공무원'과는 완전히 일치하는 개념은 아니다. 이 '공무원'은 모든 국가직 및 지방직 공무원과 직원, 다시 말하면 국민의 세금으로 급여를 받는 모든 사람들을 포함하는 개념이다.

한편, 공무원 직업이 인기를 끌면서 공무원을 바라보는 시선도 더욱 까다로워져 그들에 대한 요구도 더 엄격하게 되었다. 부정부패 등 위법행위에 대한 단속도 더욱 엄격해지고, 공무원의 민간부문으로의 이직도 원래는 모두가 이해하는 타당한 제도였지만, 현재는 이 제도를 합리적으로 받아들이게 하였던 요소들이 사라졌기 때문에 이제는 오히려 비판의 대상이 되고 말았다.

그러나 실제로 일본의 직업관료들이 사회여론의 매서운 질타를 받게 된 것은 근년의 경제불황 때문만이 아니다. 일본 직업관료의 몰락은 사실 1970년대에 이미 시작된 것이다.

관료시대의 조종을 울린
다나카 가쿠에이 전 일본 총리

법리적으로 말하면 정부 각 부처의 최고 책임자는 과거의 '제국 고등문관'이나 오늘날의 '고급 국가공무원'이 아니라 각 부처의 대신들이다. 전전戰前의 대신은 일왕이 칙명으로 지명하거나 총리(수상)가 지명하였지만 현재의 대신은 의회 다수당 지도자인 총리가 지명한다.

전전의 총리는 일왕에 대해서만 책임을 지고, 그가 지명한 각 대신들은 대부분이 고등문관 출신들이 차지하였다. 그리고 총리 본인 역시 군인 출신이 아니면 고등문관 출신이었다. 그 당시에는 비록 제국의회가 있었지만 정치가들이 활동할 공간이 없었고, 군인과 제국 고등문관이 득세한 시대였다.

패전 후, 군인들은 사라졌지만 고문조高文組로 대표되는 고등문관들은 오히려 전전보다 더 형편이 나아졌다. 전후의 수상들의 면면을 보면, 요시다 시게루, 아시다 히토시蘆田均, 하토야마 이치로鳩山一郎, 기시 노부스케岸信介, 이케다 하야토, 사토 에이사쿠, 미키 다케오, 오히라 마사요시, 후쿠다 다케오福田赳夫, 나카소네 야스히로, 미야자와 기

• 다나카 가쿠에이

이치 등 모두가 고문조 출신들임을 알 수 있다.

그런데, 여기 예외의 인물인 다나카 가쿠에이가 있다.

바로 사토 에이사쿠와 미키 다케오 수상 사이에 결코 잊을 수 없는 다나카 가쿠에이 수상이 있다. 그는 걸출한 정치가는 아니었지만 그를 빼놓고는 일본의 현대 정치사를 논할 수 없다. 그는 금권정치로 인한 스캔들로 유명할 뿐이 아니라 일본 관료시대의 실질적인 조종弔鐘을 울린 사람이 바로 그이기 때문이다.

전통적으로 학력 귀족인 관료들의 의기양양한 득세에 도전하여 승리를 거둔 것은 구 육해군 군인들뿐이었다. 그런데 사실 일본의 군인들도 학력 귀족이었다. 당시 구 육군대학과 구 해군대학을 졸업하는 것은 제국대학을 거쳐 고문고시를 통과하는 것보다도 더 어려웠기에 관료들은 군인들에게 꼼짝 못하는 것에 대해 크게 개의치 않았다.

그러나 다나카는 그와는 완전히 달랐다. 다나카는 대장대신에 취임했을 때 그 자신은 초등학교밖에 나오지 않았다고 특별히 강조하였다.

알다시피, 이 대장성이야말로 관청 중의 관청이며, 대장성의 관료 역시 관료 중의 관료라고 불렸다. 그들이야말로 최고의 학력 귀족이었으며, 기타 부처의 직업관료들을 근본적으로 안중에 두지 않는 엘리트 중의 엘리트였다.

사실 다나카는 초등학교 졸업 학력이 아니고, 일하면서 학업을 계속하여 전문학교에 해당하는 '중앙공학교'를 나온 건축 엔지니어로서 1급 건축사 자격을 가지고 있었다. 그는 단지 도쿄제국대학의 학력이 없었을 뿐이었다. 그러나 이것은 그가 매우 가난한 출신이라는 것을 말할 뿐 기타 어떤 문제가 있는 것이 아니었다.

그는 타고난 재능에다 공부하기를 아주 좋아했다. 그는 영어를 독학하였는데 그가 공부한 방법은 사전을 몽땅 외우는 것이었다. 한 페이지를 다 외우면 그 페이지를 찢어버렸다고 한다. 이런 노력형의 사람이 바로 다나카 가쿠에이였다. 뛰어난 머리를 가진 그는 대장대신에 취임할 때 의도적으로 학력을 속인 것이다. 사실 그는 자부심만 가득한 직업관료들을 그리 높게 평가하지 않았다.

물론 다나카가 '관료를 압도'한 것은 결과론적인 이야기이지 그가 일부러 관료에게 도전한 것은 아니었다. 대장성 관료들이 가장 두려워했던 사람이 바로 이렇게 입만 열면 '문맹'文盲이라고 자칭하는 다나카였다. 대장성 관료들은 다음과 같이 그를 기억하고 있다.

그 누구도 다나카를 속일 수가 없었다. 그는 아주 손쉽게 우리들의 속셈을 알아채곤 했다. 그리고 어려운 외래어로 된 용어를 사용하여 기선을 제압하려 하는 것도 소용이 없었다. 우리가 이 용어를 설명할 방법을 생각할 때, 다나카는 이미 완전히 그 뜻을 파악하고는 우리보다 더 합당한

286

일어 번역을 생각해내곤 하였다.

　오늘날 일본 정치가들은 걸핏하면 '관료 타도'라는 말을 입에 달고 살지만 실제로는 어느 누구도 관료들을 제압하지 못하였다. 원래 이들 정치가들의 지능이 관료들을 따라갈 수가 없으므로 방법이 없었다. 제대로 관료를 장악한 다나카는 그러나 관료들에게 아주 공손하게 대했다. 늘 "당신들은 일본의 엘리트들이니 당연히 우리가 공경해야 한다"고 말하곤 했다.

　일본의 대신들은 마음대로 사용할 수 있는 이른바 '기밀비'라는 게 있다. 그는 우정성과 통산성, 그리고 대장성 대신을 역임하면서 이 기밀비를 한 푼도 쓰지 않고 부하 직원들을 보살피라고 사무차관에게 전액 그대로 주어버렸다. 이렇게 많은 금액을 마음대로 써본 적이 없는 사무차관은 그 자리에서 벌린 입을 다물지 못하였다. 그리고 과장 이하의 직원들을 수시로 불러 자기 주머니에서 회식비를 건네주었다.

　대장성의 예산편성 작업은 무척 힘든 일임은 잘 알려진 사실이다. 예산편성 작업이 끝나면 다나카가 담당자를 하나하나 자기 사무실로 불러, "당신은 일본 최고의 엘리트요. 이것은 내 조그만 성의이니 내게 결과를 보고할 필요 없이 마음대로 쓰시오" 하면서 봉투를 하나씩 건넸다. 그리고 소문에는 제일 많이 준 것은 2천만 엔까지 주었다고 한다.

　이런 돈은 공금이 아니라 전부 다나카 개인의 돈이었다. 그러나 그가 돈 찍어내는 기계도 아니고 그 돈이 어디서 났을까? 당연히 그가 조달한 돈이었고, 대부분 정당하지 않은 방법으로 조성한 돈이었다.

　알다시피 삼권분립에 의해 의회가 입법권을 장악하고 있다. 그러나 자세히 들여다보면 일본의 입법구조는 조금 다르다. 일본의 법률은 통상 '중법'衆法과 '참법'參法, 그리고 '각법'閣法으로 나뉜다. 이는 각 법안을 발의한 곳에 따른 분류이다. 즉, 중의원이 발의한 법안이 '중법'衆法이고, 참의원과 내각이 발의한 법안이 각각 '참법'參法과 '각법'閣法이다.

'중법'과 '참법'은 '의원 입법'이라 해서 정부가 제출한 법안과 구별한다. 다나카는 바로 이러한 '의원 입법'의 수단을 이용하여 관료들의 실권을 차지하면서 동시에 돈을 조성하였다.

의회의 본래 업무가 입법인데 선거에 당선된 의원은 당연히 법을 입안하여야 하는 것이 아닌가? 모든 법률의 제정과 수정은 모두 의원이 발의하도록 된 미국에서와 같이 하는 것인데 무슨 문제가 있는가?

그러나 일본과 미국의 입법 과정상의 가장 큰 차이는, 미국 대통령은 행정부를 대표하여 특정 법안을 거부할 수 있는 권리가 있지만, 일본의 내각은 그러한 권리가 없다는 점이다. 따라서 법안이 의회에서 통과되면 아무리 황당하더라도 정부는 단지 그에 따라 집행해야 한다. 비록 이러한 경우가 많지는 않지만 의원들의 권력이 때로는 통제받지 않는 정황이 나타날 수 있다. 다나카의 경우가 바로 그러했다.

다나카는 43년의 중의원 활동 중, 1백 개 이상의 의원 입법을 발의하여 정치권력을 가장 극단적으로 농단하였다. 그는 각 이익단체의 '정치헌금'을 이용하여 관료들의 전문지식을 매수함으로써 법안을 발의하고, 이어서 의원들이 그 법안에 찬성 투표하도록 의원들을 다시 매수하였다. 그 결과 법안이 통과되면 더 많은 돈을 다시 챙기니 이것이 바로 '금권정치'의 실체이다.

족의원

　다나카에게 돈을 만드는 방법을 배운 일본의 정치가들은 이제 계속해서 그를 모방한다. 집권 자민당의 각 파별 정치가들은 당선 횟수에 따라 대신이나 정무차관의 자리를 꿰참으로써 정부 각 부처에 손을 뻗게 된다. 그리고 '의원 입법'의 수단과 국회에서의 대정부 질문권을 이용하여 정부 각 부처에 영향력을 행사함으로써 특정 이익집단을 대표한다. 그들은 때로는 일부 관료를 끌어들여 자신의 업무에 활용하기도 한다.

　이렇게 특정 이익집단의 이익을 대표하게 되는 의원들이 이른바 '족의원'族議員이다. 야당의 경우, 비록 집권하지는 못했더라도 입법권과 국회에서의 대정부 질문권을 가지고 있기 때문에 이 두 가지 권력을 교환조건으로 하여 집권당과의 흥정을 통해 자기의 이익을 달성하게 된다. 그러면 관료들은 어떠한가?

　관료들은 이런 정치가들의 요구 — 합리적이든, 비합리적이든 — 를 받아들이는 외에 다른 선택의 여지가 없다. 왜냐하면, 본래 정치가들은 국민에 의해 선출되었다는 선천적인 강점이 있을 뿐 아니라, 관료와 정치가 사이에 충돌이 발생하면 각종 언론은 언제나 확실하게 정치가의 손을 들어주기 때문이다. 일본의 언론은 원래 관료에 대해 좋지 않은 감정을 가지고 있어서 부단히 반관료 운동의 목소리를 높인다.

사무차관을 최종목표로 분투하는 그들 일본 직업관료들의 철학은 바로 '아무쪼록 아무런 문제도 일어나지 않도록' 하는 것이다. 무슨 일이든 일어나기만 하면 모두가 골치 아픈 일이고, 자신의 경력에 오점을 남길 수 있으며, 자기의 앞날에 영향을 미칠 수 있기 때문에 관료는 일반적으로 그들 유력한 정치가에게 무조건 맹종하고 시키는 대로 하는 경향이 있다.

이렇게 함으로써 그들은 정치가들로부터 자기 앞날에 대한 지지를 확보하거나 최소한 방해를 하지 않도록 하려 하는 것이다. 이러다 보니 '족의원'의 세력과 규모가 눈덩이처럼 점점 더 커지게 되었다.

이러한 '족의원'은 원래 장기 집권하였던 자민당 의원들에 주로 해당되고 민주당은 집권기간이 짧아 아직 '족의원'이라는 이익집단을 이루지는 못하고 있다.

자민당 집권의 시기에 언론에 '체신 족의원'이니, '농수산 족의원'이니, 혹은 '국방 족의원'이니 하는 표현이 자주 등장하였다. 이것은 특정 산업과 비교적 연관을 많이 하면서 정부의 정책에 영향을 미칠 수 있는 국회의원들을 지칭하는 것이다. 이들 중에는 대신이나 부대신 또는 정무관 등을 지낸 사람들도 있지만 대부분은 별로 유명하지 않은 평범한 의원들인 경우가 많다. 그러면 대신과 같은 고위직을 지내보지도 않은 보통의 인물들이 어떻게 정부의 정책에 영향을 끼칠 수 있을까? 이는 일본의 정부와 국회 및 정당의 운영 메커니즘과 연관이 있다.

일본의 중앙정부는 각 성과 청으로 나뉘어서 각종 행정을 주관한다. 동시에 국회에는 이러한 성과 청에 대응하는 각종 위원회가 있다. 예를 들면, 정부에 외무성이 있고 국회에는 이에 상응하는 외무위원회가 있다. 정부에 농림수산성이 있고 국회에 농림수산위원회가 있다. 이러한 위원회는 각 성과 직접적으로 연관되어 있어, 각 성의 법률과 법령은 먼저 이러한 위원회에서 토론을 거치므로 각 성의 관료들은 우선 이 위원회에서 해당 법률의 목적과 효과에 대해 설명하면서 의원들이 이 법안에 찬성하여 줄 것을 간곡하게 부탁한다. 만약 어떤 법안이 이 위원회에서 조차 통과되지 못하면 전체 본회의에 상정은 물 건너간다.

이렇게 의원들은 모두 각각의 위원회에 속하고 때로는 동시에 몇 개 위원회에 소속되기도 한다. 그리하여 각자는 위원회의 회의에서 해당 법안에 대해 자기의 의견을 발표할 수 있게 된다. 그러나 각 의원의 의견발표 시간은 소속 정당의 의석수에 따라 정비례하므로 무소속 의원과 5석 미만의 의석을 가진 정당은 발언을 할 자격이 없다. 이 규정에 따라 다수 의석을 가진 집권당이 가장 많은 발언기회를 갖게 된다.

당 내부에도 같은 위원회가 있는데, 야당의 위원회는 정책을 연구하기 위한 것이고, 집권당의 위원회는 각종 법안을 기초하거나 수정하기 위한 것이다. 이론적으로만 보면, 의회는 입법기구인 만큼, 의원들이 바로 각종 입법에 대한 책임이 있다. 그러나 실제에 있어서는 대부분의 의원들은 실무와 법률에 문외한들이어서 실지로 법안을 기초하는 것은 각 성의 관료들이다. 의원들은 그저 듣기만 할 뿐, 이러한 법안이 대체 어떻게 된 것인지에 대해 근본적으로 별 관심이 없다.

그들의 관심사는 극단적으로 말하면 단지 차기 선거에 계속해서 당선될 수 있느냐 여부일 뿐이다. 그리고 계속해서 당선되기 위해서는 사람들의 지지와 활동경비가 필요하게 마련이다. 이렇게 그들을 위해 사람들과 금전을 제공할 수 있는 것은 바로 기업과 단체조직이어서 의원들은 특정 산업이나 단체의 이익을 대표하여 이러한 산업과 단체조직에 유리한 법안을 통과시키거나, 혹은 이러한 산업과 단체조직에 더 많은 정부예산을 배분하도록 하는 방법을 통해 그들을 돕고 그 반대급부로 특정 산업과 단체조직의 자기에 대한 지지를 획득한다. 그래서 의원들은 자기의 지지자를 고려해서 하나 또는 그 이상의 위원회를 선택하여 그 활동에 참가한다.

이것이 바로 '족의원'의 진면목이다. 예를 들면, 지방 농협의 지지를 받아 당선된 의원은 농민의 이익을 보호하기 위해 필사적으로 농산물의 수입을 반대할 것이며, 예산을 배분할 때에도 자신의 선거구가 더 많은 예산과 프로젝트를 획득하도록 노력한다. 의사회의 지지를 받은 의원은 의사들의 보수를 삭감하는 어떠한 기도에도 적극적으로 반대하게 마련이다.

그러므로 입법권을 행사하여 각종 법률을 제정하여 특정 이익집단의 이익을 보호하는 것 외에도 직접적인 행정권을 통해 상기 이익집단에게 최대한의 예산이 배분되도록 하는 것이 오늘날 의원들의 책무가 되었다. 그리고 이러한 책무를 완성하기 위해서는 — 입법단계이건, 예산배분 단계이건 — 어느 경우에도 관료들의 협조와 도움이 절대적으로 필요하다. 또한 이렇게 그 과정에서 협조와 도움을 제공한 관료들은 다음 진급 시 최소한 의원들이 방해하지 않는다는 보장을 받게 될 뿐 아니라, 만약 그 의원이 상당한 영향력이 있는 경우에는 직접 승진의 기회를 얻을 수도 있다.

특수한 경우에는 이러한 관계가 직업관료가 아닌 일반관료까지 수혜를 받기도 한다. 2005년 발생한 '스즈키 무네오鈴木宗男 사건'은 '족의원'의 전형적인 사례이다.

스즈키는 홋카이도에서 1983년 처음으로 당선된 6선의 자민당 의원으로 이른바 '외교족' 의원이었다. 외교족은 주로 대외원조에서 이권을 챙기는 족의원이다. 대외원조의 경우 원조를 받는 나라에 직접 현금을 제공하는 경우는 없고 주로 물자와 인력제공의 방식을 취하는 것이 일반적이다. 바로 여기에 이권이 개재될 소지가 있다. 스즈키의 선거구인 홋카이도는 전후 계속해서 소련과 다투고 있는 이른바 '북방 4도' 문제가 있다.

일본은 소련이 해체되자 '북방 4도' 문제를 해결할 수 있는 절호의 기회가 왔다고 생각하였다. 그들이 생각한 방법은 경제원조를 제공하여 러시아로부터 북방 4도를 찾아오고자 하였다. 그런데 이 경제원조의 방식과 규모 및 종류 등 거의 모든 것을 스즈키가 결정하게 되었고, 필요한 물자와 인력도 모두 스즈키가 선정한 회사가 제공하도록 하는 등, 스즈키는 그 일대의 '구세주'나 다름없는 존재가 되었다. 그 명망이 어느 정도였느냐 하면, 사건이 발생하여 구속된 후 옥중에서 출마했는데도 다시 국회의원에 당선될 정도였다.

학력 콤플렉스 문제

오늘날 일본의 문제는 관료의 문제라기보다는 국회의원들의 문제이다. 그러나 일본의 유권자들은 정치가들이 주장하는 반관료反官僚의 구호를 그대로 받아들이고 있다. 특히 2009년 중의원 선거에서는 그 현상이 더욱 두드러졌었다.

물론 반관료의 구호가 유권자들에게 쉽게 먹혀드는 것에는 관료 자신들의 귀책사유도 있다. 어떤 조직도 모두 극대화의 요구가 있는 법이다. 예를 들면, 기업은 이익의 극대화를 요구하는 조직이며, 소수의 부패한 관료 개인을 제외하면 관료조직 자체는 그 조직의 경제적 이익의 극대화를 추구하는 조직이 아니라 필연적으로 권력의 극대화를 추구하는 조직이다. 그리고 관료들이 쉽게 공격의 대상이 되는 이유도 바로 이 권력 때문이다. 사람들이 보기에 관료들은 사회의 경제활동에 직접 참가하지 않으면서도 오히려 막강한 행정권력을 가지고 있기 때문에 사람들의 증오의 대상이 된다.

사실 관료제도는 근본적으로 말하자면 일종의 '속박'과 부자유이며,

그 존재 자체는 본래 사람들이 요구하는 자유에 대한 본능과 부합하지 않는다. 이 제도는 단지 인류사회가 진화하면서 날이 갈수록 복잡해지자 할 수 없이 도입한 일종의 타협적인 방법이라고 볼 수 있다. 따라서 관료 본인도 그의 사생활 중에는 관료제도 때문에 불편한 것을 느끼게 될 정도로 이 세상에는 관료를 미워하지 않는 사람이 없다.

그렇기 때문에 누가 관료를 공격하게 되면 많은 사람들이 공감하게 되어 이제 일본에서는 '관료'라는 말은 귀찮은 경멸의 대상이 되었다. 일본의 관료는 모든 악의 근원이며 일본 사회의 모든 문제에서 속죄양 贖罪羊은 거의 다 관료들이었다.

이러한 일본 사회의 관료를 완전히 부정하는 사조에는 매우 복잡한 원인이 있다. 일본의 반관료 사조는 1990년대 이후부터 시작되었다. 이전에는, '일왕의 관리'이든 아니면 이른바 '공복'이든 모두가 사람들로부터 존경을 받는 직업이었다. 일반 사람들은 모두 관료들이 행정조직을 운영하여 아주 제한된 자원을 잘 배분함으로써 모두가 인정하는 결과를 가져왔다고 생각한다.

그러나 1990년대가 시작되자 일본의 거품경제가 붕괴되고, 지속적으로 성장하던 일본 경제가 앞날이 보이지 않는 불황으로 치닫게 되자, 여태까지 '일본 제일'을 맹신하던 일본인들의 놀람은 형용할 수 없을 지경이었다. 이 경제 전쟁의 실패에 대해 일본의 위정자들은 유권자들에게 무엇인가 설명을 하지 않으면 안 되었다.

일본인들은 태평양전쟁의 책임에 대해서는 시류에 맞게 모든 책임을 군부에게 돌리는 미국인들의 결정에 동의하였다. 그러면 이번 경제 전쟁의 책임은 누가 져야 할 것인가? 이번에는 맥아더와 같이 외부에서

온 재판관도 없으니 일본인 스스로 심판할 수밖에 없었다. 그렇다면 목소리가 큰 사람이 주장하는 것이 그대로 정해지게 마련이다.

그러면 누구 목소리가 가장 큰가? 당연히 정치가들과 언론의 목소리가 클 수밖에 없었다. 그러나 실제로는 일본의 언론은 주동적으로 목소리를 낼 수가 없다. 일본의 언론은 '기자구락부'라는 형식을 통해 스스로 발언권을 방치하여 그 권력을 정부와 집권당, 그리고 정치가와 기업에게 양도하였다. 이 중 실질적으로 주도권을 가진 것은 집권당과 정치가였으니, 다시 말하자면 당시의 자민당 국회의원들이었다.

자민당은 그들의 실정을 인정하려 하지 않고 —최소한 책임을 단독으로 지려 하지 않았다— 실제 행정권력을 관장한 관료들을 대신 속죄양으로 만들었다. 법률 이론상으로는 행정권력은 입법권의 제약과 감독을 받게 되어 있지만 실제로는 입법권을 가진 국회의원들의 소질문제 때문에 대부분의 경우 관료들이 독단전횡할 정도로 그 권력이 막강하였으므로, 경제에 무슨 문제가 발생하면 그 책임을 관료가 져야 하는 것이 당연하였다.

유권자들도 관료가 경제 실패의 원흉이라는 설명을 좋아하였다. 이렇게 되면 그들의 당초 선택이 옳았음을 증명하기 때문이었다. 그리고 그들 관료들은 일반적으로 어려서부터 부모의 말을 잘 듣는 착한 어린이, 그리고 학교에서는 선생님의 착한 학생으로, 학교와 사회에서 모두 뛰어난 인물이며 성공한 인사이다. 당연히 보통사람들과 이들 직업관료는 같은 점이 별로 없게 마련이었다. 길거리에서 떠들며 연설하는 정치가와 달리, 직업관료와 보통사람들과는 업무적으로나 일상생활에서나 공통점이 거의 없었다. 보통사람들이 보기에 이렇게 너무 똑똑한 직업관료들은 친화감이 없었으며, 누가 이런 성공인사를 공격하면 대부분의 보통사람들은 심지어 대리쾌감을 느끼기도 하였다. 성공인사가 실패했다는 소식은 성공하지 못한 사람들이 듣기에는 마치 자기가 성공한 것 같은 느낌이었다.

게다가 관료들은 자신을 보호할 발언권이 보장되어 있지 않았다.

일본의 관료들이 발언권이 없다는 것이 의외라고 생각할지 모르나 이것은 사실이다. 일본의 언론은 각종 보도에 '불편부당'을 매우 중시한다. 어떠한 정책방면의 의제라도 반드시 찬반 쌍방의 의견을 동시에 보도한다. 그런데 이 찬반 쌍방의 의견이란 각 정당의 의견이다. 왜냐하면 법률상 이러한 정책조치가 나오는 것은 정당이나 내각의 명의이며, 관료들은 단지 유관 법률의 제정이나 수정과 같은 실무를 책임질 뿐이기 때문이다. 따라서 관료들은 국회에서 의원들을 상대로 해당 정책조치에 대해 설명하는 것 외에는 언론을 상대로 그 문제에 대해 설명하는 것이 불가능하다. 더구나 일본의 언론은 본래 관료와 반목하는 사이이기 때문에 관료는 공격을 당하더라도 자기를 옹호할 방법이 근본적으로 없다.

일본인들은 사람 사이의 친소관계에 매우 신경을 쓰는 편이다. 다시 말하자면 편을 짓기를 좋아하기 때문에 일본에는 매우 심각한 학벌學閥 문제가 존재한다. 대다수의 관료는 도쿄대학 법학부 출신이라는 사실이 이 문제를 압축하고 있다.

그런데 일본의 언론 역시 또 다른 학벌이 지배하고 있다. 일본의 신문과 잡지, 그리고 방송국 등 언론의 인원구성을 자세히 들여다보면 아주 흥미로운 사실을 발견하게 된다. 언론인은 대다수가 사립대학 출신인데 와세다대학 출신이 가장 많다. 일본 사립대학 중 1, 2위를 다투는 게이오대학과 와세다대학은 아주 우수한 대학이며 졸업생 역시 매우 뛰어나기 때문에 이들 대학 출신들이 일본의 언론계에서 활약할 수 있다. 그러나 또 하나의 사실은 게이오대학과 와세다대학의 학생들은 모두 대학입시에서 한 번은 실패한 사람들이라는 사실이다.

일반적으로 도쿄대학이나 교토대학에 실패하면 게이오나 와세다에 가게 된다. 물론 극소수의 특수한 이유가 있는 부유층 자제와 일부 추천학생 외에는 이 두 대학 학생 중 이 두 대학을 제 1지망하였던 학생을 찾아보기가 어렵다.

따라서 이들 사립대학의 학생들은 도쿄대학과 교토대학의 학생들 앞에서는 일종의 열등감이 있게 마련이다. 이러한 열등감 때문에, 그들이 언론을 통한 발언권을 장악한 후에는 기회만 되면 관료를 공격한다. 그리고 언론이 관료를 비판할 때는 공격받는 관료의 출신대학과 학부를 밝히는 것을 절대 잊지 않는다. 당연히 그 대학과 학부는 '도쿄대학 법학부'이다. 만약 도쿄대학이 아니면 어떻게 하는가? 그냥 출신학교를 밝히지 않는다!

그래서 이렇게 관료를 공격하는 것이 관료들의 행위와 가식에 대한 의분이라기보다는 젊은 시절부터 따라온 '학력 콤플렉스'가 은연중 발동한 것이라고 볼 수 있다.

관료와 국회의원

　관료의 학력문제는 진작부터 존재하였는데 어떻게 해서 그전에는 큰 문제가 되지 않았을까? 전전의 일본은 진정한 의미의 민주주의 국가가 전혀 아니었기 때문이었다. 메이지 유신 이후의 일본은 비록 입헌군주 국가였지만 진정한 민주주의와는 거리가 멀었고, 특히 '관료'의 개념을 문관에서 무관으로까지 넓힌다면 사실 일본은 하나의 관료의 나라라고 볼 수 있었다.

　전전의 내각 총리대신은 정당과 아무런 관련이 없이 일왕과 원로 중신들이 상의하여 결정하였고, 이렇게 위에서 정해진 수상은 또다시 유관 방면과 상의한 후 기타 대신들을 인선하여 내각을 구성하였다. 물론 '대일본제국의회'라는 조직이 있었지만 기본적으로 장식품에 불과하였다. 그렇게 많은 수상들은 초기 원로들을 제외하면 대부분이 도쿄제국대학과 육군사관학교 및 해군병학교 출신이었다. 그리고 이 3개 학교는 사실 우열을 가리기 힘든 당시의 최고 명문학교이기도 했다. 대신들도 육해군 대신을 제외하고는 모두가 천편일률적으로 도쿄제대 출신에 기본적으로 차관을 거친 인물들이었다.

당시 '대의사'라고 불린 정치가들은 국가의 정치생활 중에서 지위가 형편없었다. 예를 들면 당시 일개 소좌에 불과한 사토 겐료가 국회에서 '대의사'에게 "입 닥쳐"라고 고함을 지를 수 있었던 것을 보면 전전 정치가들의 지위가 어떠했는지 잘 알 수 있다.

전전의 일본은 그야말로 순수한 학력사회와 등급사회였다. 제국대학과 육군사관학교 및 해군병학교 출신들은 다 같이 '학력 귀족' 또는 '정신 귀족'이라고 불리었다. 당시의 학력은 성공으로 통하는 통행증이었으며, 무관이든 문관이든 모두들 비슷한 학력을 소지한 사람들이었다. 따라서 학력이 없는 사람은 절대적으로 발언권도 없었기 때문에 이른바 '학력 콤플렉스'로 인해 관료를 배척하는 경향이 있을 수 없었다.

그러나 전후에는 그렇지 않았다. 전승국 미국이 가지고 온 보통선거제도와 이 제도가 반영하는 '민의'가 중시되자 상황은 곧 변화하기 시작하여, 이제 '민의'를 등에 업은 정치가들이 '학력'을 가진 관료들을 압박하게 되었다.

물론 이 과정이 하루아침에 완성된 것은 아니었다. '제국 고등문관' 제도에서 시작된 의식을 바꾼다는 것이 그리 간단한 일이 아니었기 때문이다. 하물며 "배우고 남은 힘이 있으면 벼슬을 한다"學而優則仕는 수천 년에 걸친 유교의 가르침이 있는 전통사회에서는 더욱 어려울 수밖에 없었다.

1945년 8월 15일, 쇼와昭和 일왕이 '포츠담 선언'을 받아들인 이후의 역대 수상을 보면, 재직기간이 단 54일에 불과했던 히가시쿠니노미야 나루히코 왕東久邇宮稔彦王과 재직기간 65일의 이시바시 탄잔 두 사람이 각각 육군사관학교와 와세다대학을 나온 것을 제외하고, 그 밖의 시대하라 기주로幣原喜重郎, 요시다 시게루, 가타야마 데쓰片山哲, 아시다 히토시, 하토야마 이이치로, 기시 노부스케, 이케다 하야토와 사토 에이사쿠 등이 모두 제국대학 법학부 출신이었다. 그리고 제국대학 법학부 출신의 수상들은 가타야마와 하토야마를 제외하고는 모두 관료의 경험이 있었고, 그중 시데하라와 기시, 그리고 이케다와 사토 이 4명은 차관을 역임하였었다.

당시의 관료들은 사무차관을 자기 경력의 최종 목표로 생각하지 않고, 포부가 있는 사람들은 대신을 목표로 하거나 심지어 수상의 꿈을 가진 사람들도 적지 않았다. 그래서 전후 초기에는 관료들이 퇴직한 후 국회로 다수 진출하였고 그중에는 차관을 지낸 사람들도 적지 않았다. 초대 민주당 수상 하토야마 유키오의 부친인 하토야마 이이치로는 대장성 사무차관에서 물러난 후 참의원으로 당선되어 외무대신을 역임하였다.

자민당 내에는 이런 사람들이 여럿 있었는데, 예를 들면 노다 우이치野田卯一 역시 대장성 차관으로 퇴임한 후 참의원에 진출하여 건설대신과 방위대신, 그리고 농수산대신을 역임하였으며, 이시바 지로石破二郎는 건설차관 퇴직 후 돗토리鳥取현 지사에 출마하여 내리 4선 후 다시 참의원에 진출하여 자치대신을 지냈다.

일반적으로 말하자면, 1970년대까지는 퇴임한 고급관료들이 일본 정치가의 주요 산실이어서 정치가와 관료 사이에 그다지 큰 알력이 없었다. 그러나 시간이 지나고 다나카 가쿠에이 수상이 등장한 이후에는 비 제국대학 출신 혹은 제국대학 출신이지만 관료경험이 없는 수상들이 점차 등장했다. 예를 들면, 지난 20여 년간 일본에는 20명의 수상이 있었는데 제국대학 출신이면서 관료 경험이 있는 사람은 미야자와 기이치 한 사람뿐이었다.

1980년대에 들어서면서 고급관료들의 정계진출이 점차 둔화되었다. 1990년대 이후 사무차관에서 퇴임한 다음 정계로 진출한 사람은 농수산성의 이시카와 히로시石川弘, 국토청의 나가다 요시오永田良雄와 시미즈 다쓰오清水達雄, 그리고 홋카이도 개발청의 나라사키 야스마사楢崎泰昌 4명뿐이다. 그리고 21세기에 들어와서는 환경성 차관을 지낸 나카가와 마스하루中川雅治 한 사람만이 정계에 진출했을 뿐이다.

물론 고급관료들이 정계에 진출하는 수가 줄어들었다고 해서 전체 국회의원 중 관료 출신자 수가 대량으로 줄어든 것은 아니다. 실제로 현재 일본의 중의원과 참의원 양원에서 관료 경험을 가진 의원의 숫자는 결코 감소하지 않았다. 감소한 것은 단지 고급관료 출신의 수일 뿐이다. 어떠한 조직이라도 엄격한 선별제도가 없으면, 일정 시간이 지난 후에는 틀림없이 표면적으로는 안정된 것처럼 보이지만, 점차 인정人情이나 혈연관계에 의해 모이는 집단으로 변질되게 마련인데, 오늘날의 일본 국회가 바로 그러하다.

일본 국회는 이른바 '세습의원'이 수두룩하다. 심지어 위키피디아 (Wikipedia) 백과사전에서 일본 국회의원을 소개할 때 별도의 난을 만들어 그 사람이 '2세'인지 여부를 표시하고 있을 정도이다. 사실 일본의 국회의원은 이미 '2세'의 문제가 아니라 '3세'나 '4세'도 흔히 볼 수 있다. 예를 들면 하토야마 유키오와 하토야마 구니오 형제는 이미 제 4세 의원이고, 고이즈미 준이치로의 아들 고이즈미 신지로小泉進次郎 역시 제 4세 의원이다.

특히 장기 집권해온 '정치 명문가'인 자민당의 세습 문제는 더욱 심각하다. 자민당의 아소麻生 내각은 문자 그대로 '세습 내각'이었다. 내각 총리대신 아소 다로를 필두로 17명의 각료 중 놀랍게도 14명이 세습의원으로 구성되어 세간에서는 '세습 내각' 또는 '도련님 내각'으로 불렀다.

이러한 구조이다 보니 외부인은 이들 집단에 진입할 방법이 거의 없는 것이 현실이다. 국회의원이 은퇴하거나 유고로 인해 궐위가 생겨도 이 자리를 채우는 것은 대부분 그들의 자녀이다. 예를 들면, 2000년에 오부치 게이조小淵惠三 수상이 갑자기 사망하자 자연스럽게 그의 자녀들 중에서 그의 중의원 자리를 이을 후임자를 찾게 되었는데, 단지 그의 아들인 오부치 고小淵剛가 아니라 의외로 그의 딸 오부치 유코小淵優子가 선정되었다는 점 이외에는 놀랄 것도 없었다. 심지어 고이즈미 준이치로는 은퇴할 때 자기 아들인 고이즈미 신지로가 자기 뒤를 이을 것이라고 공개적으로 천명하기까지 하였다.

국회의원의 자질

일본의 관료체계는 그 제도상이나 그 집행상에 있어 이런저런 문제가 있기는 해도 그러나 선발과정에서만은 엄격한 공정을 실현하였다. 일본에서 관료가 되기 위해서는 반드시 특별한 선발과정을 거쳐야 하며, 이러한 과정은 혈연이나 가문과는 아무런 관계가 없다. 이 선발과정이 요구하는 것은 단지 본인의 실력과 자질일 뿐이다. 확실한 것은, 관료집단의 절대다수는 일반적으로 뛰어난 엘리트이지만 선출에 의한 정치가의 자질은 보증할 방법이 없다는 것이다.

다시 말하면, 정치가와 뛰어난 엘리트 사이에는 아무런 필연적인 연관이 없을 뿐 아니라, 심지어 어떤 경우에는 민선의 정치가들의 자질이 거의 쓰레기 수준인 경우 — 최소한 일본의 정치가에 대해 말하자면 — 도 있다.

예를 들면, 자민당의 어느 중의원은 TV방송 기자와의 인터뷰에서, 납치된 일본인들을 조속히 석방하도록 일본이 북한에 대한 제재를 즉각 실천에 옮겨야 한다고 자못 비분강개한 투로 요구하였다. 물론 국회에 대해 어떤 행동을 취하도록 요구하는 것은 국회의원의 자유이며 고유한 업무이지만, 이 의원 나리가 내세운 제재의 내용을 보면 실소를 금할 수가 없다. 이 의원 나리에 따르면, 북한 지도자가 도쿄 모 식당의 찹쌀경단을 특히 좋아하니까, 일본이 북한에 대해 경제제재를 가하면 북한 지도자가 이 찹쌀경단을 더 이상 먹지 못하게 되니 틀림없이 납치된 일본인들을 석방할 가능성이 있다는 것이었다. 다시 말하면 납치된 일본인과 찹쌀경단을 바꾸는 셈이다. 이 의원 나리께서는 TV카메라 앞에서, 그것도 자못 심각하게 이 말을 내뱉었다.

일본 국회에는 이런 함량미달 의원들이 한둘이 아니다.

2009년 민주당이 집권한 후 낭비를 줄이기 위해 정부예산을 정밀 재조사하기로 하였다. 본래는 더 많은 의원들이 그 일에 투입되어야 했지만, 당시 간사장이었던 오자와 이치로가 갑자기 이를 중단시켰다. 이유는 새롭게 당선된 의원들이 '아직 학습단계에 있기 때문'에 그 업무를 담당할 수가 없다는 것이었다.

일본의 납세자들은 국회의원에게 엄청난 비용을 세비로 지급한다. 의원 본인의 급여와 상여금, 비서 두 사람의 급여와 상여금, 의원회관 비용과 전기 수도료, 국내 교통비 일체 및 해외 출장비, 그리고 정치활동을 위한 '정당 조성금' 등이다. 모두 합치면 매년 1억 엔을 넘는 엄청난 액수이다. 일본의 납세자들은 이렇게 아무 것도 모르고 처음부터 다시 공부해야 하는 신참 의원들을 위해 이렇게 많은 돈을 지불할 필요가 있는지 아마 한 번도 제대로 생각해보지 않았을 것이다.

정치가의 자질이 낮은 원인은 선거제도 자체가 정치가의 자질에 대해 아무런 요구사항이 없기 때문이다. 일본의 관료들은 매우 엄격한 입문 문턱 때문에 혈연과 관련이 없는 조직으로 발전하였지만 국회의원의 경우는 그렇지 않다. 일본에서는 이른바 '정치가'가 되기 위해서는 "간판과 지반, 그리고 지갑"이 필요하다고 흔히 말한다. 다시 말하면, 명망과 지지자 및 돈이 필요하다는 것인데, 바로 이 3개 요소는 정치가 본인의 자질과 교양이나 능력과 무관하다는 것이다. 바꾸어 말하면, 돈으로 자리를 차지하는 것이나 마찬가지이며, 일반적으로 선거는 결국 출마자들의 재력 싸움인 셈이다. 즉, 출마자들의 제 1관문은 경제적인 것이다.

일본에서는 아무나 출마할 수 있는 것이 아니고, 공직선거에 참가하려면 먼저 '공탁금'이라고 하는 금전적인 문턱을 넘어야 한다. 즉, 출마자는 일종의 보증금을 제공하여야 선거에 나갈 수 있는데, 만약 당선에 실패하고 득표율이 일정 비율 밑이면 이 보증금은 국고에 귀속된다. 이 '공탁금'은 적은 금액이 아니라, 중의원 출마자는 300만 엔, 참의원 출마자는 600만 엔이나 된다. 이 제도의 목적은 출마자들의 난립을 막기 위한 것이지만 한편으로는 가난한 사람은 아예 출마 자체도 못하게 하는 것도 사실이다.

이론적으로 말하면, 유권자는 '한 표의 힘'을 갖고 있으며, 이 한 표의 힘은 무시 못할 정도로 크다. 유권자들은 좋아하지 않는 사람을 배척할 수 있지만 실제 운용 중에는 꼭 그런 것은 아니다. 출마자 명단 중에 '유권자가 좋아하는 사람'이 있는지 여부가 우선 문제이다. 미국에서는 선거란 "가장 나쁜 사람들 중에서 비교적 덜 나쁜 사람을 선택하는 것"(*choose a worse among the worst*)이라는 말이 있는데 일본 역시 상황은 비슷하다. 심지어 상당히 많은 경우, 출마자들이 좋고 좋지 않고의 문제가 아니라 그저 지능의 문제인 경우가 왕왕 있다.

선거는 일종의 결정과정이지만, 돈으로 표를 사는 문제를 고려하지 않더라도, 유권자들은 충분한 정보가 없는 상황에서 결정하게 된다. 절대다수의 유권자들은 결정의 목적에 대해 전혀 아는 바 없거나, 단지 언론 미디어를 통한 부정확한 이해에 그치고 있다. 그 결과, 선거에서 승리하는 것은 일반적으로 막강한 재력으로 엄청난 선전활동을 함으로써 유권자의 주의를 자신에게 집중하도록 하고 동시에 유권자에 영합하는 선거 구호를 내세우는 그런 사람들이다.

현대 민주사회의 이러한 선거제도는 정치가의 자질과 능력을 보증할 수 없을 뿐 아니라, 이 제도에 의해 선출된 정치가들 역시 이 제도가 가진 선천적인 문제 때문에 피할 수 없는 문제점을 가지고 있다. 왜냐하면 선거에서 승리해야만 정치가가 될 수 있기 때문에 정치가의 가장 큰 목표는 단지 계속해서 당선되는 것이다. 당선된 후 현직에 있는 정치가가 아무리 잘나가더라도, 선거에 실패하기만 하면, 그냥 보통의 선남선녀일 뿐이다. 정치가가 입만 열면 '국가와 민족을 위해서'라고 하지만 이 사람들이 진정으로 '국가와 민족을 위하는' 것을 바라는 것은 실제적으로 비현실적이다.

일본 정치가 중 하시모토 도루橋下徹라는 사람이 있다. 그는 오사카 부府와 오사카 시市를 합쳐서 '오사카 도都'를 만들자는 구상을 제의하였다. 그는 이 구상의 실현을 위해 심지어 오사카 부의 지사의 자리를 사직하고 한 급 낮은 오사카 시장에 출마하기까지 하였다. 그는 '국가와 민족을 위하여'라는 구호에 대하여 다음과 같이 말한 적이 있었다.

정치가들은 모두 '국가와 민족을 위하여'라고 말하기를 좋아하지만 나는 그렇지 않다. 나는 나의 권력에 대한 욕망과 명예욕을 만족시키기 위해 정치가가 되었다. 그런데 권력욕망과 명예욕에 대한 만족은 오로지

'국가와 민족을 위하여'만 실현할 수가 있다.

그러나 이른바 '권력욕망과 명예욕'은 실제적으로는 정치가에는 일종의 사치라고 볼 수 있다. 절대다수 정치가들이 생각하는 것은 단지 어떻게 다음 선거에서 살아남느냐 하는 것일 뿐이다. 이것이 바로 많은 민선 정치가들의 자질이 뛰어나지 않고 평범한 이유이며, 또한 당선된 후 하는 일은 더욱 더 만족스럽지 못한 이유이기도 하다.

그러나 관료들은 그렇지 않다. 우선 그들은 엄격한 자격고시를 통해 선발되었기 때문에 그 자질이 어느 정도 검증되었을 뿐 아니라 신분 또한 보장된다. "관료는 과실을 범하지 않는 한 처벌받지 않는다"는 것은 모든 국가의 공무원제도에서 모두 적용되는 사항이다.

이렇게 자신의 후일을 걱정할 필요가 없는 입장이어서 관료들은 각종 문제에 대해 국가의 이익이라는 관점에서 출발할 가능성이 높다고 볼 수 있다. 정치가에게 국가와 민족을 위하도록 요구하는 것이 비현실적인 것은 어떻게 보면 사실 정치가들이 만든 메커니즘 자체 때문이며, 또한 정치가들이 실제 하는 행위들이 이를 증명하고 있다.

민주당의 집권

　행정권력을 둘러싼 쟁투에서 정치가와 관료는 서로 천적의 관계에 있지만, 사람이란 항상 함께 공존하기를 원하는 법, 갈등을 해결하는 방법이 반드시 네가 죽어야 내가 산다는 식으로 사생결단을 내어야 하는 것은 아니다. 타협도 하나의 방법이지만 더 직접적인 방법은 상호 결탁하는 것이다. 전술한 '족의원'의 경우가 바로 이러한 해결방법의 하나이다. 장기 집권한 자민당은 입으로는 늘 반관료의 구호를 부르짖었지만 이를 실제 행동에 옮긴 적은 한 번도 없다.

　첫째는 상호 결탁의 관계 때문이었고, 둘째로는 장기집권의 경험에 비추어 자민당은 자신들의 능력을 너무나 잘 알았기 때문이었다. 즉, 실무를 하는 관료들 없이 자기들 의원들만 가지고는 아무것도 할 수 없음을 잘 알기에 비록 권력 배분상 관료들과 다소 모순이 있더라도 중대한 충돌은 없었던 것이다.

　그러나 다른 정당, 특히 야당인 민주당은 그렇지 않았다. 민주당이 자민당과 다른 점은 젊고 패기가 넘친다는 점이었다. 그들은 비단 나이뿐만 아니라 사상과 이념상 역시 젊음이 넘쳐 났다. 장기집권과 세습의 원들의 집단인 자민당에 비하여, 민주당에는 현재의 질서를 개혁하고자 하는 시민운동 출신의 의원들과 '마쓰시타 정경숙'松下政經塾 출신의 사람들이 주축을 이루었다.

'마쓰시타 정경숙'은 일본 정치지도자 양성을 목표로 하는 학습과 연구기구로서, 마쓰시타 고노스케松下幸之助가 사비를 출연하여 설립하였다. 매년 고시와 추천을 통해 대략 10명 정도의 22세에서 35세 사이의 젊은이들을 모집하여 4년(현재는 3년) 동안 정치학과 경제학, 그리고 재정학을 가르치는 기숙식(최초 2년) 학교이다. 현재 일본에는 중의원 31명, 참의원 7명, 지방정부 수장 10명과 지방의원 24명이 이 '마쓰시타 정경숙' 출신이다.

그러나 자민당에는 '마쓰시타 정경숙' 출신이 많지 않고 요직을 역임한 사람은 더욱 더 적다. 그러면 왜 자민당에는 '마쓰시타 정경숙' 출신이 적을까? 이유는 매우 간단하다. '마쓰시타 정경숙'은 단지 사람을 훈련시키고 양성할 뿐이지 학생들의 앞날에 대해서는 지원해줄 수가 없기 때문이다. '마쓰시타 정경숙'을 졸업 후 실지로 정치가가 되려면 각 정당의 지지를 받는 것이 필수적이다. 그러나 자민당은 자신들의 '2세', '3세'도 다 안배해줄 수가 없는 상황이라 외부인에게 문호를 개방하기가 무척 어렵다. 이에 비해 민주당은 세습 문제가 별로 없기 때문에 이러한 정치 신인들에게 비교적 쉽게 문호를 개방할 수 있다.

이래서 민주당은 대외적으로 일종의 청렴이나 개방, 그리고 젊음의 인상을 준다. 그리고 이 점이 바로 2009년 민주당이 자민당에게 대승을 거둔 원인 중의 하나이다. 그러나 민주당의 이러한 시민운동활동가와 '마쓰시타 정경숙' 출신들의 치명적인 약점은, 그들은 거의 모두가 직장에서 일해 본 경험이 없는, 본래 직업적인 선동가이거나 책만 읽은 탁상 개혁이론가라는 사실이다.

이런 사람들의 공통적인 특징은 매우 '원리주의'적이라는 것이다. 필자는 이들을 '교과서 정치가'라고 부른 적이 있는데, 일본 국내에서도 이 호칭에 상당한 관심을 보인 바 있다. 그들은 실제 사회경험은 전무하면서, 유행하는 정치학 교과서를 금과옥조로 받아들여 '민의는 언제나 정확하다'느니, '선거의 결과는 신성불가침이다' 등의 교조를 무조건 믿는 경향이 있다. 그들은 또 "노선만 정확하게 맞으면, 사람, 무기, 돈의 문제는 모두 극복할 수 있다" 따위의 이상한 신조를 믿는다.

민주당은 일본의 문제는 자민당의 실정失政이라기보다는 관료들이 의도적으로 망쳤기 때문이라고 생각한다. 자민당 역시 결과적으로 유권자들이 선택한 것이어서 단지 관료들의 영향만 철저하게 제거하면 일본은 자연스럽게 좋은 방향으로 변할 것이라는 생각이다.

민주당의 이러한 '반관료' 활동은 그들이 실제로 집권하기 전에 이미 한 차례 성공적으로 관철한 적이 있다(물론 끝에 가서는 민주당 역시 자가당착에 빠졌다는 것을 알게 되었지만).

2008년에는 중의원은 자민당이 다수이고 참의원의 다수당은 민주당인 현상이 벌어졌다. 그해 일본은행 총재의 임기가 만료되어 자민당 내각이 새로운 총재 후보를 제출하였지만 민주당이 지배하는 참의원은 끝까지 그 총재 후보의 총재선출에 동의하지 않았다. 일본에서는 양원의 다수당이 각기 다른 현상이 자주 일어난다. 때로는 각자가 내각 총리를 지정하는 상황도 자주 있지만, 일본 헌법에 의하면 내각 총리의 경우는 중의원의 지명이 우선하도록 되어 있어 상징적인 문제 이외에 큰 문제는 없지만, 일본은행 총재의 경우에는 누가 우선권을 갖는지 명확한 규정이 없어 총재 인선을 둘러싼 대치정국이 한동안 계속되었다.

당시의 민주당이 자민당 내각이 여러 차례 제출한 후보자에 대해 끝까지 동의하지 않은 이유는 바로 그들이 관료출신이라는 이유 때문이었다. 민주당은 관료출신들은 그들의 원죄 때문에 절대로 안 된다는 입장이었다. 결과적으로 2008년 3월 20일부터 4월 9일까지 20일간 일본 중앙은행에 총재가 없는 사태가 발생하였다. 마지막으로 민주당은 교토대학 금융학 교수인 시라카와 마사아키白川方明가 일본 통화정책을 주관하는 요직인 일본은행 총재에 취임하는 데 동의하였다.

그러나 시라카와 교수는 일본은행 이사에서 교수로 이직한 학자형의 인물로, 현장 업무경험은 있었지만 행정관리의 실무경험이 부족하였다. 비록 경제학과 금융학에는 조예가 깊었지만, 중앙은행의 부총재나 고문의 자리에는 합당하였을지 모르나 통화정책을 총괄하는 중앙은행 총재의 자리에는 문제가 있는 인사였다. 결국 그 책임은 민주당이 고스란히 떠안는다.

민주당은 총선에서의 전국적인 승리가 이렇게 일찍 올 줄은 전혀 예상하지 못하였다. 뿐만 아니라 2011년 3월의 동일본 대지진은 당연히 더욱 더 예상할 수가 없었다. 동일본 대지진 이후 각 보험회사는 보험금 지급을 위해 보유하던 외국 채권과 주식을 팔아치워 일본 엔화를 환전하였다. 기타 금융 투기조직들 역시 엔화 가치상승에 투기하게 되자 엔화 가치가 급상승하여 일본 경제에 심대한 악영향을 끼쳤다. 그러나 일본은행은 아무런 조치도 취하지 않았다. 이렇게 되자 시라카와 총재의 무능에 화살이 집중되었으나, 총재야말로 민주당이 극력 투쟁하여 '반관료'의 명분으로 그 자리에 오르게 한 인물이 아니던가? 이에 민주당은 눈물을 머금고 그대로 인내하는 수밖에 다른 선택의 여지가 없었다.

민주당의 개혁정책

　원래 헌법 중의 미비한 틈을 이용하여 자신의 주장을 관철시키곤 했던 민주당은 이번에는 진짜로 정권을 담당하여 자신들의 정치이념에 따라 정책들을 펴 나갔다.

　그러나 평화를 사랑하고 환경을 사랑하자는 등의 당연하고 진부한 진리 이외에 민주당에는 별다른 뛰어난 정치이념이 없었다. 단 하나 확고한 것은 '반관료'의 신조였다. 그러나 민주당은 적어도 당시에는 관료에 대해 정말 '반대'해도 되는 것인지 진지하게 생각해보지 않았었다.

　하토야마 유키오가 민주당 내각의 첫 번째 총리대신이 된 후, 먼저 '차관회의'를 없애버렸다. 내각에는 수상도 있고 대신도 있으며 게다가 부대신과 정무관도 있는데 무엇 때문에 서열 제 4위에 불과한 사무차관들이 정부의 대사를 결정하느냐, 정부의 대사는 이들 국민으로부터 위임받은 의원 나으리들이 결정해야 한다는 논리였다.

　이렇게 되자 비단 '차관회의'만 사라진 것이 아니라 각 성의 사무차관이 모두 할 일 없는 장식품으로 전락하고 말았다. 각 성의 대신과 부대신 그리고 정무관 이 세 사람이 아침마다 모여 상의함으로써 업무를 충분히 처리할 수 있다는 것이었다.

그러나 민주당은 앞으로 수많은 함정이 그들을 기다린다는 것을 미처 깨닫지 못했다. 민주당 의원들은 경험이 없었다. 그리고 오랫동안 야당으로 있었던 민주당 의원들의 인맥은 한계가 있었다. 그러나 이 두 가지는 시간이 가면 점차 보완하여 개선될 수 있지만 또 한 가지의 문제는 해결할 방법이 전혀 없었다.

이 문제는 다름이 아니라 정치가는 본래 직업관료가 아니고 항상 표를 의식해야 하는 아마추어라는 사실이었다.

정치가의 본업은 국회의원이니까 그는 각종 의회와 관련된 활동에 반드시 참석해야 하고, 각계의 인사들도 만나야 하며, 매 주말 의회가 휴회하면 자신의 선거구를 방문하여 귀향활동을 해야만 한다. 도쿄에 오래 머물면 유권자들이 자기를 잊어버릴 수도 있었다. 훌륭한 대신인지의 여부는 아무도 신경 안 쓰지만 유권자를 무시하면 차기 선거에 실패할 수도 있으니 자신의 선거구 관리야말로 가장 중요한 일이다.

그렇기 때문에 의원 겸직 대신들 중 아무도 대신의 업무를 자신의 주된 업무라고 여기지 않았다. 이는 자민당도 마찬가지였으며 민주당도 예외는 아니었다. 왜냐하면 이는 개인의 문제가 아니라 제도가 그렇게 만들었기 때문이다.

하토야마 유키오는 수상이 되자마자 선거 때 민주당이 유권자에게 약속한 공약을 실천하는 데 온 힘을 쏟았다. 민주당 공약은 복지증진에 관한 것이 대부분이었는데, 이는 모두 돈이 필요한 정책이었다. 당장 돈이 없으면 우선 돈을 빌려서 진행해본 다음 다시 생각해보기로 하고

93조 엔에 달하는 사상 최대의 예산을 편성하였다. 그런데 2009년 리만 브라더스의 파산으로 야기된 세계 금융위기의 영향으로 일본의 연간 세수가 예년의 46조 엔에서 40조 엔 이하로 줄어들게 되었다. 다시 말하면 예산의 적자부분이 50%를 넘어섰다는 말이다.

돈을 빌리는 것이 좋은 일은 아니지만 다행히 일본인들은 아직도 정부에 빌려줄 돈이 있었기 때문에 오늘날 유럽의 몇몇 국가처럼 금방 채무위기에 빠지지는 않았다.

그런데 하토야마를 사지로 몬 것은 하토야마의 또 다른 공약, 즉 후텐마普天間 미군기지의 이전에 관한 문제였다.

후텐마 기지 문제는 — 2006년 5월에 미일 양국 정부가 서로 합의한 것인데 — 간단히 말하면, 미국이 현재 미 해병대가 사용하는 오키나와의 후텐마를 일본에 돌려주고, 오키나와 주둔 미 제3해병 원정군(3rd Marine Expeditionary Force) 사령부와 예하 해병 제3사단 사령부, 제1해병 항공단 사령부, 제3 해병 병참 사령부 및 야마구치 현의 이와쿠니岩國 기지의 일부분을 괌 도로 이전하는 것이다.

그리고 현재 후텐마 기지에 주둔하는 15기의 미군 고정익 항공기는 야마구치 현의 이와쿠니 기지와 일본 해상자위대의 가노야鹿屋 기지, 그리고 괌 도 사이를 돌아가면서 주둔하도록 하며, 또 56기의 각종 헬기를 위해서는, 일본정부가 미 해병대의 슈왑(Camp Schwab) 부대 옆인 오키나와 나고名護 시에 두 개의 서로 교차하는 1,800m 길이의 활주로를 가진 비행장을 건설해주기로 하는 등이다.

그러나 민주당은 이 합의에 반대하여 후텐마 기지의 미군사력이 완전히 일본에서 철수 — 최소한 오키나와에서는 — 하여야 한다는 것이다. 그 이유는 주일 미군 기지의 75%가 오키나와에 집중되어 있어서 오키나와의 환경에 악영향을 끼치고 그 결과 오키나와 주민들의 생활에 심대한 부담을 준다는 것이었다.

이러한 반대 태도는 야당이 집권당에 반대할 때에는 상당히 정치적인 의미가 있었지만 이제 야당이었던 민주당이 집권당이 되자 오히려 자신들에게 최대의 난제로 등장했다. 그래서 민주당은 선거 때 공약을 실천하기 위해서 미국에 대해 이 문제를 다시 협상하자고 요구하였으며, 재협상의 초점은 헬기 이전 문제에 관한 것이었다.

하토야마는 2009년 9월에 취임했는데, 2010년 5월까지 후텐마 기지 문제를 해결하겠다고 스스로 시한을 정하였다. 당연히 왜 그때까지인지는 아무도 모르지만, 소문에 의하면 하토야마의 부인이 신임하는 인도 점성사가 미국이 틀림없이 2010년 4월 말경 일본에게 양보할 것이라 했기 때문이라고 한다. 이 소문은 확인할 방법이 없지만 아주 빠른 속도로 퍼져나갔다. 사실 이 소문대로가 아니라면, 아무런 변화가 없는 상황에서 하토야마가 어떻게 이렇게 이상한 시한을 정하게 되었는지 설명할 수가 없다.

양국 정부가 이미 정식으로 합의한 것을 내각이 교체되었다고 — 그것도 혁명에 의한 것도 아니고 — 다시 협의하자고 하자 미국은 당연히 재협상을 거부하였다. 물론 하토야마의 외교능력이 탁월해서 미국을 잘 설득하여 다시 협상 테이블로 불러내어 일본에 유리한 양보를 얻어내는 것은 또 다른 문제이다. 하지만 하토야마의 진정한 문제는 심지어 이 문제를 협상하기 위하여 미국의 어느 부처의 어떤 사람을 찾아야 하는지도 제대로 몰랐다는 것이다.

하토야마는 전체 관료조직의 미움을 받아 모든 관료들이 함께 하토야마에게 반기를 들었다. 물론 이것은 파업 — 일본의 공무원은 파업권이 없다— 을 통한 것도 아니고 또한 말다툼 — 공무원은 발언권이 없다! — 도 아니고 단지 아주 공손하게 그냥 협조하지 않는 것이었다.

하토야마의 지시나 의견에 대해 관료들은 어떤 반대의견이나 건의도 없이 모두 아주 공손하게 시키는 대로 집행하였다. 그 지시가 아무리 황당하더라도 관료들은 그래도 아무 말 없이 아주 진지하게 지시에 따라 일을 집행하고 나서, 그 집행과정과 결과를 있는 그대로 지시를 내린 사람에게 보고하였다.

상황이 이러하니 인도 점성사가 진짜로 있었는지 여부는 결코 중요한 것이 아니었다. 정말 중요한 것은, 만약 관료집단의 협조가 없다면 본래는 충분히 실현할 수 있는 목표라 할지라도 이를 달성할 수가 없다는 것이다. 이렇게 8개월의 소동 끝에 하토야마는 할 수 없이 원래 미·일 양국 정부가 합의한 대로 진행할 것을 선언함과 동시 수상의 자리에서 사퇴하였다.

이번의 실패를 통하여 민주당의 '교과서 정치가'들은 정치 교과서 상의 교조라도 현실생활 중에는 통하지 않는 것이 있음을 알게 되었다. 그래서 후임 내각 총리대신인 간 나오토菅直人의 취임연설에는 이미 관료를 비난하는 상투적인 표현을 찾아볼 수가 없었다. 그런데 간 나오토는 과거 야당 시절, 관료와의 투쟁을 통해 에이즈 약물피해의 원인규명에 노력하여 유명해진 인물이다. 그러니 민주당이 집권한 이후 관료제도에 대한 대폭 수술의 결과가 이제 곧 드러난다.

동일본 대지진

2011년 3월 11일, 진도 9의 강진이 동일본의 대부분 지역을 강타하였다.

이번의 지진은 진도 5 이상인 지역만 아오모리靑森, 이와테岩手, 미야기宮城, 아키타秋田, 야마가타山形, 후쿠시마福島, 이바라키茨城, 도치기栃木, 군마群馬, 사이타마埼玉, 치바千葉, 도쿄, 가나가와神奈川와 야마나시山梨 등지에 이르러 일본 혼슈本州 섬의 1/4에 해당하였다. 심지어는 진앙지에서 1천 ㎞가 넘는 필자가 살고 있는 고베神戶에서도 지진을 느낄 수 있었다.

금번 지진이 강타한 지역은 일본에서도 지진재해에 대한 사전준비가 비교적 잘 되어 있는 지역이다. 왜냐하면 지난 30여 년 동안 꾸준히 진앙이 시즈오카靜岡 현인 '동해 대지진'이 발생할 가능성이 있다는 설이 있어 왔기 때문이다. 비록 지난 30여 년 동안 지진은 발생하지 않았지만 이 일대 사람들의 지진에 대한 사전준비 조치는 전 일본에서 최고 수준이었다. 심지어 지진과 동시에 발생한 쓰나미만 없었더라면 이번 지진의 영향은 아주 제한적이었을 것이라고 말할 수 있었다.

그러나 지진이 야기한 최고 높이 28m에 달하는 쓰나미는 모든 것을 바꾸어 놓았다. 쓰나미는 후쿠시마 현과 이와테 현, 그리고 미야기 현의 일부 지방을 처절한 지옥으로 변모시켰으며, 동시에 후쿠시마 원자력 발전소의 사고를 일으켰다. 이 사고는 아직까지도 진행 중이며 일본 정부의 예상에 의하면 후쿠시마 원전 사고를 완전히 수습하기 위해서는 최소한 40년이 소요될 것이라고 한다.

관료와 관료제도가 사람들의 비난의 대상이 되기 쉬운 원인은 사람들의 '효율'과 '질서'에 대한 모순된 요구 때문이다. 관료는 '질서'의 상징이며, 일반적으로 사람들은 질서를 요구하는 동시에 효율도 요구한다. 이것이 바로 사람들이 관료 없이는 살아갈 수 없으면서도, 또한 관료를 철저히 미워하게 되는 모순된 심리의 근본 원인이다.

일본의 관료제도는 전체적으로 보아 대단히 성공한 제도이다. 이는 우연이 아니고 일본의 민족성이 선천적으로 관료적 기질을 가졌기 때문이다. 관료의 효용은 질서를 유지하는 것인데, 일본 민족은 다른 어느 민족보다도 질서를 좋아한다. 그리고 관료조직의 특징은, 무엇보다도, 신중한 반면 융통성이 없는 것과, 책임지는 것을 피하기 위해 사전에 퇴로를 미리 만들어둔다는 점 등이라고 할 수 있다.

일본인과 교류가 있는 사람이나 혹은 일본 회사에서 근무해본 경험이 있는 사람은 모두 이런 점을 느꼈을 것이다. 이는 평범한 일본인과의 사적인 교류에서도 마찬가지이다.

일본은 지진을 포함해서 태풍이나 홍수 그리고 산사태 등 각종 자연재해 발생이 빈번한 나라이다. 그래서 오랜 기간 자연재해와 씨름해온 역사를 통해 일본인들은 자연스럽게 유비무환有備無患과 질서정연함의 중요성을 깨닫게 되었다. 아마 일본인들이 섬세하고 진지하며 또 냉정한 민족성을 갖게 된 것도 이와 관련이 있는지도 모른다.

일본은 알다시피 방재와 구호 시스템이 어느 나라보다도 잘되어 있는 나라이다. 이번 진도 9의 강진과 그에 따른 엄청난 규모의 쓰나미에서도 후쿠시마福島 원전사고의 처리문제를 제외하면 기본적으로 이 체계가 제대로 운용되었다고 볼 수 있다. 그리고 일본이 이번 지진과 쓰나미를 처리하는 과정에서 일본 관료와 관료제도와 관련된 일들을 많이 볼 수 있다. 예를 들면, 구호물자의 운송과정을 통해 일본 관료의 장단점과 민주당이 망친 관료제도가 야기한 문제점들을 한눈에 볼 수 있다.

지진 발생 후 적지 않은 중국 매체 기자들이 일본에 와서 지진과 관련된 뉴스를 취재하였다. 그중 한 기자가 필자에게, "왜 일부 고속도로가 멀쩡한데도 사용하지 못하게 하느냐?"고 물은 적이 있었다. 긴급구호시 구호인원과 물자가 물류통로를 통해 현장에 도착해야 하고, 난민과 부상자 역시 이 통로를 통해 빠져나와야 하기 때문에 무엇보다도 물류통로를 우선 확보하는 것이 필수적이다. 그러나 자연재해에 의해 먼저 파손되는 것 또한 물류통로이기도 하다. 이런 상황에서 외국 기자가 보기에 아직 손상되지 않은 고속도로가 봉쇄된 것에 대해 이해를 하지 못하는 것은 아주 자연스런 일이다.

그렇지만 그 이유는 매우 간단하다. 이렇게 '멀쩡한' 것은 단지 겉으로 보았을 때일 뿐, 아직 과학적인 검사를 통한 판정을 거친 것은 아니다. 그러므로 유관기관의 판정을 받기 전까지는 단지 유관 법률의 규정에 따라 고속도로를 봉쇄할 수밖에 없다는 것이다.

이에 대해 그 기자는 그래도 이해하지 못하였다.

그것은 정말 너무 관료주의적이지 않는가? 때로는 상식에 따라 문제를 해결해야 하는 법이다. 이 구간 옆의 집들이 파손되지 않았다면 고속도로도 영향을 받지 않았다고 추정할 수 있을 텐데, 왜 한편으로는 개방하면서 또 한편으로는 검사를 진행하지 않을까?

그런데 이것은 '너무 관료주의적'인 문제가 아니라 이것이 바로 관료제도의 전형적인 업무처리 방식이다. 우선 검사와 업무를 처리하는 절차가 서로 보완적이냐 하는 것이다. 이렇게 하는 것은 업무를 처리하는 절차를 존중하는 것일 뿐 아니라 업무를 처리하는 사람이 개인적으로 책임을 져야 하는 가능성을 사전에 배제하는 것이다. 이렇게 하는 것이 사실 그렇게 비합리적인 것이 아니다. 자기가 혹시 책임을 부담할 가능성을 배제하는 과정은 결국 이후의 더 큰 손실 — 만약에 사고가 발생한다면 — 을 막는 과정이나 마찬가지이다. 그리고 이것이 바로 위기관리시 일반적으로 사용하는 방법이며 관료제도의 목적 역시 여기에 있는 것이다.

이 고속도로의 예를 다시 살펴보면, 과학적 검증이 아직 이루어지지 않았는데 고속도로를 봉쇄하지 않고 개방했다면, 고속도로가 부하를 견디지 못하거나 혹은 여진의 영향으로 도로가 무너지면 훨씬 더 큰 재난이 발생할 가능성도 있기 때문에 과학적인 검사를 받기 전까지는 반드시 고속도로를 봉쇄해야만 한다는 것이다.

관료 시스템의 특징을 더 잘 드러내는 실례를 하나 더 들어보자.

사람들은 센다이仙臺 공항에 고립된 사람들을 구조하는 과정 중, 왜

음식 등을 공중투하하지 않았느냐 하는 것에 의문을 제기할 수 있다. 지난 번 쓰나미가 센다이 공항을 덮쳤을 때, 일부 사람들이 쓰나미를 피하기 위해 공항 터미널 지붕으로 올라가 구조를 기다리고 있었다. 뉴스를 접한 자위대의 헬기가 현장에 도착하여 난민들을 구조할 방법을 찾고 있을 때 아무도 난민들에게 우선 음식물을 공중에서 투하할 생각을 하지 못하였다. 그러다가 결국 자위대와 함께 구조작업을 하던 미군 헬기가 난민들을 향해 음식물을 먼저 공중투하하였다.

일본 자위대가 음식물을 던지지 않은 이유는 일본의 법률이 비행기에서 지면으로 물건을 던지는 것을 금지하기 때문이었다. 공중투하는 국토교통성이 발급한 특별면허증이 있는 비행기만 가능하기 때문에, 면허가 없는 자위대 헬기가 공중투하를 하면 바로 위법행위에 해당하였다. 그러므로 아무리 난민구조의 비상상황이라 할지라도, '위법'한 명령을 내리고 싶은 자위대 군관은 아무도 없었던 것이다. 미군이 먼저 공중투하를 실시한 후 자위대 항공기도 할 수 없이 구조물자를 공중투하하기 시작하였다.

이것은 황당하기 그지없는 일이지만 더 황당한 것은 이 사건에 관련하여 아무도 잘못한 사람이 없어 결과적으로 아무도 책임을 지지 않았다는 점이다. 이것이야말로 관료체제의 본질을 그대로 나타내는 것이다. 다시 말하면, 규정에 의한 절차에 따라 움직이기만 하면 그 결과가 어떠하든 아무런 책임이 없지만, 만약 규정에 의한 절차를 위반하여 업무를 처리하면, 비록 결과가 좋다고 하더라도 책임을 면할 길이 없는 것이다.

당연히 '공중투하를 금지'하는 법률은 즉각 수정되었지만, 이는 사후약방문에 불과한 것이다. 정말로 공중투하가 필요한 시점은 그 법률이 아직 유효할 때 발생한 지진과 쓰나미의 최초 10여 시간이다.

결론적으로 말하자면, 동일본 대지진 시 가장 문제가 된 것은 민주당 정권이 진행하였던 관료타도의 조치가 야기한 각종 장애였다고 할 수 있다.

민주당의 관료타도가
야기한 부작용

이번 동일본 대지진을 통해 일본인들은 '관료'의 문제를 제대로 다시 생각하게 하였다. 이제 일본인들은 어느 정도 냉정을 되찾아, 다시는 금번 지진 전과 같이 민주당의 주도하에 목청껏 반관료의 대합창을 따라 부르지 않았다.

당초 정치가를 따라 반관료의 대합창을 부른 절대다수의 일본인들과 마찬가지로 이를 주도한 민주당의 최소한 일부 정치가들은 진심으로 일본의 문제는 모두 관료와 관료제도에 있다고 굳게 믿었다. 그래서 관료와 관료제도의 문제를 해결할 수 있으면 그것이 곧 일본의 문제를 해결하는 것이며, 그렇게 되면 다시 옛날의 영광이 계속될 것으로 생각하였다.

민주당이 관료제도를 비난할 때 항상 하는 말은, 관료들이 행정을 상호 교류가 전혀 되지 않는, 하나하나 분리된 독립왕국으로 만들어 효율을 형편없이 저하시켰다는 것이었다. 이러한 비난은 어느 정도 일리가 있고 또한 근거도 있는 말이다. 그러나 민주당은 그들이 폐지한 '차관회의'가 바로 이와 같은 결점을 보완하는 하나의 수단이었다는 것을 잊고 있다.

민주당이 자기만 잘난 척하면서 '차관회의'를 폐지한 후, 중앙 정부의 각 부처는 그야말로 서로 분열되어 전혀 협력하지 않는 독립왕국이 되고 말았다. 본래 원칙상의 큰 문제가 아닌 문제들은 각 성의 사무차관들이 매주 두 번의 차관회의에서 서로 상의한 후 해결방안을 찾아 집행하곤 하였다. 심지어 많은 경우 '차관회의'와 같은 고위급의 공식회의에 부의하기보다는 관련 과장이나 국장급에서 먼저 의논하여 결정한 후 쌍방의 차관이 정식으로 승인하면 그대로 시행하였었다.

그러나 민주당은 관료에 대한 극단적인 불신 때문에 '차관회의'를 폐지하였을 뿐 아니라, '정치가 주도해야 한다'는 이론에 근거하여, 각 성 관료 사이의 사적인 연락을 근본적으로 금지하였다. 이렇게 되자 여러 성에 관련된 문제는 오로지 대신과 부대신 및 정무관의 3거두 회의를 거쳐 바로 내각회의에 올라가니, 실무를 전혀 모르는 대신들은 자기 성으로 돌아가서 그 문제에 대해 실무자에게 다시 물어봐야 하는 복잡한 일이 반복적으로 일어났다.

그 결과, 지진 이후의 구조작업 중 괴상한 일들이 여럿 발생하였다. 일반적으로 말하면 다른 성에 관련되지 않은 일들은 매우 빨리 해결할 수 있었다. 예를 들면 지진으로 파괴된 교통망을 복구하는 일은 모두 국토교통성의 관할이어서 매우 빨리 진행되었다. 지진 발생 1주일 후인 3월 17일, 남북을 관통하는 일본 동북지구의 국도 4호선은 이미 기본적으로 차량이 통행할 수 있었고, 서쪽에서 동쪽 해안으로 이어지는 15개 노선도 기본적으로 통행문제를 해결하였다.

그러나 쓰나미가 주유소들을 파괴하였고, 재해지역이 정유공장이

밀집해 있는 곳이어서 도로가 파괴된 것보다 더 심각한 연료부족 현상이 발생하였다. 이 문제를 해결하는 과정에서, 민주당이 관료를 압박하여 일본의 각 중앙관청 사이에 전통적으로 존재하였던 연계기능을 심각하게 약화시켰기 때문에 야기된 문제가 적나라하게 드러났다.

상당히 많은 정유시설이 지진의 영향을 받아 더 이상 생산을 하지 못해 다른 나라로부터 연료를 긴급히 수입하는 것이 최선의 선택이었다. 그러나 지척 거리에 있는 한국으로부터 수입한 연료가 접수할 곳을 찾지 못하여 하역할 수가 없었다. 내각회의에 참석한 대신들이 모두 문외한이었기 때문이었다.

민주당 의원들은 그들이 유권자의 표심을 얻으면서 동시에 지능도 함께 받은 것으로 착각하는지, 스스로가 똑똑하다고 생각하는 것 같다. 이러한 '교과서 정치가'들을 그러나 결과적으로 일을 늘 그르치고 만다.

본래 정부의 방재요령에 의하면, 각지에서 도착한 구호물자를 우선 자위대의 각 기지나 자위대가 지정한 장소에 보낸 후, 자위대의 운수역량을 이용해 재해 지구에 통일적으로 보내게 되어 있다. 이렇게 하면, 우선 운송을 일원화하여 관리하기가 쉽다. 그 다음으로는, 민간인들이 재해 지구에 들어가 사고를 당할 위험을 감소시킨다. 그러나 민주당 내각은 이렇게 하면 화물을 여러 차례 싣고 내려야 하기 때문에 비효율적이므로, 각지의 화물 운송차가 직접 재해 지구로 물자를 운송하도록 하였다. 이것은 평시에는 괜찮은 방법일 수 있지만, 지금은 구난작업이며 재난 지역의 연료부족 문제가 구조물자 운송을 어렵게 하는 가장 큰 문제가 되고 있었다. 그러나 자위대는 엄격하게 지휘계통을 따르는 통일조직인지라 연료를 각 부대마다 잘 조정할 수 있고 운송부대 역시 이런 상황에서 어떻게 대처해야 하는지를 잘 알고 있었다.

하지만 민간 화물차 운전수들은 주유소에 가서 연료를 주입하는 것 이외에는 어디에서 연료를 조달하는지, 그리고 누구를 찾아가서 이 문제를 해결해야 하는지 전혀 알지 못하였다. 이렇게 되자 민간 화물차는 재해지구에 들어간 후, 연료부족으로 그대로 주저앉고 말았다. 게다가 이렇게 주저앉은 화물차들이 도로를 막아 극심한 교통체증을 유발하였다. 이에 일본 화물차협회가 나서서 민주당 내각에 강력하게 항의하자 민주당은 그때서야 자신들이 자기 혼자 똑똑한 척했다는 사실을 깨닫고 원래대로의 방식으로 돌아갔다.

민주당은 야당시절 집권 자민당에 대해 "자민당이 관료들의 말을 단순히 전달"만 한다고 공격하였다. 그래서 민주당은 집권 후 '관료들의 말을 단순히 전달'하는 당이 되지 않기 위하여, 민주당 내각 각료의 국회답변이나 기자회견에 관료들이 동석하는 것을 절대 허용하지 않았다. 이렇게 해도 관료들이 사전에 준비해준 자료를 잘 이해하기만 하면 관료들이 옆에 없어도 그럭저럭 지나갈 수 있었기 때문에 평상시에는 큰 문제가 없었다.

그러나 이와 같은 긴급상황에서는 오직 관료만이 도대체 무엇이 발생했는지를 제대로 파악하고 이해하고 있기 때문에 완전히 얘기가 달랐다. 민주당 내각은 이런 상황에서도 관료와 동석하지 않는다는 규정에 충실한 결과, 지진 발생 초기 며칠간 관방장관 에다노 유키오가 발표한 후쿠시마 원전사고에 관한 소식이 도쿄전력공사가 발표한 소식과 서로 맞지 않는 부끄러운 경우가 여러 차례 발생하였다.

이때가 되어서야 민주당은 원래 추진하였던 '관료타도의 혁명'이라는 기치가 비현실적이라는 것을 겨우 깨닫게 되었다. 국가의 행정관리는 매우 전문적인 분야여서 단순히 열정만 가진다고 되는 일이 아니었다.

이에 간 나오토 수상은 모든 '교과서 정치가'들의 공격을 받고 물러났던 전 관방장관 센고쿠 요시토仙谷由人를 관방부장관으로 다시 임명하여 관료와의 사이를 조정하는 업무를 전담하도록 함으로써 아무 경험도 없는 문외한들이 큰소리치던 상황에 종지부를 찍었다.

센고쿠가 취임한 후의 맨 처음 활동은 각 성의 차관들을 소집하여 그들에게 민주당 집권 이후의 무례했던 말들에 대해 사과하는 것이었다. 민주당의 자존심 때문에 정식으로 '차관회의'를 회복시키지는 못했지만 이후에는 관료들의 의견을 꼭 존중하겠다는 의견도 피력하였다.

이렇게 하여 기세등등하던 민주당은 관료들에게 마침내 무릎을 꿇고 말았다.

서로 다른 선발과정,
그리고 영원한 투쟁

민주당은 현재 관료들에 대한 비난을 그리 많이 하지 않지만 아직도 다른 정당과 정치가들은 관료를 공격한다. 이러한 투쟁은 아마도 영원히 지속될 것처럼 보인다. 실제 이런 투쟁은 일본 의회내각제의 큰 결함, 다시 말하면 일본의 의회내각제는 진정한 삼권분립을 실현하지 않는다는 사실에 기인한다. 이 문제에 대해 간 나오토는 확실한 인식을 갖고 있다. 민주당이 막 집권했을 때, 그는 다음과 같이 기자의 질문에 대답하였다.

"일본국 헌법에 도대체 '삼권분립'이라는 말이 어디 있습니까?"

질문했던 기자는 입을 다물고 더 이상 아무 말도 하지 못했다.

이는 일본과 같은 정체의 나라에서는 의회의 다수당이 내각을 조직하고, 헌법규정에 의해 반 이상의 각료가 반드시 의회 의원이어야 한다. 다시 말하면 수상을 포함한 임원 겸직 관료들은 입법기구인 의회의 입법권을 대표하는 동시에 그들이 구성한 내각은 정부의 핵심 영도로서 삼권 중의 행정권을 장악하고 있다. 이러다 보니 이론상 삼권분립의 정체 중에서 삼권 중 두 개 권력을 동시에 장악한 내각은 문자 그대로 모순된 존재이며, 현재 일본에서 시끄러운 관료 문제의 원인도 바로 여기 있다 할 것이다.

관료체제는 본래 질서를 추구하기 위해 효율을 희생하여 등장한 산물이며 ─ 전전과 전후 특수한 시기 등장했던 '혁신관료' 현상을 제외하고는 ─ 따라서 사람들의 반감을 불러일으키기 쉬운 조직이다. 어느 시기나 시대를 막론하고, '타도 관료'는 언제나 인심을 사로잡는 구호이며, 일본의 민주당이 집권하는 것을 보면 이 구호가 가진 선동성을 잘 알 수 있다.

그러나 이 구호는 실제적으로는 실현할 수가 없다. 인류 역사상 진정으로 효율을 필요로 하는 시기는 별로 많지 않고, 대부분의 시기에 사람들은 질서를 필요로 하기 때문이다. 그리고 관료체계는 질서의 수호신이며, 관료를 배제한다는 것은 자신을 아무런 방호수단도 없이 위험한 혼란 속에 빠뜨리는 것과 같은 것이다. 이는 민주당 집권 후의 현실이 잘 증명하고 있다.

사람들은 관료제도와 관료들에 대해 더욱 신뢰할 수 있고 더욱 청렴할 것을 기대하고 있으며, 이 기대는 오로지 관료의 선발제도와 감독제도를 부단히 개선함으로써 실현할 수 있는 것이다.

메이지 초년부터 시작된 일본의 고급 관료제도는 이미 130년이 넘는 역사를 가지고 있다. 일본의 관료제도는 직접적으로는 프러시아로부터 도입하였지만 유교문화 전통의 사고방식을 접목하였으며, 중국의 과거 제도에서 '한번 합격하면 종신까지 보장'하는 방침을 받아들였다. 그리고 아주 공평하고 투명한 고시방법과 선발과정을 통해 매우 독특한 엘리트 고급 관료체계를 형성하게 되었다. 이 체계의 관료는 이러한 선발과정 때문에 대단한 자부심과 자존심을 갖게 되며, 또한 이 자부심과 자존심은 관료집단의 사기를 진작시킬 뿐 아니라 효율적으로 관료집단의 부패와 타락을 방지하는 역할을 한다. 또한 이 자부심과 자존심은 관료로 하여금 전형적인 '탁상공론의 타성'에서 벗어나 국가정책에 대해 능동적으로 참여할 수 있도록 한다.

일본의 이런 관료제도와 관료집단의 구성은 그러나 오늘날에 와서는 이미 현실에 뒤처져 있다고 말할 수 있다. 일본의 현실문제는 이제 파이를 더 이상 지속적으로 키울 수 없고, 오히려 이미 축소된 파이를 어떻게 분배하느냐 하는 것이다. 그런데 일본의 정치가, 즉 국회의원들의 세력이 커진 것은 사실 파이가 커지는 것이 최고봉에 가까울 때였다. 그렇기 때문에 비교적 이상주의적인 관료들은 아직도 파이 자체를 더 키우기 위해 동분서주하는 데 반해 현실적인 정치가들은 이 파이를 어떻게 더 많이 잘라서 나누어 주는가에 관심을 기울이고 있다.

일본 고급 관료제도의 개혁을 위한 논의는 그전부터 계속되었지만 어느 누구도 그럴듯한 개혁방안을 내놓지 못했다. 여태까지의 모든 '개혁'은 근본적이기보다는 그저 외부인들의 불평에 대응하여 규제를 다소 느슨하게 하는 대응조치에 지나지 않았다.

예를 들면, 도쿄대학 법학부 출신이 아닌 사람들의 비율을 높이는 것과 같은 것이다. 그러나 지속적으로 비판을 받아온 '갑종 고시 통과자에 대한 과대한 특혜' 같은 근본적인 것에는 아무런 변화가 없다. 사실 이 점이 이 제도의 핵심이며, 이것이 바로 고급공무원 제도의 절차상 공평을 보증하여 정실이나 혈연에 의한 임용을 막아주는 것이기 때문이다. 지금까지, 아무도 이 점에 대해 감히 다른 의견을 내지 못하는 이유는 이렇게 하는 것 이외에 공정을 확보하고 정실과 혈연에 의한 임용을 방지할 다른 방법이 없기 때문이다.

전술한 바 있는 하시모토 도루가 오사카 시장에 당선된 후, 오사카 시의 각 구청장을 사회 전체에 개방하여 모집하자는 개혁방안을 내어 놓았는데 이것은 상당히 흥미로운 방안 중의 하나라고 생각한다. 그러나 지금까지 이러한 방안은 국가 고급공무원 체계에는 도입이 되지 않고 있다. 왜냐하면 일본의 지방정부와 지방의회는 중앙과는 달리 한번 선출되면 임기 내에는 사망이나 형사범죄를 저지르지 않는 한 어떠한 변동도 없게 되어 있다. 이렇게 임기가 안정된 지방정부와 지방의회는 서로 견제와 균형을 이룰 수 있게 된다. 지방정부 수장의 권한을 확대하여 지방정부의 업무효율을 높이기 위해서는 어느 한도 내에서는 미국식 '엽관제'를 실행하는 것도 고려해볼 수 있다.

그러나 일본의 중앙정부와 국회는 이와 달리 '정치적 강자'가 나타나지 않는 한 내각의 수명이 일반적으로 아주 단기에 그치고 있다. 아베 신조 이후, 연 이은 5개 내각의 평균 수명이 361일로 1년도 채 되지 않으니, 이런 상황에서 '엽관제'를 실시했다가는 오로지 혼란만 조성할 뿐 좋은 결과를 기대하기 어렵다. 게다가 의회내각제는 본래 입법과 행정 권력이 혼재해 있다. 때문에 이런 제도하에서 '엽관제'를 도입한다면 그 결과가 바람직하지 않다는 것은 이미 1920년대에 이미 경험한 바 있다.

고이즈미 준이치로가 이전에 '수상 직선론'을 주창한 목적은 바로 내각 수명이 너무 단기에 그치는 문제를 해결하기 위해서였지만 당시 아무도 그 주장에 크게 귀를 기울이지 않았다. 그리고 거품경제가 붕괴된지 20여 년이 지났지만 실물경제가 건전한 일본이 아직도 불경기에서 벗어나지를 못하고 있다. 원래 세계 제 2위의 경제대국에서 3위로 추락한 현실은 일본인들로 하여금 이제 과거 메이지 유신과 전후의 경제부

홍과 같은 그러한 대규모 개혁이 필요하다는 사실을 받아들일 수밖에 없게 한다. 그리고 이러한 개혁운동은 필연적으로 정치체계의 변동을 수반하게 되며, 만약 일본의 정치체계에 변동이 발생하면 현재와 같이 관료의 행정권이 무능한 정치가의 손으로 넘어간 현실에도 변화가 와야 할 것이다.

吉本重義, 《岸信介傳》, 東洋書館株式会社, 1957.

星野直樹, 《見果てぬ夢－滿州国外史－》, ダイセモンド社, 1963.

桥川文三, 《近代日本政治思想の諸相》, 未来社, 1968.

辻淸明, 《日本官僚制の研究》, 東京大學出版社, 1969.

賀屋興宣, 《戰前・戰後八十年》, 経済往来社, 1976.

高根正昭, 《日本の政治エリート》, 中央公論社, 1976.

宮村三郎, 《評伝・賀屋興宣》, おりじん書房, 1977.

城山三郎, 《官僚たちの夏》, 新潮社, 1980.

村松岐夫, 《戰後日本の官僚制》, 東洋経済新報社, 1981.

岸信介, 《岸信介の回想》, 文藝春秋, 1981.

_____, 《わが靑春》, 廣濟堂出版, 1983.

秦郁彦, 《戰前期日本官僚制の制度・組織・人事》, 東京大學出版会, 1981.

_____, 《官僚の研究－不滅のパワー・1868-1983》, 講談社, 1983.

_____, 《旧制高校物語》, 文藝春秋, 2007.

井出佳憲, 《日本官僚制と行政文化》, 東京大學出版会, 1982.

杉山伸也, 《「帝国」日本の学知・第2卷・「帝国の経済学」》, 岩波書店, 2006.

伊藤隆, 《昭和期の政治》, 山川出版社, 1983.

_____,《昭和期の政治〈続〉》, 山川出版社, 1993.

佐高信,《日本官僚白書》, 講談社, 1986. 19

原彬久,《岸信介－權勢の政治家》, 岩波書店, 1995.

福田赳夫,《回顧九十年》, 岩波書店, 1995.

鹽田潮,《岸信介》, 講談社, 1996.

_____,《「昭和の怪物」岸信介の真実》, ワック株式会社, 2006.

村川一郎,《日本の官僚》, 丸善株式会社, 1998.

水谷三公,《日本の近代-13・官僚の風貌》, 中央公論新社, 1999.

北岡伸一,《日本の近代-5・政党から軍部へ》, 中央公論新社, 1999.

楠精一郎,《列伝・日本近代史－伊達宗城から岸信介まで》, 朝日新聞
　　　社, 2000.

西村健,《霞ヶ関殘酷物語》, 中央公論新社, 2002.

古川隆久,《昭和戰中期の議会と行政》, 吉川弘文館, 2005.

宮崎勇,《証言・戦後日本経済－政策形成の現場から》, 岩波書店, 2005.

川手摂,《戰後日本の公務員制度史》, 岩波書店, 2005.

安井淳,《対米戰争開戦と官僚・意思決定システムの欠陥》, 芙蓉書店,
　　　2006.

野口悠紀雄,《戰後日本経済史》, 新潮社, 2008.

早川征一郎,《国家公務員の昇進・キャリア形成》, 日本評論社, 1997.

竹前荣治・中村隆英監修,《GHQ日本占領史・VI2　公務員制度の改
　　　革》, 日本図書センター, 1996.

成山英明・鈴木寛・細野助博編著,《中央省庁の政策形成過程》,　中
　　　央大學出版部, 1999.

中村隆英・宮崎正康,《岸信介政權と高度成長》, 東洋経済新報社, 2003.

저·역자 약력

지은이_ **위톈런** 兪天任

인터넷 필명은 '빙렁위톈'冰冷雨天이며 자칭 '라오빙'老冰이라고 부른다. 상하이에서 출생하여 장시江西에서 자랐다. 농민, 노동자, 대리교사를 거쳐 개혁개방 후 대학에 진학하여 대학원까지 수학했다. 졸업 후, 상하이 대학에서 일하다가 1990년대에 일본으로 가서 현재 모 기계회사의 기술부장으로 있다. 한담하는 것을 좋아하지만 일본에 온 후 그럴 분위기가 되지 않아 인터넷에 이야기를 올리기 시작했는데 한번 시작하자 수습할 길이 없게 되었다. 저서는 주로 일본에 관한 것으로, 《내가 본 일본》冰眼看日本, 《드넓은 대양이 도박장: 일본 해군사》浩瀚的大洋是賭場, 《누가 일본을 통치하는가》誰在統治着日本, 《동쪽의 태양은 곧 지는가》東邊的太陽快要落山了, 《대본영의 참모들》軍國的幕僚, 《천황 위의 5성장군》天皇的皇上有五顆星 외 다수가 있다.

옮긴이_ **박윤식** 朴允植

대구 계성고를 거쳐 연세대 정치외교학과를 졸업하고 고려대 최고국제관리과정을 수료했으며, 베이징대학 중국경제연구중심(현 국가발전연구원) 국제 MBA 과정을 졸업했다. ROTC 10기로 임관했고 전역과 동시에 삼성그룹에 입사하여 제일합섬에 근무했다. 이후 LG건설(현 GS 건설)의 사우디 현장에 나간 것을 시작으로 전후 11년을 사우디 건설현장에서 보냈고, 1981년부터 3년간 독일 프랑크푸르트에서, 그리고 1995년부터 2013년 12월까지 중국 베이징에서 LG TWIN TOWERS를 건설하는 등 주로 해외건설 분야에서 일했다. 중국에 있으면서 재중국 한국상회 제 9대와 제 10대 회장으로 봉사했으며, GS 건설 이사와 LG 전자 부사장을 역임하고 최근까지 한미글로벌의 중국지역 고문을 역임했다. 역서로는 《원전 36계에서 배우는 경영의 지혜》(2009, 나남), 《대본영의 참모들》(2014, 나남)이 있다.